二宮金次郎正伝

二宮康裕

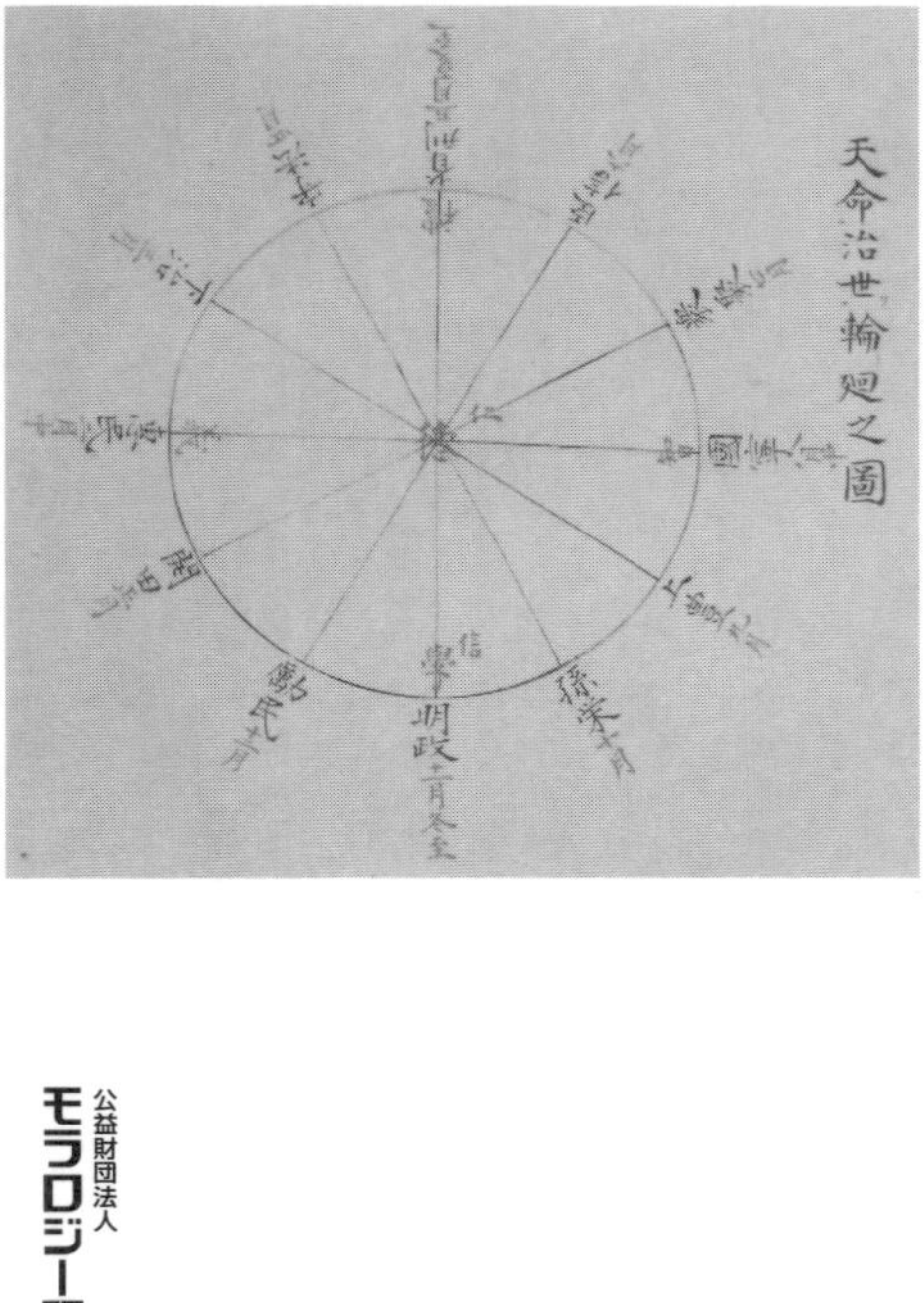

公益財団法人
モラロジー研究所

はじめに

安政二年（一八五五）大晦日、死期を悟った金次郎は、日記に「予が書簡を見よ、予が日記を見よ」と記し、己亡き後の指針として日記・書簡を位置づけた。

しかし、現代に至るまで数多の「金次郎伝」が著作されてきたにもかかわらず、日記・書簡等、金次郎自身が記した文献に基づいた作品は見られない。なぜ、このような現象が生じたのであろうか。おそらく、残された史料の厖大《ぼうだい》さがその原因と考えられる。金次郎自身の文献は『二宮尊徳全集』に所収されているが、それは四万六〇〇〇頁にも上るもので、伝記作家が容易に接近できるものではなかったからであろう。

そこで、彼らは金次郎自身が記した日記・書簡を繙《ひもとか》ず、逸話的部分は富田高慶《とみたたかよし》『報徳記』、思想的部分は福住正兄《ふくずみまさえ》『二宮翁夜話』に依拠し、さらに先行の「金次郎伝」を拠り所として金次郎を描いてきた。ここに多くの虚飾が生まれる下地が存在していたのである。一度生まれた虚像は、新たな伝記が著されるたびに再生産を繰り返し、ますます金次郎のイメージは肥大化していった。

その肥大化の典型的な例が、金次郎の身長に対する記述の変化である。近年、金次郎の身長は一八二～一八六センチもあったと語られるのが通例である。

しかし、昭和初期に、佐々井信太郎・吉地昌一・下程勇吉らは、遺品の衣服・草鞋《わらじ》から、金次郎の身長を一六五～一六八センチと推定している。先行研究においても、近世日本人男子の平均身長は一五七センチ程度であったことが示されており、このような金次郎巨大化は学術的批判に耐えられるものではない。

そもそも彼に対する評価は、彼の思想や仕法に対してなされるべきであって、虚実定かでない逸話に対してなされるべきではないのである。まして彼の身長が高い必要性などはまったくないのである。虚像の正当化はかえって彼のイメージを損ねるものとなりかねない。

本書のコンセプトは、彼の日々の思い・日々の行為を、日記・書簡を通して解明することにある。つまり、金次郎の人生の忠実な再現である。

従来の伝記には虚実定かではない逸話が数多く示されてきたが、この書では、金次郎自身の文献に示されないものは排除した。金次郎が記さないということは、事実ではないか、あるいは記したくないという意思表現と理解したからである。

一章では、従前から提示されてきた「金次郎物語」を逸話ごとに分析し、それぞれの逸話が、いつ、誰によって語られ始めたのかを明らかにする。その上で、個々の逸話が如何なる過程を経て、現在でも語られる「金次郎物語」に集大成されていったのかを明確に示したい。

二章以降では、金次郎自身が記した文献を現代に甦《よみがえ》らせることによって、報徳思想・報徳仕法の忠実な解釈を実現したい。こうすることによって、「金次郎物語」と「金次郎が記した文献」との違いが明確になるはずである。

なお、初めて「二宮金次郎の伝記」を読まれる方のために、彼の略歴と思想を簡単に記載する。

二宮金次郎は、天明七年（一七八七）、足柄上郡栢山村《かやま》（神奈川県小田原市）に貧農利右衛門《りえもん》の長男として生まれた。一四歳にして父を、一六歳にして母を失い、金次郎は伯父の万兵衛家、弟二人は母の実家川久保家の助成を受けることになった。

金次郎は万兵衛家の庇護《ひご》を受けながらも自家再興の道を模索した。洪水後の荒れ地を開墾し、村内で賃稼ぎをし、しだいに蓄財し、田畑を買い戻し、二四歳の頃までに一町四反余を所有する地主となった。自家再興の体験から、勤労によって得た富を節約生活で蓄え、後世の自己に譲るという「勤倹譲」を認識した。

二五歳のとき、小田原城下に奉公し始めた。やがて小田原藩家老服部十郎兵衛から依頼され、分度（財政の緊縮）を方法とする家政再建に寄与した。

自家再興と服部家財政改革での手腕が評価され、藩主大久保忠真《おおくぼただざね》から分家宇津氏桜町領（栃木県真岡市）復興を任された。仕法は領主に分度（領主の取り分の固定と財政緊縮）を認めさせ、勤労によって得た余剰を農民に再配分する方策をもとに展開された。しかし、農民出身であるが故に反発も強く、特に小田原藩士と対立し、成田山参籠を余儀なくされた。

この参籠を介し、彼我の対立を「一円相」の中に見出し、「己を捨てる」ことによって対立を克服した。それぞれの立場を認め、その役割を担い合うという「一円融合」の認識に至った。さらに理想を「一円仁」の世界に求め、「譲」を方法とする仕法を展開するようになった。この認識は桜町領民の意識を高め、仕法は一挙に好転した。

金次郎の評価を高めたのは天保の飢饉に対する対応であった。飢饉前年の冬、愛読書『大和俗訓』の影響のもと、飢饉の到来を察知し、稗《ひえ》を強制的に蒔き付けさせた（秋なすの逸話は俗説）。翌年、飢饉が到来したとき、桜町領は大量の貯穀を保有し、他領を救済するほどのゆとりがあった。近隣が窮地に陥る中での安泰は、桜町領民の信頼を集めただけでなく、小田原藩・烏山藩・谷田部《やたべ》藩などからも高い評価を与えられ、自藩への報徳仕法導入を求められた。その後、報徳仕法は相模・下野・常陸を中心に財政再建と荒地復興をめざして広汎に展開され、六〇〇余村を救済するに至った。

仕法の特色は、安民を実現した上での富国であった。そのためには領主に分度を認めさせることは必然であった。さらに、高利の借財に苦しむ農民を救済するために、無利子の報徳金を貸与した。この資金は循環性をもっており、資金を貸与された農民は、借金の返済後、恩徳に感謝して報徳金を推譲し、自らが仕法の主体者に加わった。彼らは金次郎に共鳴し、自己の財や労力を提供することによって、艱難者を救済するという共通認識をもつに至った。この高揚感が各地に連鎖していき、仕法の広域展開を可能なものとした。

桜町・小田原・烏山などでの実績は老中水野忠邦から高く評価され、幕臣に抜擢《ばってき》された。登用を契機に尊徳《たかのり》と名乗り、日光御神領などの復興仕法に関わった。

天保五年（一八三四）、報徳仕法の理論的根拠として、『三才報徳金毛録』を著し、報徳思想を体系化させた。この書は鵜澤作右衛門・横澤雄蔵ら一部の小田原藩士のみに伝えられ、門弟たちに伝えられることはなかった。同書は、天道と人道の関わりを示す四種の円図の組み合わせによって構成され、最後に報徳仕法実施上の要点を示して結論とした。大きな特色としては、天道と人道の役割を認識させ、我の有様を仁徳に求め、君臣民を一円の中に捉え、その共助の必要性を力説したことである。

なお、本書は拙著『二宮金次郎の人生と思想』（麗澤大学出版会　二〇〇八）の現代語版であり、思想的部分、あるいは引用箇所・出典・参考文献・関係人物一覧などは、そちらを参照していただければ幸いである。

最後に、本書の公刊にあたり、多くの皆様方のご協力を賜りました。現地をご案内いただいた日光市の佐藤治由様、筑西市の菊池織之助様、茂木町の大木茂様、真岡市の豊田征巳様、小山町の岩田昴様、史料撮影にご協力をいただいた二宮尊志様・狐塚ヤイ様・佐藤権司様、各地の資料館の関係者の皆様、編集にご協力をいただいたモラロジー研究所出版部長の永冶真樹様・同編集二課長の外池容様には、特にご助力をいただきました。心より御礼を申し上げます。

二宮金次郎正伝　目次

装丁　レフ・デザイン工房　神田程史

一章　「物語」の形成と発展

一節　「金次郎物語」の誕生

近世に生きた二宮金次郎が広汎《こうはん》に知られるようになったのは近代に至ってからである。それも門弟の著作、特に富田高慶『報徳記』や福住正兄『二宮翁夜話』が刊行されたことが契機となった。しかし、それは混乱の始まりでもあった。つまり、金次郎自身が記した文献が『二宮尊徳全集』として出版された頃には、門弟や伝記作家によって描かれた別の「金次郎」像が出来上がっていたのである。ここに乖《かい》離《り》が生じる根本原因があった。

そこで、「金次郎物語」の形成過程を確認するために、個々の逸話が、いつ、誰によって語られ始めたのかを確認したい。

まず、金次郎本人の文献には何が記されていたのかを認識した上で、主な作品が語る逸話について分析していくことにする。

数多くの作品の中から、町田時右衛門（江川太郎左衛門手代）の「御国益の儀に付申上候書付一冊」・富田高慶の『報徳記』・福住正兄の『二宮尊徳翁略伝』・幸田露伴の『二宮尊徳翁』・「修身教科書」（一期〜五期）・岡田良一郎の『二宮大先生伝記』・井口丑二の『二宮翁伝』・井上角五郎の『二宮尊徳の人格と思想』・佐々井信太郎の『二宮尊徳伝』・守田志郎の『二宮尊徳』を採り上げ、個々の「逸話」に関する記載事項を検証した。

ちなみに、これらの作品を採り上げた理由を簡単に記したい。

町田の作品は、金次郎五七歳にあたる弘化元年（一八四四）に金次郎の郷里である栢山《かやま》村を訪れ、古老から聞き取り調査を行い、報告書として江川に提出したものであり、信頼性は高い。

富田・岡田・福住は金次郎の門弟であり、金次郎周辺の様子を知ることができる立場にあった。

井口・井上・佐々井は栢山村をはじめ仕法関係地を訪れ、詳細な聞き取り調査を行った。

幸田露伴『二宮尊徳翁』・「修身教科書」は富田の『報徳記』をもとに描かれ、先に挙げた作品とは異なるが、国民に多大な影響を与えたものであり、無視しがたいと考え採用した。

守田の作品は、事実誤認が多く、十分な現地調査を行ったとは言えないが、戦後の代表的金次郎像として採り上げた。

次ページに示した「金次郎伝説の形成過程」の表中の逸話について簡単に説明したい。

①父は栢山の善人と呼ばれ、貧窮者に施しをしたために、金次郎家は窮乏した。
②酒匂川洪水の時、金次郎家が浸水し、床下を鮎が泳いだ。
③医師村田道仙は、金次郎家の貧窮に同情し、医療費を半額免除した。
④川普請の折、金次郎が草鞋を作り、村人に与えた。
⑤草鞋を作って売り、父に酒を勧めた。
⑥洪水予防のため、坂口堤に松苗を植えた。
⑦窮乏のため、末弟富次郎を西栢山の叔父に預けた。

	西暦	金次郎	江川 1848	報徳記 1883	略伝 1883	露伴 1891	修身 1903	岡田 1909	井口 1909	修２ 1910	修３ 1917	井上 1935	佐々井 1935	修４ 1936	修５ 1941	守田 1975
父は栢山の善人①	不明	×	×	○	×	×	×	×	×	×	×	○	○	×	×	○
洪水で床下に鮎②	1791	×	×	×	×	×	×	○	×	×	×	○	○	×	×	×
道仙が薬代を半額③	1798	×	×	○	×	×	×	×	○	×	×	○	○	×	×	×
酒匂川堤に草鞋④	1798	×	×	○	×	×	○	×	○	○	○	○	○	○	×	×
草鞋を作り酒代⑤	1798	×	×	○	×	○	×	×	○	×	×	○	○	×	×	○
松苗を坂口堤に⑥	1799	×	×	×	×	×	×	×	×	×	×	○	○	×	×	○
富次郎を奥津家に⑦	1800	×	×	○	×	○	×	×	△	○	○	○	○	○	×	×
薪を負い大学⑧	1800	×	×	○	×	○	△	×	△	×	△	△	△	△	×	△
太神楽・十二銅⑨	1802	×	×	○	×	×	×	×	○	×	×	○	○	×	×	×
本家再興着手⑩	1805	○	×	×	×	×	×	×	×	×	×	○	○	×	×	○
夜学のために菜種⑪	1803	×	○	○	○	○	○	×	○	×	○	○	○	○	○	×
捨て苗で米一俵⑫	1804	○	○	○	○	○	×	○	○	×	×	○	○	×	○	×
飯泉観音と旅の僧⑬	1804	×	×	○	○	×	×	○	○	×	×	○	○	×	×	×
廃屋に独居⑭	1806	○	×	○	×	○	○	○	×	○	○	○	○	×	×	△
一家再興⑮	1810	○	○	○	×	○	△	○	○	△	△	○	○	△	×	△
藩校の講義を聞く⑯	1812	△	×	△	○	×	×	×	△	×	×	○	○	×	×	×
服部家財政再建⑰	継続	○	×	○	○	○	×	○	○	×	×	○	△	×	×	○
きのと結婚⑱	1817	△	×	○	○	○	×	○	○	×	×	○	○	×	×	○
忠真侯から表彰⑲	1818	○	○	×	○	×	×	×	○	×	×	○	○	×	×	
きのと離婚⑳	1819	×	×	×	○	×	×	○	○	×	×	○	○	×	×	○
なみと結婚㉑	1820	△	×	×	○	×	×	×	○	×	×	○	○	×	×	○
斗升改正の桝㉒	1820	○	×	×	○	×	×	○	○	×	×	○	○	×	×	×
低利助貸法㉓	1820	○	×	×	×	×	×	×	×	×	×	○	○	×	×	○
成田山参籠㉔	1829	×	×	○	×	×	×	○	×	×	×	○	○	×	×	○
木の根掘の老人㉕	不明	×	×	○	×	○	×	○	×	×	×	○	×	×	×	×
なすと飢饉㉖	1833	×	×	○	○	×	×	×	○	×	×	○	○	×	×	×

○→左の項目が記載されている。　△→言及している部分がある。　×→全く言及していない。

金次郎伝説の形成過程

⑧久野山の薪を伐採して小田原で売り、その往復時に『大学』を読んだ。

⑨正月、太神楽に払う金がなく、戸を閉め、居留守を使った。

⑩自家の復興すら成らないうちに、本家再興に着手した。

⑪油菜を仙了川の堤に植え、夜学の灯油代を稼いだ。

⑫捨て苗を未開墾地に植え、秋には一俵の米を得た。

⑬飯泉観音に参詣のおり、旅の僧が読む観音経に感銘し、二〇〇文を与えた。

⑭二〇歳の時、自家を修繕し、移り住んだ。

⑮二四歳の時、一家再興を成し遂げた。

⑯服部家子弟が修学する藩校の講義を窓外に聞き、儒学の経典を学んだ。

⑰服部家の財政再建をなし、三〇〇両の余剰を生んだ。
⑱堀之内村中島家の娘きのと結婚をした。
⑲忠真侯から奇特人として表彰された。
⑳きのは家風になじまず離婚をした。
㉑なみと再婚をした。
㉒小田原藩の升を改正し、農民から感謝された。
㉓下級武士のため、無利子の貸付策を献策した。
㉔成田山に参籠し、一円融合論にたどり着いた。
㉕木の根を掘る老人を称え、一五両を与えた。
㉖初夏、宇都宮で食したなすが秋なすの味がしたので冷害の到来を悟った。

「金次郎伝説の形成過程」の表を見ると、主な逸話が、いつ、誰によって語られ始めたのかを理解することができる。大略、以下のことを指摘することができる。

1．金次郎本人及び弘化元年に栢山村で聞き取り調査を行った町田時右衛門の記録には、金次郎の幼少期（〇歳～一五歳）の逸話がほとんど示されていない（例外として、金次郎は寛政三年の洪水については詳細を記している）。

2．きのとの離婚・成田山参籠は、事実として認定できるが、金次郎は記していない。

3．逸話の大半は富田『報徳記』によるものであり、その後、福住正兄・岡田良一郎によっていくつかが書き加えられた。
4．幸田露伴『二宮尊徳翁』や「修身教科書」に見られる逸話は、富田の『報徳記』から採られたもので新たなものは存在しない。
5．井口丑二も新たな逸話を記していない。
6．昭和一〇年（一九三五）、佐々井信太郎・井上角五郎によって従前に提示されていた逸話がほぼすべて採用され、両人によって「金次郎物語」の雛形が形づくられた。さらに、「洪水予防のために酒匂川の堤防に松苗を植えた逸話」が両者によって付け加えられた。
7．戦後の守田志郎は、佐々井・井上ほど逸話を採り上げてはいないが、ほぼ富田『報徳記』を踏襲している。

「去る者日々に疎し」との言に象徴されるように、本来ならば、金次郎没後、年代を経るにしたがって「逸話」の数は減少していかなければならない。しかるに、「逸話」が増加・変容してきた現実に注目すべきである。

この表の分析から、「金次郎物語」の原点となったのは、金次郎の高弟筆頭であった富田高慶（一八一三〜一八九〇）による『報徳記』であったことが理解できる。その後、バラバラであった逸話を集大成し、「金次郎物語」の原型を完成させたのが、佐々井信太郎と井上角五郎であった。

以上のことから、「逸話」形成の主要な流れを次のように考えることができる。

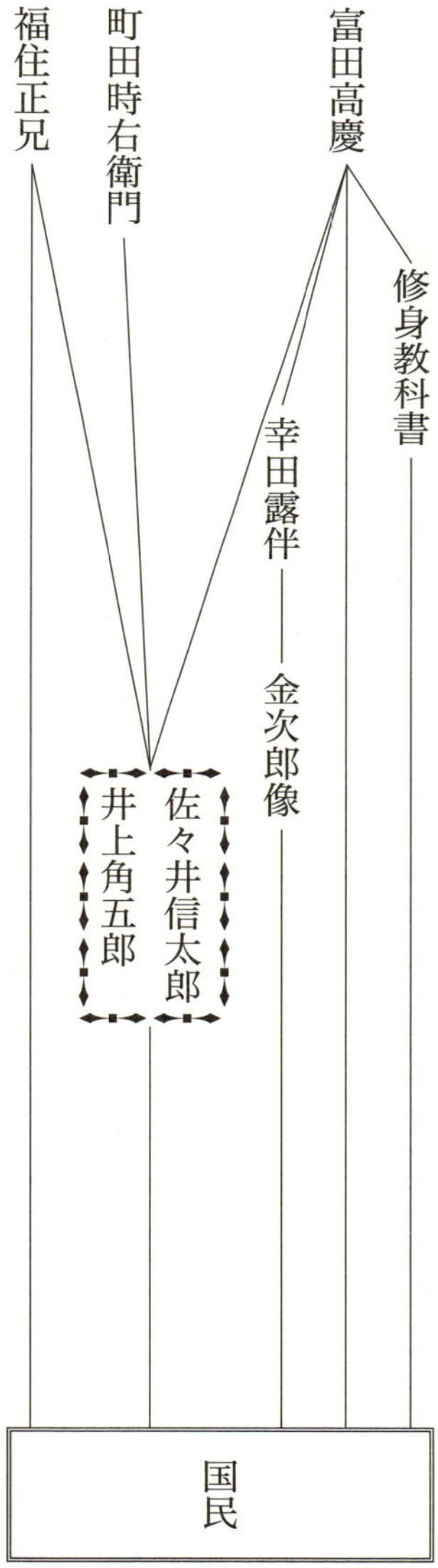

富田は、天保一〇年（一八三九）に、金次郎門下となり、やがて金次郎から全幅の信頼を得、各地の仕法に関わった。金次郎の娘ふみを妻とし、金次郎死没まで近侍《きんじ》することになった。安政三年（一八五六）、金次郎死去に際し、金次郎の生涯の記録を残すため、寺門静軒《てらかどせいけん》（『江戸繁昌記』の作者で、金次郎が記した文献に序文等を書いた人物）を招き、著述を依頼した。しかし、富田にとって、寺門静軒によって描かれた「金次郎」像は、まるで「湯を呑むが如く、何等精神の湧発するものがない」（佐々井信太郎『二宮尊徳伝』）ものであった。

やむなく、富田は湯西川温泉に籠もり、一〇日余で『報徳記』を書き上げた。まさに裂帛《れっぱく》の気合いで著した作品と言える。その反面、畏敬《いけい》する師への思いが勝ちすぎたきらいを否定できない。

『報徳記』の顕著な特色として、天保一〇年の入門を境に、前後では記述がまったく異なっていることを指摘しておかなければならない。入門後の記述は、自らの見聞、すなわち「先生の言論功業を筆し」

たのに対し、入門以前の記述は、「先生謙遜にして自己の功績を説かず（中略）是故に已《や》むを得ず邑民《ゆうみん》の口碑に基き、斯《ここ》に筆を操て其概略を記せり」とし、入門以前の事象に関する記述が自己の直接の見聞でないことを明らかにしている。ここに「物語の金次郎」像の生まれる下地が存在していたのである。

さらに、『報徳記』は、「金次郎無謬《むびゅう》」性に立脚して語られているだけに、師への敬慕という強いベクトルが、「邑人の口碑」を無意識のうちに自己増殖させていた可能性を否定できない。金次郎＝正、対立人物＝邪の構図が、入門前の事象に対する記述に散見される。例を挙げるならば、両親没後、金次郎が万兵衛家に引き取られた際の様子を次のように記している。

万兵衛なるもの性甚だ吝にして慈愛の心薄し故に先生の艱苦極れり。或る時先生終日万兵衛の家業を勤め夜に入り寝ずして夜学す。万兵衛大いに怒り罵《ののしり》て曰我汝を養うに多分の雑費あり、汝幼若の働きを以て何ぞこれを補うに足らん、今又これを思わずして夜学の為に燈油を費す事恩を知らざるもの也

また、桜町仕法における上司豊田正作との軋轢《あつれき》の様子を、

小田原の吏某なるもの性甚だ剛奸にして先生の徳行を忌みその事業を妨ぐ、先生の処置する所は悉く僻論《へきろん》を以てこれを破り（中略）邑民恐れて先生の指揮に従わず、某常に先生の功業を破るを以て心とす

と記し、酷似した正邪の構図をもって、富田は「金次郎伝」を著したことが理解できる。

この富田の『報徳記』は、「金次郎伝」の嚆矢《こうし》とされ、後世の研究に多大な影響を与えたことは言う

までもない。しかし、その刊行は明治一六年（一八八三）と、著述から二七年を経過してからである。この理由について、富田は「余三拾余年親炙《しんしゃ》すと雖《いえど》も、まさにその記の誤まらんことを恐る」と、語る。

さらに、『報徳記』冒頭に「この記実に大海の一滴のみ（中略）若し滴水を見て以て大洋の無涯を察知することあらば幸甚」と記し、師への「敬慕」と、師の「教えの伝達」をめぐる富田の葛藤を見ることができる。

図１　幸田露伴『二宮尊徳翁』のイラスト

「物語の金次郎」像の象徴と言うべきものが、各地の小学校に設置された「金次郎像」であることは言を俟《ま》たない。この「金次郎像」の始まりが、大正一三年（一九二四）の愛知県豊橋市立前芝小学校に建てられたものであることが知られている。しかし金次郎が、何故このように形象化されたのかについては、ほとんど検証されたことがない。この姿に至った過程から論を進めたい。

『報徳記』が公刊されると、富田の文才もあってか、感動をもって読まれた。明治二四年（一八九一）、幸田露伴は、「その生き方に感動して尊敬する人物」として『二宮尊徳翁』を著した。青木茂雄の指摘「幸田露伴『二宮尊徳翁』のさし絵が、かの薪を負う金次郎少年の図像であると言われている」にあるように、同書で掲げたイラストが、いわゆる「金次郎像」につながったことは間違いがないであろう。

しかし、ここで我々が見落としてはならないのは、富田『報徳記』→露伴『二宮尊徳翁』に移行する過程で、物語が正確に伝わらなかった事実である。すなわち、富田『報徳記』では、

採薪の往返にも大学の書を懐にして途中歩みながらこれを誦し少しも怠ず

と、「大学の書を懐に入れ、誦し」ていたのに対して、露伴『二宮尊徳翁』では、

大学の書を懐中に常離さず、薪伐る山路の往返歩みながら読み玉いし

「暗誦していた」のが「歩みながら読み玉いし」という姿に変容したのである。さらに、同書に掲載されたイラストの金次郎、すなわち「薪を背負いながら書を読む」姿が、強い視覚的イメージを伴い、各地の小学校にある「金次郎像」に形象化されていったことである。こうして、現在でも多くの小中学校に「金次郎像」が設置されている。

この「金次郎像」、すなわち、「薪を背負いながら書を読む」姿は、戦前までに栢山村で聞き取り調査をして「金次郎伝」を著した、井口丑二『二宮翁伝』（一九〇九）、佐々井信太郎『二宮尊徳伝』（一九三五）、井上角五郎『二宮尊徳の人格と思想』（一九三五）には登場しない。また、弘化元年（一八四四）、栢山村を訪れ、古老から聞き取り調査をした、江川太郎左衛門の手代、町田時右衛門「御国益の儀に付申上候書付一冊」でも触れられていない。

つまり、ヴィトゲンシュタイン風の言い方をするならば、栢山村村民は、「語り得ないことについて

は、語っていなかった」のである。換言すれば、栢山村村民は「薪を背負いながら『大学』を読む金次郎」については語っていないのである。

この「逸話」が『報徳記』のように「鶏鳴《けいめい》に起きて遠山に至り或は柴を刈り薪を伐り」と具体的な地名を挙げないうちは、さほど問題が顕在化しなかった。しかし後年研究が進み、栢山村の入会地《いりあいち》が明らかとなり、「箱根外斜面の久野山、岡本の矢佐芝山《やさしばやま》、三竹山等は入会山である。先生はこの入会権の下の薪柴《しんさい》を採取してこれを小田原に売る」（佐々井信太郎『二宮尊徳伝』）という表記になると疑問が提示された。すなわち、矢佐芝山（三竹）から薪を伐採し、城下に売るといった行為は、この山が入会地である事実からして許されるはずがないとの批判である。事実、小田原藩も入会地でのトラブルに悩まされ、伐採の制限と地元村落への監視を義務づける通達を出している。

この通達（元文三年の「相州足柄郡村々入会山ヶ所分ヶ御請并山札請取証文帳」）からも、金次郎が入会地の山で薪を採り、それを城下に売るなどという行為は考えられないことであることがわかる。

近年、この矛盾をつかれると、「少年金次郎には目こぼしがあった」と苦しい説明をせざるを得なくなっている。このような伝説の正当化は、金次郎を盗人に仕立てることになり、まさにひいきの引き倒しと言わざるを得ない。

栢山村村民は入会地である足柄山・狩野山《かのやま》・塚原山・三竹山に薪・柴・飼い葉・刈敷を採りに行った。当然、金次郎も病床の父利右衛門に代わって下草刈り・薪採り・飼い葉採り・刈敷採りに通った。しかし、それは村内での自給的なものであって、販売に供するものではあり得ないことは言うまでもない。それならば、戦前の国民に多大な影響を与えた「国定修身教科書」での記載は、如何なるものであったのか。

おとうさんがなくなってからは、なはをなったり、たきぎをきったりして、それをうって、おかあさんのてだすけをし、またおとうとをやしなひました

『尋常小学校修身書』第三学年児童用（だい四　こーこー　明治三六年）と、あるように、採薪には言及しているが、いわゆる「金次郎像」のイメージは描かれていないのである。

結論を急げば、「薪を背負いながら、『大学』の書を読む」姿、すなわち「金次郎像」に関する「逸話」は、元来根拠が乏しかったのに加え、富田『報徳記』→露伴『二宮尊徳翁』と語り伝えられる中で、正確な伝達ができず、「誤った姿」で形成された像なのである。

しかし、まったく事実無根のことなのかというと、必ずしもそうでもない。青年期の金次郎の薪販売の記録と書籍購入記録は二章に詳述するが、ここで簡単に触れておこう。金次郎の「日記万覚帳」には二〇代半ばに伐採権を購入した薪山から薪を伐り出し販売した記録と、ほぼ同時期に書籍を購入した記録が残されている。この二つの別々の事象が近代に至って一つの物語として統合され、さらに意味化されて、「薪を背負い、『大学』の書を読む」少年「金次郎像」に形象化されたのであろう。

そのように理解すると、万兵衛家時代に夜学したとされる逸話にも疑問を投げかけざるを得ない。まず第一に、万兵衛家時代に学んだとされる書物を、金次郎はどこから手に入れたのであろうか。金次郎家の貧窮ぶりは夙《つと》に知られており、彼の家に書籍を買うゆとりがあったのか疑問が残る。金次郎の直接

の語りこそないが、金次郎と親密な交流をもった烏山藩家老菅谷《すげのや》八郎右衛門は、天保一三年（一八四二）に「桜街拾実《さくらまちしゅうじつ》」を著し、その中で次のように記している。

　農隙《のうげき》に手習読書等したく候得共、家従来困窮にて筆硯《ひっけん》もこれなきに付、油菜蒔き、春に至り菜種売払い、右代銭を以て漸く手本書籍等相整え、手習読書相始め候由

菅谷の説明は、菜種を植えた動機や、金次郎が筆紙や手本書籍を購入した経緯によどみなく触れており、金次郎からの直接の聞き取りである可能性が高い。この書では菜種を蒔いた理由として、手習い・読書のための書籍購入を挙げる。巷間《こうかん》伝えられる「夜学の油購入」のためとは説明していないのである。菅谷は、金次郎家の貧困の状況・書籍購入の動機を説明しており、従来の伝記の不明確な部分、つまり、「貧窮の金次郎家に書籍を購入するゆとりがあったのか」という疑問に解決の糸口を与えている。

町田時右衛門の「御国益の儀に付申上候書付一冊」でも、菅谷の指摘を裏付ける記述をしている。

　毎夜縄索《なわな》い等の夜業相仕舞、家内臥《ふせ》り候後、行燈を付け、かねて朋輩《ほうばい》より貰い置き候手本、又は算書等取出し、深更迄出精、一心に相学び候に付、追々筆算共出来候

このように、金次郎が「薪を運びながら『大学』の書を読む姿」、「万兵衛家で夜学して『大学』『論語』を読む姿」は、近世に著された史料からは否定的に見ざるを得ない。

金次郎は少年時に『大学』『論語』を読みこなせるほどの学力を有しておらず、菅谷の指摘する「手習」、町田の指摘する「手本」「算書」を学ぶに過ぎなかったのである。金次郎の生きた時代に書かれた「史料」と近代に描かれた「金次郎物語」との差異は顕著である。

それでは「金次郎」像に見られる背景について考察しなければならない。

富田『報徳記』・幸田露伴『二宮尊徳翁』によって描かれた「金次郎像」に見られる「薪を運びながら『大学』の書を読む姿」や「万兵衛家での夜学の姿」、あるいは金次郎が村の少年に「一日一字習えば一年では三六〇字になると語った逸話」(善栄寺縁起)などは、近世に幅広く読まれた教訓書の『童子教』の影響を得て作られた「逸話」の可能性が強く示唆される。近世では教訓書に描かれた世界は共有のものであり、富田等の作品が知らず知らずに影響を受けた可能性を指摘しておきたい。

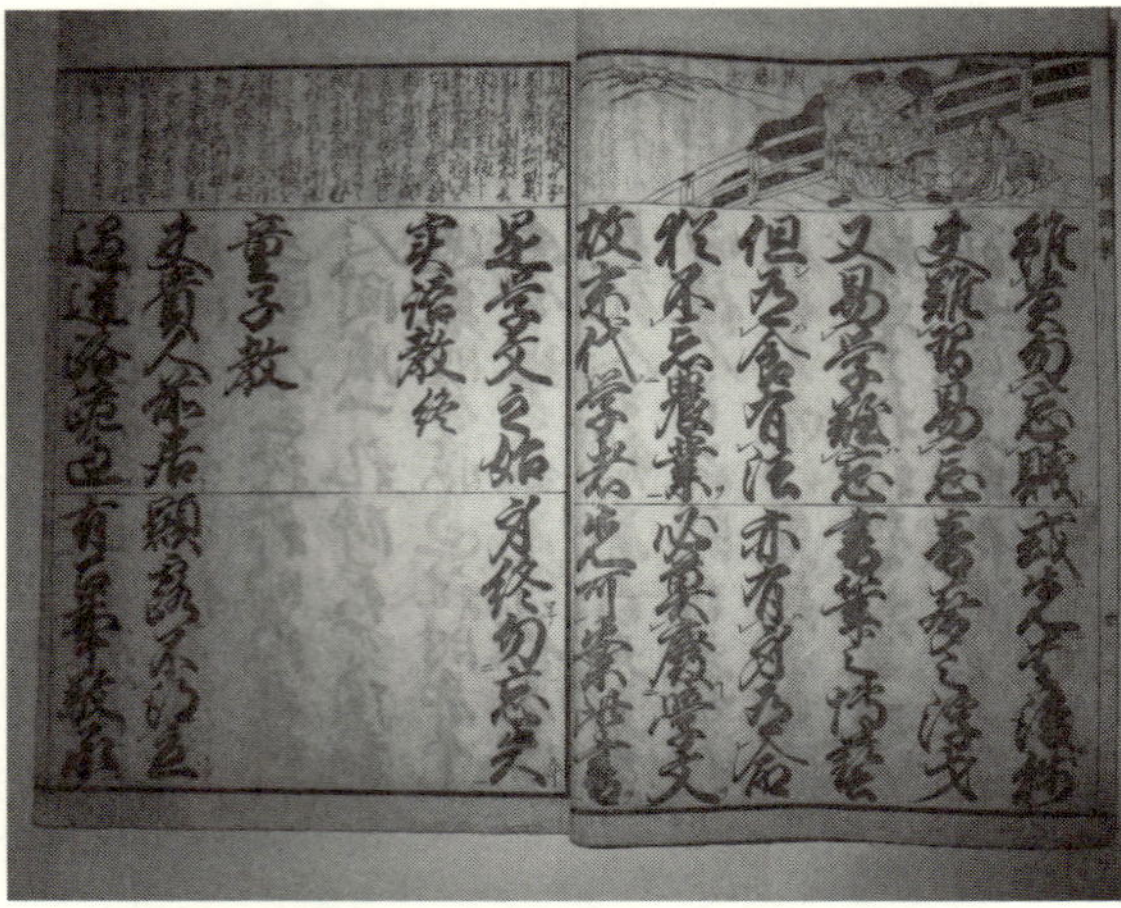

図2 『童子教』(著者所蔵)

同様に、虚像としての「金次郎」が、多くの「逸話」の中で「語られ」てきた。この描かれた「逸話」の中で、後年になって「逸話」が作られたケースを紹介する。これに相当する「逸話」は、金次郎が酒匂《さかわ》川の洪水に頭を痛め、酒匂川の土手(坂口堤)に松苗を植え、洪水予防を図ったとする話である。

この「逸話」は、金次郎本人、富田高慶・斎藤高行・福住正兄・岡田良一郎らの門弟、江川太郎左衛門の手代町田時右衛門のいずれも記していない（一二頁、金次郎伝説の形成過程の表を参照）。つまり、一九世紀には存在しなかった「逸話」の可能性がある。二〇世紀（明治四二年）に入って、現地調査をした井口丑二も記していない。ところが、昭和一〇年（一九三五）に佐々井信太郎・井上角五郎が、この「逸話」を記した。このことは昭和初期の聞き取り時には、この「逸話」が芽生えており、それが佐々井・井上によって広められたものと考えられる。

昭和一〇年に佐々井は『二宮尊徳伝』で、

この堤防に先生自ら植えたという松の木が、現在数尺大数十本の並木となって居て、以来この坂口の土堤は決壊しないのであるが、それを何時植えたかは確証がないけれども、堤防の決壊に悩み抜いた先生は、将来に備うる為に松苗木を植えたことは明瞭である。自ら植えた松苗木であるから、度々これに手を掛けたことも事実であろう、土堤坊主の伝説には色々あるが青年時代に植えた事実には相違はない

佐々井は、松苗を「植えた事実には相違はない」とするが、その根拠を一つも示していない。むしろ、「以来坂口の土堤は決壊しない」との記述は事実ではないことがはっきりしている。『土地分類基本調査』（神奈川県）によると、「明治四十三年、酒匂川洪水。栢山堤（坂口堤）決壊。栢山大被害」とある。同様の記載は、『松田土木事務所百年史』（神奈川県）や『酒匂川—酒匂川の沿革と氾濫の歴史—』（酒匂川水系保全協議会）にも坂口堤決壊の記録がある。

同年、井上は『二宮尊徳の人格と思想』で、

東に近く酒匂川の堤防一帯の並木が眺められるが、この辺は坂口の土手と称せられて、並木の中には先生手植の松もあるという。先生はこの堤が好きで、暇さえあれば堤へ行って居たので、里人は土手坊主と呼んで居たが、或日隣家へ子守に雇われて、銭二百文と給一枚とを貰って帰る途中で、苗木売が二百本の松苗を持て余しているのに会って、貰った二百文を以てこれを買い取って、坂口の堤に植え、水害の備としたと伝えられている

井上に至って初めて具体的な記載がなされるが、年代・松苗を買った場所などが明記されず、佐々井と共に伝聞であることがわかる。このことから、井上は聞き取り調査によって、この「逸話」を得たものと思える。金次郎の家は栢山村のやや南側にあり、「隣家から帰る途中で松苗売りに出会った」との内容から判断すれば、金次郎は栢山村内で松苗売りに出会ったことになるが、当時の村人に松苗を売れる可能性は極めて低いように思える。しかし、酒匂川堤防への松の移植は慶長期から連綿として続けられており、栢山村村民も松苗を栢山村持分の堤（坂口堤）九二二間に植えたことは確実であろう（この持分は宝永四年六月当時のもの。出典は前掲『酒匂川』）。また、栢山村からは少し上流になるが、三角土手について、『酒匂川』では、

東の平野十六ヶ村の生命線として、享保十九年、時の代官簑笠之助の時に築かれ、高さ三丈を越え、土手の広さが千二百坪もあり、松の大木がうっ蒼として昼なお暗き大松林であった

と記す。このように酒匂川堤防には洪水予防のために松が連綿として植え続けられていたのである。

続いて松の太さについて同書では、

大口土手社前の二本の老松が三・八〇メートルと三・一五メートル、三角土手の老松が三・六〇メートルから三・二〇メートル、いずれも目通りの太さである

当時、酒匂川堤防上の松は巨木と化していた。これらの事実を総合すると、一六世紀末、小田原藩主大久保氏による酒匂川流路変更後、松を植樹するという慶長年間からの風習が流域の村民の記憶にあり、昭和に入って、松の植樹という「一般事象」が、金次郎伝説という「特殊事象」に変容し、昭和期に流域村民から「松苗逸話」として発信された、と考えるのが妥当ではなかろうか。このことを裏付けるように、金次郎の俳句にも酒匂川の松並木が登場する。彼の二〇歳頃の俳句である。

雉子啼《なく》や　七里並木の　右左

酒匂川の松並木は、金次郎の俳句にもあるように、彼の少年期・青年期には既に存在していたのである。

このほかにも、多くの逸話が地理的・歴史的検証を経ることなく語られてきた。特に、「金次郎が服部家に奉公している折、服部家子弟の修学のお供をし、藩校の講堂から洩れ聞こえる講義で経典を学んだ」とする逸話は中学校の歴史教科書にも登場するが、金次郎が服部家で往学の僕であったと考えられる文化九年（一八一二）頃には、小田原藩の藩校集成館は存在していなかったのである。集成館の開校は、その一〇年後の文政五年（一八二二）なのである。

検証してきたように、「金次郎伝」に見られる「逸話」の中には歴史的・地理的検証の必要なものが数多く含まれており、慎重な対応が望まれる。

二節　「金次郎物語」と近代日本

近世に活躍した金次郎が、近代に至って、何故このような「模範」像として描かれねばならなかったのか、その思想史的検討がなされなければならない。

近代に「金次郎」が求められた要因を検証してみる。下程勇吉は「資本を蓄積し、軍備を充実する明治政府の富国強兵策にそう理想的人間とせられ」たと、「資本主義の形成と富国強兵策」との関連を指摘し、さらに児玉幸多は「資本主義の土台が築かれた明治一〇年代以後、昭和二〇年（一九四五）で、農業恐慌の到来が叫ばれるたびに、尊徳・二宮金次郎は救世主のように登場した」と、「農業恐慌」との関係を指摘している。

これらの指摘に対して、金次郎に関する文献の出版点数と歴史上の出来事の関連を見ると、図3のようになる。

図3では、三つのピークを確認することができる。一つ目は一八八一～八五年にかけてであり、前期の三・五倍の出版点数であった。この期間には松方デフレによる「地主の土地集積」が進んだ。二つ目は一九〇六～一九一〇年にかけてであり、この期間には日露戦後の不況によって、農業・農村は行き詰まりを見せ、「地方改良運動」が展開された。三つ目は一九三六～一九四〇年をピークに一五年続く、いわゆる「十五年戦争」の期間である。この期間は戦争期であると同時に、「冷害」「農村恐慌」「食糧

年代	出版数	出来事
1871-1875	6	地租改正、自由民権運動始まる、学制
76- 80	4	地租改正反対の農民一揆
81- 85	14	松方デフレ、秩父事件
86- 90	7	大日本帝国憲法、帝国議会（地主の進出）
91- 95	8	日清戦争
96-1900	12	
1901-1905	28	日露戦争、国定教科書制度（第一期修身教科書）
06- 10	103	第二期国定修身教科書、農業・農村の行き詰まり→地方改良運動
11- 15	40	第一次世界大戦始まる
16- 20	30	米騒動、戦後恐慌、第三期国定修身教科書
21- 25	13	普通選挙法、治安維持法、小作争議多発→小作争議調停法、日本農民組合の結成
26- 30	23	昭和恐慌、米価・繭価暴落
31- 35	88	満州事変、冷害による不作、農村恐慌→小作争議多発、農山漁村経済更正運動開始、第四期国定修身教科書
36- 40	125	日中戦争、国家総動員法、国民精神総動員運動、農村経済更正特別助成
41- 45	97	太平洋戦争、国民精神総動員運動、終戦、民主化、食管法、教育改革、第五期国定修身教科書
46- 50	32	日本国憲法、農地改革、朝鮮戦争と特需
51- 55	50	サンフランシスコ平和条約
56- 60	52	

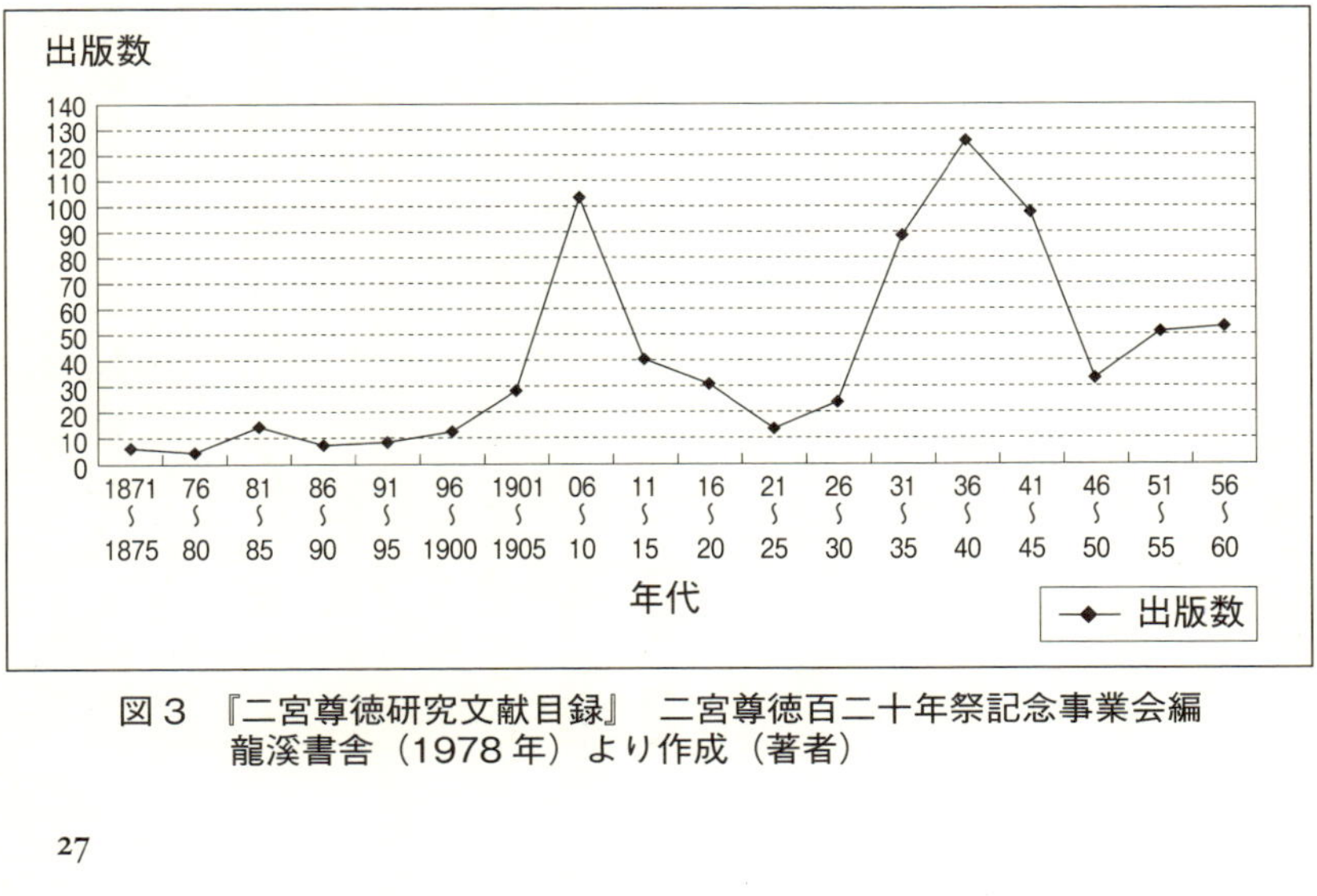

図３『二宮尊徳研究文献目録』　二宮尊徳百二十年祭記念事業会編
龍溪書舎（1978 年）より作成（著者）

不足」の問題が顕在化した期間であった。

このように検証を進めると、「金次郎関連の出版点数」と「農業危機」が密接に関連していることがわかる。この検証の結果から、児玉の指摘に近い理由で、「少年」としての「金次郎」像が求められたと言うことができるだろう。しかし、それは、あくまでも「農業危機」を乗り越えるために採られた「結果」に過ぎない。政府が意図的に「金次郎」像を求めたと言えるのだろうか。これを別の角度から検証してみたい。

富田高慶『報徳記』が出版されるに至った経緯は、宇津木三郎によると、明治一三年（一八八〇）に旧相馬藩主充胤《みつたね》が、浄書して明治天皇に献上し、明治一六年に宮内省から刊行されたのである。しかし、この時、富田高慶『報徳論』も同時に献上されたが、こちらは却下されたことはほとんど知られていない。さらに、この間の事情を宇津木は次のように指摘する。

紹介する資料は、池原香穉《こうじ》と名乗る宮内省官吏が、なぜこれを不採用としたのか、下げ戻した『報徳論』の該当箇所にその理由を示した付箋である。

報徳記を読むに、篤実温良にして、人心を動かすに足るものあり、敬服すべし。報徳論に至りては、論旨貫通せざるところままあり。古哲の説に乖《そむ》きたるものあり。我が古伝になきものありて、大いに議論を来すべし。今これを宮内省にて上木《じょうぼく》せば、或いは誤りを天下に伝うる恐れあり。第一は聖徳を汚し、第二は二宮先生の徳を損ぜん。誠に遺憾の至りに堪えず。

池原香穉

ここに、当時の宮内省の意図を読みとることができる。『報徳記』に示された「金次郎」像は「篤実温良」にして、「人心を動かす」に足るものと理解されたのに対し、『報徳論』は、「古哲の説に乖《そむ》き」、「我が古伝になき」ものとして否定されたのである。

『報徳論』は、富田高慶によって嘉永三年（一八五〇）に著され、翌年、金次郎によって真岡代官所代官山内総左衛門に提出された。つまり、門弟が著した書の中で、唯一の金次郎公認の書であったと言える。

この経緯から、宮内省が求めていたものは、「報徳思想」ではなく、国民の模範となる「金次郎」像であったことがわかる。先にも示したように、修身国定教科書における「金次郎」像を構成する要素として取り上げられた項目「孝行・勤勉・学問」との類似性は顕著であり、文部省・宮内省ともに、このような「金次郎」像を求めていたことがわかる。

このような経緯で、明治政府は「金次郎」を修身の教材として採り上げた。ちなみに、東京帝国大学哲学科の教授であった井上哲次郎は「国定修身教科書」作成に深い関わりをもち、同書に金次郎を採り上げた事情を次のように記している。

　農業を重ずる我邦で田舎の小学校などで児童に教うるに最も適した純然たる農民から成り上がった模範的人物を例に取ろうとすると外にはサッパリ例がない。

井上の指摘によれば、「農民」、「成り上がる」、「模範的人物」が、キーワードであることが理解できる。明治政府が求めていたのは、「苦難に耐え、成果を上げる」農民像だったと言えよう。まさに、金次郎は時の政府にとって、ふさわしい人物だったのである。

「国定修身教科書」が採り上げた項目のうち、金次郎に関するものは、

第一期（一九〇三）「孝行」「勤勉」「学問」「自営」

第二期（一九一〇）「親の恩」「孝行」「兄弟仲よく」「仕事に励め」「親類」「学問」「勤倹」

第三期（一九一七）「孝行」「仕事に励め」「学問」

第四期（一九三六）「孝行」「仕事に励め」「学問」

第五期（一九四二）「一粒の米」

この採り上げられ方を見ると、井上の指摘に準じ、「勤勉で、親孝行な農村の模範的少年」として、金次郎が描かれていたことがわかる。

したがって、児玉幸多の指摘のように、「壮年の日の実践者の姿はなく、金次郎少年の純粋・従順・勤勉な特性のみが抽出され」てきたのである。

このような「金次郎」像を、下程勇吉は「金次郎の勤倹力行のみが強調され、仁愛・推譲の部分が欠落している」と指摘している。

教育という場面において、金次郎の説く「報徳思想」が語られる必要性は、「純粋・従順・勤勉」な少年と語られる必要性に比し、遥かに低かったのである。それが、「金次郎」をして、「いつまでも子供のまま（児玉幸多）」であらしめたのである。「少年」として描かれた「金次郎」は、時の政府に都合のよい、無批判的要素をもたされたとも言えるのではないだろうか。

大正一三年（一九二四）以降、各地の小学校には「金次郎像」が設置され、教育の場において、「金次郎」は国策に沿う「理想の人物」として採り上げられていった。

当然のごとく、政府が「忠」に関して、金次郎を採り上げることはなかった。詳しくは後述するが、「報徳訓」二八に示された君臣関係、弟に示した忠孝観は時の政府の容認するものではなかった。政府は、金次郎に関して、農民教化に適応する面のみを採り上げ、「国定修身教科書」に示した。

明治維新を契機に、激変する政治状況の中で、人口の大半を占める農民に対する教化は差し迫った課題であった。明治一〇年代に広範な展開を見せた自由民権運動は、地主層を中心に農民の間に深く浸透していった。秩父事件をはじめとして、反政府的事件・運動が広がった。こうして求められたのは、忠良なる「臣民」、特に「純粋・従順・勤勉」な「農民」であった。このような時代のニーズにふさわしいと判断されたのが、「金次郎像」に象徴される、少年としての「金次郎」だったのである。もはや、「金次郎像」をめぐる真偽の問題などは必要とされなかった。

一八九〇年代に始まった日本の産業革命は、日露戦争・第一次世界大戦を通して、飛躍的な生産量の増大をもたらしただけでなく、日本の社会の仕組みまで大きく変容させた。「階級」による経済的・社会的格差が生じ、そこに貧困にあえぐ多くの労働者階層が形成された。同時に、農村においても、産業革命による、安価な繊維製品の出現は、副業としての織物に深刻な打撃を与えた。経済的困窮に陥った階層に、夢を持たせ、忍従を迫る必要性からも、修身国定教科書の教える「親孝行で、仕事に励」む「金次郎」が求められ、各地の小学校にある「金次郎像」の「純真・勤勉」な姿に形象化されたのである。

その「模範」像が、国民の間に定着し、その人なりのベクトルをもって、金次郎を語ってきたのである。そのような虚像としての「金次郎」を、青木は「そのイメージが極度に肥大化したものの一つにかの二宮金次郎をあげることに異存はあるまい」と指摘する。

二章

小田原時代

一節　金次郎の誕生と不遇

通称「金次郎」とされるが、実は本名すら定かではない。彼が書簡に記した署名は単に「二宮」のほか、「金次郎」「金治郎」「金二郎」「金次良」「金治良」の五種類を使用しており、真偽は確認できにくい。金次郎が記した書簡のうち、「全集」六〜九巻に所収されたものの総数は三六一〇通、内「金次郎」と署名のあるものが三二六七（九〇・四九％）、「金治郎」が二三二、「金次良」が九、「金治良」・「金二郎」がそれぞれ一である。

年号	二宮	金次郎	金治郎	金次良	金治良	金二郎	計
文政七			一				一
天保五		二					二
六							
七	八	五五	四				六七
八	三四	五四					八八
九	一一	一五	一				二七
一〇	九	四一	三				五三
一一		八一	一				八二
一二		一四四	二				一四六

一三		一一八					一一八
一四	一	一四〇					一四一
弘化元		一七五	二二				一九七
二	一	一八六	一				一八八
三	二	二八一	一二				二九五
四	四	二五五	四				二六三
嘉永元	一一	三〇六					三一七
二	六	三六八	三一	一			四〇六
三	五	二〇〇	一七	六	一		二二九
四	一	二三三	一六	一			二五一
五	四	二八八	六五	一		一	三五九
六	二	一八四	四三				二二九
安政元		五三	七				六〇
二		二七	二				二九
三	一	六一					六二
計	一〇〇	三三六七	二三二	九	一	一	三六一〇
比率	二・七七	九〇・四九	六・四三	〇・二五	〇・〇三	〇・〇三	一〇〇・〇

本書では、「金次郎」を採用する。根拠は次の点である。

①「金次郎」が圧倒的に多いこと。

②「金治郎」のように年代的な片寄り（金治郎は弘化元年六〜九月、嘉永二年二月に集中）がなく、まんべ

んなく「金次郎」と記載されていること。
③二宮一族・善栄寺宛の私的書簡もほとんど「金次郎」であること。
④公私関係なく「金次郎」が多いこと。
⑤幕府に提出した親類書にも「金次郎」と記されていること。
⑥著作での署名も「金次郎」が大半であること。

「金治郎」説を説かれる方が、公的には「金次郎」、私的には「金治郎」、あるいは自筆のものは「金治郎」と主張されるが、書簡の分析からは、そのような傾向は見られない。

しかし、金次郎による「次郎」「治郎」「二郎」などの使用には混用が見られる。少なくとも一六人に対して混用している。さらに実弟富次郎に対しても富太郎と記載することもあり、金次郎は人の名前にこだわりがないとも言える。金次郎は日記・書簡に同音の借字を使用することも多いことなどから、「金次郎」と「金治郎」の本名論争は、あまり意味をもたないとも言える。

二宮金次郎は、天明七年（一七八七）相模国足柄上郡栢山村東栢山（栢山村は一八八九年に曽比《そび》村と合併し足柄上郡桜井村栢山となり、一九五〇年小田原市に編入され、小田原市栢山となった）に、父利右衛門・母よしの長男として生まれた。

栢山村は、後北条時代には賀山・香山・加山とも記されていた。天文五年（一五三六）、北条氏綱《ほうじょううじつな》は香山の地を伊東九郎三郎に与えた。

近世に入ると栢山と表記されるようになった。酒匂川《さかわ》の自然堤防上にはいくつもの集落が形成された。栢山村もその一つである。酒匂川右岸の後背湿地には水田が開かれた。栢山村の水帳によると、村高は四九五石、田地は四六町五反余・畑地は七反余・屋敷地一町余と、圧倒的に水田が多かった。戸数は四六戸（弘化二年）、おおむね一戸あたり一町の農地を有していた。

当時、栢山村の二宮一族は一三軒であった。栢山村善栄寺の過去帳・墓誌によると、二宮氏初代伊右衛門の没年が永正一七年（一五二〇）と記録され、北条氏綱が栢山の土地を伊東に与えたこととの関連が示唆される。

また、二宮家に残る「二宮氏系図」によると、「二宮家の元祖祐之は伊東の一族」という記載がある。これらのことから、二宮家と伊東一族の関連が有力である。その上、後北条氏初代の早雲との関わりも考慮に入れるべきであろう。まず、早雲が伊豆国を領有していたこと。伊東氏が伊豆国の有力な豪族であること。早雲の没年（永正一六年）と二宮家初代伊右衛門の没年（永正一七年）が近いこと。後北条二代氏綱が伊東九郎三郎に香山（栢山）の地を与えていることなどから、後北条家の小田原移転（明応四年）の時、伊東一族であった二宮氏も一緒に移転したことも考慮されるべきであろう。このほか、栢山村には有力な氏族として岡部家・小澤家があった。

金次郎家は祖父銀右衛門が万兵衛家から分家する形で興した。祖父には妻子がなく、祖父の兄万兵衛（三代）の次男利右衛門が相続した。相続時である安永七年（一七七八）正月には所有田畑二町三反二畝四歩を持つ中農であった。しかし、利右衛門の代になると、酒匂川の洪水・利右衛門の病気などによって、しだいに田畑を売り払わざるを得なくなり、享和二年（一八〇二）金次郎一六歳の時には所有地が七反五畝二九歩にまで減少していた。この間に売却した田畑代金の総額は四九両二分二朱であった。

金次郎は後年再三にわたって酒匂川の洪水体験について記載している。金次郎は、洪水によって農地が荒廃するという悲惨な体験と、洪水後の開墾地から収穫を得るという喜びの体験を味わう。これは金次郎が観じた天道の二面性であり、人道の果たすべき役割の認識につながったものと考えられる。後年、金次郎が『万物発言集』などで説く「人道論」の原体験は、この酒匂川洪水であったと言える。

金次郎が直接体験した酒匂川の大洪水は二回ある。一回目は寛政三年（一七九一）金次郎五歳の時である。この洪水によって所有田畑は瓦礫《がれき》と化し、その開墾に苦しむ父母の姿に、金次郎は深く感じるものがあった。金次郎は、終生このことを忘れなかったようである。後年、門弟たちへの教諭の折、父母の話題に及ぶと金次郎は涙を禁じ得ないものがあったと門弟たちは記している。

この年、利右衛門は下々田九畝一〇歩を暮らし向きのために三両二分で売却した。父は病がちであり、一時的には回復することもあったが、寛政一二年（一八〇〇）、ついに病没した。金次郎は弟友吉とともに、乳飲み子を抱える母の手助けをして一家を支えた。

不幸は続き、享和二年（一八〇二）、母は兄弟必死の看病も虚しく、四月に病死した。意気消沈した金次郎であったが、友吉と残された田畑を耕し、田植えをした。しかし、天は非情にも金次郎に二回目の洪水をもたらした。この年の六月三〇日関東地方を襲った風雨は再び酒匂川を決壊させた。所有地はことごとく流失し、兄弟三人はなすすべを失った。やむなく親族一同が相談し、金次郎は伯父万兵衛家、友吉・富次郎は酒匂川対岸の下曽我別所にある母の実家川久保家に預けられることになった。

一家離散の折、金次郎兄弟は残された居宅・家財・諸道具・衣類を売り払い、夫役・田租などを支払い、残金を貸し金とし、利廻しを親族に依頼した。

金次郎は二回目の洪水によって万兵衛家の庇護を受けることになるが、万兵衛家での生活について、ほとんど記録を残していない。この前後には「金次郎伝」として多くの逸話が語られているが、金次郎自身は捨て苗の逸話しか記していない。この話の起こった時期にも触れていないが、前後の関係から享和三年（一八〇三）一七歳の時のことのようである。

金次郎は、休閑を見計らって仙了川《せんりょうがわ》沿いにある所有地の開墾を図っていた。万兵衛家から所有地に向かう畦道に捨て苗が放り投げてあった。これは栢山村ではよく見かけられた光景である。畦道には栢山村の西側を流れる五ヶ村堰を取水地とする用水堀が平行していた。ところが、酒匂川の洪水によって用水堀が不用になり放置されていた。そこで金次郎は、この用水堀をかきならし、捨て苗の植付けを行った。その後も草取り・水回り等にも気を配っていたところ、思いのほか稔りもよく秋には米一俵の収穫を得た。金次郎はこの収穫を種として、年々貸付を繰り返し、財産を殖やしていった。自己の勤労による所得を、倹約生活によって後世に譲り（推譲）、蓄財していった。捨て苗から一俵の米を得たことによって、金次郎は「積小為大」の法則をつかむことになった。

後年、金次郎は万兵衛家での生活について「よんどころなく親類の助成に預かり生長仕候間、初めは荒地を開き、田畠を耕し、夫食を求め、口腹を養わんと欲し、或いは衣服を求め、寒暑を凌がんと欲し、或いは居住を求め、風雨を凌がんと欲し、或いは父母の丹精を尽せし大恩を報ぜんと欲し、或いは兄弟を養育せんと欲し、或いは親類縁者の助成に預かり候恩義を報いんと欲し」ていたと苦難の思いを記している。

この記録から、万兵衛家の世話になっていた折の金次郎の苦悩をつぶさに窺うことができる。生き別れとなった弟達を思い、荒地と化した田畑の開墾に力を尽くし、亡き父母への報恩を深くし、万兵衛家・川久保家の養育に感謝しながら日々を過ごした。この時代の金次郎には、亡き両親への強い思いから、家を復興させ、家族安楽の生活を求めようとする強い意志が存在していた。

二節　本家仕法

金次郎が初めて思想的記載をするのは文化元年（一八〇四）一八歳の時である。この時の記録によると、享和二年（一八〇二）の洪水で田租が免じられているはずなのに、屋敷の内に下田が七畝あると指摘された。金次郎が調べてみると、栢山村内にある金三郎の地所が、金次郎家の樹木によって日陰になり、苦情が来たので金次郎家の所有地と交換した。この交換した土地の面積の広狭をめぐってトラブルが発生したということである。

そこで金次郎は、そもそも二宮一族内の問題であり、かつ、一家離散の折、一族から受けた哀憐《あいれん》の情を汚すわけにはいかないと考え、地所・竹木を要求通り返却した。

「一家同性《〔ママ〕》の儀」と、金次郎が一族に特別の思いをもっていたことを示す記録である。地所問題も、二宮一族内のことであるから、損益にかかわらず解決を図りたいとする、金次郎の意思を明確に示すものである。彼は両親没後、一族から受けた哀憐の情を忘れてはいなかった。やがて、一族への思いは「一族一家主義」として体系化され、報徳思想の中核概念となる。

文化二年（一八〇五）、「日記万覚帳」、すなわち「家計簿」と「覚え書」を併せた記録を記載し始める。この記録を見ると金次郎の金銭出入のみならず、彼の活動を知ることができる。ちなみに文化二年の記録は金銭の貸借に関する記載が目立つ。この頃から金融に強い関心を持っていたことが窺われる。西栢山の清内に五両二分、伯父万兵衛に二両三分二朱、一族の円蔵（万兵衛の息子）に米一俵を貸している。金次郎は、後年伊勢参宮を二回行うが、この年、伊勢講に米五升を支出している。

同年、「報徳仕法」の端緒となったと言われる「本家仕法」に着手する。未だ自家の復興すら成し遂げていないにもかかわらず、本家復興をめざすということは、そこに本家復興に対する強い思いが込められていたはずである。

金次郎は絶家となっていた本家を再興しようと考え、二宮一族にも呼びかけていたが、反応はなく、文化二年に独力で本家跡地に垣根を結い竹木を育てた。四年後、この竹木を売り払い二朱余を得た。これに自己資金三分余を加え、一両とし本家再興の種金とした。この一両を利廻しして本家再興を図ろうとしたわけである。

これは「報徳仕法」の原点であり、他譲の始まりでもあった。自家の復興すら成らないうちに本家再興に着手するという行為は彼の思想表現にほかならない。金次郎は「本家退転の後、二宮一族が本家に助力をしなかったため、二宮一族に災難が降りかかった」と考え、一族に本家再興に助力するように持ちかけたのである。

後年、書簡で本家・分家関係の在り方を「本家末家の別ありといえども、その本を顧みる時は、同根同体」であるから、「本家の憂いは、末家にて力を尽し補助いたし、末家艱難《かんなん》に迫る時は、本家よりこれを救助いたし、相互に助け合い、一身の全き事を願うが如く」と相互扶助の必要性を記した。

金次郎は少年期に、一族間に起こった不幸な事件を目の当たりにしてきた。九歳の時には、本家の相続者儀兵衛が財産を失い、善栄寺前にある薬師堂で哀れな最期を遂げたのを見ていた。このことを後年再三にわたって記している。その後、一四歳の時には父を失い、一六歳の時には母を失い、親族から養育を受けることになった。不遇な体験から特有の親族観を抱くようになった。

この体験的学びと、経典を中心とする学問的学びが、金次郎なりの一族観を芽生えさせ、一族互助の気持ちを強く抱かせることになった。この思いが「一族は同根同体」であり、「相互に助け合う」べしとの認識につながった。

後年、本家のみならず、弟の養子先である三郎左衛門家、二宮一族の権右衛門家、母の実家川久保家などの再建に協力することになる。

学問的知識としては、『孝経』からの影響が強く示唆される。「日記万覚帳」によれば、文化八年(一八一一)六月二二日に『孝経』を一七二文で購入している。同年、「御水帳伊右衛門分田畑書抜帳」(本家仕法)を作成し、その冒頭に『古文孝経』庶人章を引いている。このことから、『古文孝経』から得た「孝」に基づく親族論理を「本家仕法」に応用したことが理解される。「学」即「行」であった。このように学びをすぐに実行に移すことがしばしば見られた。

この引用は、父母亡き後、「一族一家」観をもつ金次郎が、本家を再興することは「孝」の道であり、ひいては一族の繁栄をもたらすものと考えていたことを示すものである。ここに、彼の明確な意思を見ることができる。『古文孝経』を引用すること自体、金次郎が『古文孝経』に深く感じるところがあったことを裏付けるものである。それは、その後の金次郎の行為によって再確認することができる。

ようやく文化九年（一八一二）になって、本家再興の呼びかけに二宮一族が応じた。この年の秋の収穫後、一族九人が収穫米の一部（一俵五升）を本家再興に向けて推譲した。金次郎は、この推譲米のうち、五升を一族の菩提寺である善栄寺に納め、二宮一族の菩提を弔うことを依頼した。

このように、一族から集めた米金で、一族共同の祖先の菩提を弔い、一族の子弟の出精人表彰を行うなど、「一族一家」主義を行為で示していく。その後、一族は賃銭・利子分・御肴代などを本家再興のために推譲していった。「報徳思想」の中核でもある「推譲」を、早い段階で金次郎が認識し、二宮一族も理解し、「本家再興に協力する」という形で実行していたことがわかる。

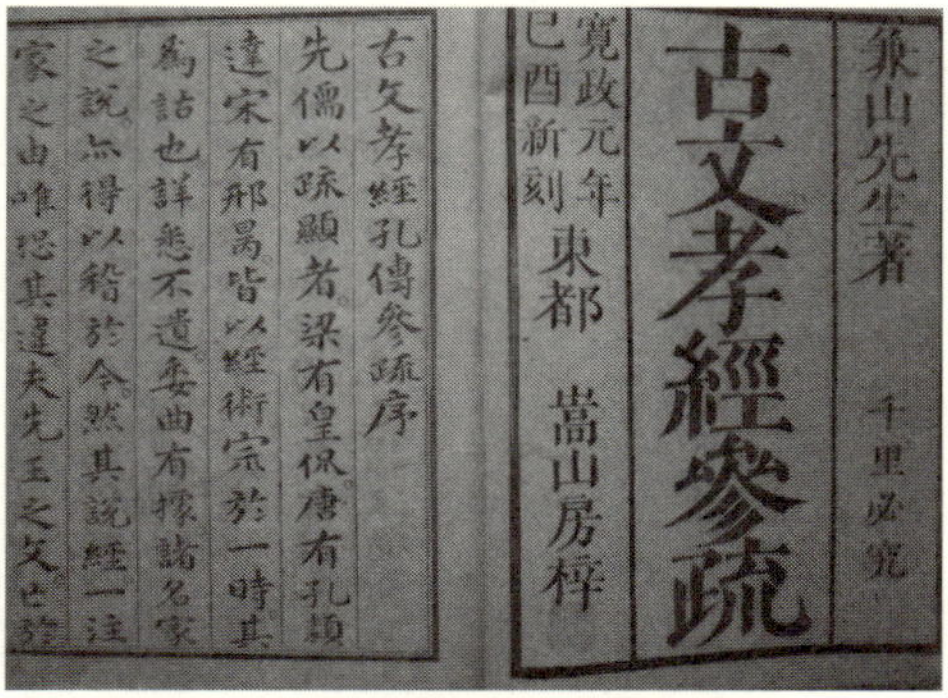

図４『古文孝経』（著者所蔵）

「本家再興」「一族共同祭祀」「一族の子弟の出精人表彰」など

に見られる「一族観」は、『古文孝経』を中心とした経典からの知的学びと、両親・本家九代目儀兵衛の死や、不遇な境遇に対する周縁の助力などからの体験的学びが相俟って作り上げられていったものであろう。

金次郎特有の一族観はしだいに彼の行為に具現化されていく。文化一四年一〇月一四日には、二宮一族の子弟五人を夕食に招いた上で、出精人として表彰を行い、一〇〇文ずつを与えている。

銭百文　栢山村　万兵衛倅　二宮虎次郎外四名

これは秋作取り入れ出精致し候に付、褒美となし遣わし候事

この年の出精人に対する表彰は、二宮一族の子弟に対してのみ行われている。しかも「本家伊右衛門一家再興相続手段帳」に記載されており、その「本家再興」資金の中から褒賞金が支払われている。このことは、金次郎の思惟が、彼個人の表彰という意識ではなく、一族として出精人を表彰するという「一族一家主義」にあることを示すものである。

文政元年（一八一八）になると、二宮一族の子弟七人と曽我・柏木氏の子弟三人に対して表彰を行っている。さらに文政三年になると、二宮一族の子弟三人と他氏の子弟六人に対して表彰が行われている。東栢山だけでなく隣部落である西栢山にも表彰の対象が広がっていることが注目される。しだいに二宮一族の子弟に対する表彰の比率が下がってきていることは、「一族一家主義」から「一村一家主義」へと軸足が移ってきたことを端的に示すものと言えよう。

また、出精人の表彰は、後年、「桜町仕法」「小田原仕法」をはじめとする各地の仕法で実施された。

これらの「仕法」における、出精人の表彰は、栢山村時代から発展し、その選考を村民が「入札」（投票）によって行うという画期的なものであった。

金次郎が出精人の表彰を行ったのは文化一四年（一八一七）からであり、その原点が何処にあったかは定かではないが、寛政の改革で行われた『孝義録』編纂事業が背景にあった可能性がある。『官刻孝義録』の刊行は享和元年（一八〇一）であり、金次郎一五歳のときである。

小田原藩も文政元年（一八一八）には奇特人・出精人を表彰した。また、金次郎自身も奇特人として小田原藩主から表彰され、その喜びを再三書簡に記している。金次郎は自らの体験から、早くに表彰行為の有用性を認識していたのであろう。

文政六年に、二宮一族の太兵衛親子の不和を金次郎が仲立ちし、子吉五郎が独り立ちできるように田畑と金銭を手配している。これは金次郎の「一族一家主義」が、子弟への表彰から、一族の子弟の生計確保にまで発展したことを示している。

この「一族一家主義」が、「一村一家主義」に発展し、村民にも理解されていったことは、金次郎が小田原藩主大久保忠真に抜擢され、「桜町仕法」を実施するために栢山村を去る時に表れる。

文政六年、栢山村を去るにあたり、家屋敷・田畑・家財道具を売り払った。この時、家財道具を売却した記録帳「家財払方控」によると、栢山村四六戸（弘化元年）の内、二八人が何等かの金次郎の家財を購入し、引っ越し費用の捻出に協力している。また、「引越路用馬銀払方帳」によれば、同年三月一三日、栢山村を去る時、村民七八人（一戸あたり一・八人）が押切村まで見送ったことがわかる。このことは金次郎の唱える「一村一家主義」が村民の間に浸透していたことを示すものと言えよう。

桜町移転後も、主に「本家仕法」を介して金次郎と二宮一族との交流は続いていく。冗長になるのでポイントだけを押さえたい。

天保の飢饉の際、藩主大久保忠真の要請によって「小田原救急仕法」が始まるが、弘化三年(一八四六)、「小田原仕法」は突如畳置き(中止)になる。金次郎は小田原藩領への出入りも、小田原藩領民との接触も禁止された。

金次郎は、「小田原仕法」の中廃はやむを得ないとしながらも、「本家仕法」は、極難貧者を救済する「安民」の一端を担う「忠」であり、また、一族の本家を再興することは、祖先の恩徳に報いる「孝」であると認識していた。つまり、「本家仕法」は「忠」と「孝」を兼備した「大幸」であり、ぜひとも継続させてほしいと願ったわけである。

換言すれば、「本家仕法」の善種金を使って行う「桜町仕法」「小田原仕法」は、「安民」を図る「忠」であり、本家を再興することは祖先の恩徳に報いる「孝」である。故に「本家仕法」は、「忠」と「孝」を兼備した「大幸」であると考えたわけである。これが、「小田原仕法」廃絶下において、「本家仕法」継続を求めた論拠であった。

金次郎は、「三郎左衛門家仕法書」の中で、「忠」と「孝」を定義した。つまり、「父母の丹精」によってその身は養育されたのであり、その恩沢に報いることを「孝」と定義した。一方「忠」については「君公の令命」によって官禄を受けたのであり、民衆に尊敬されるような善政をなすことと定義し

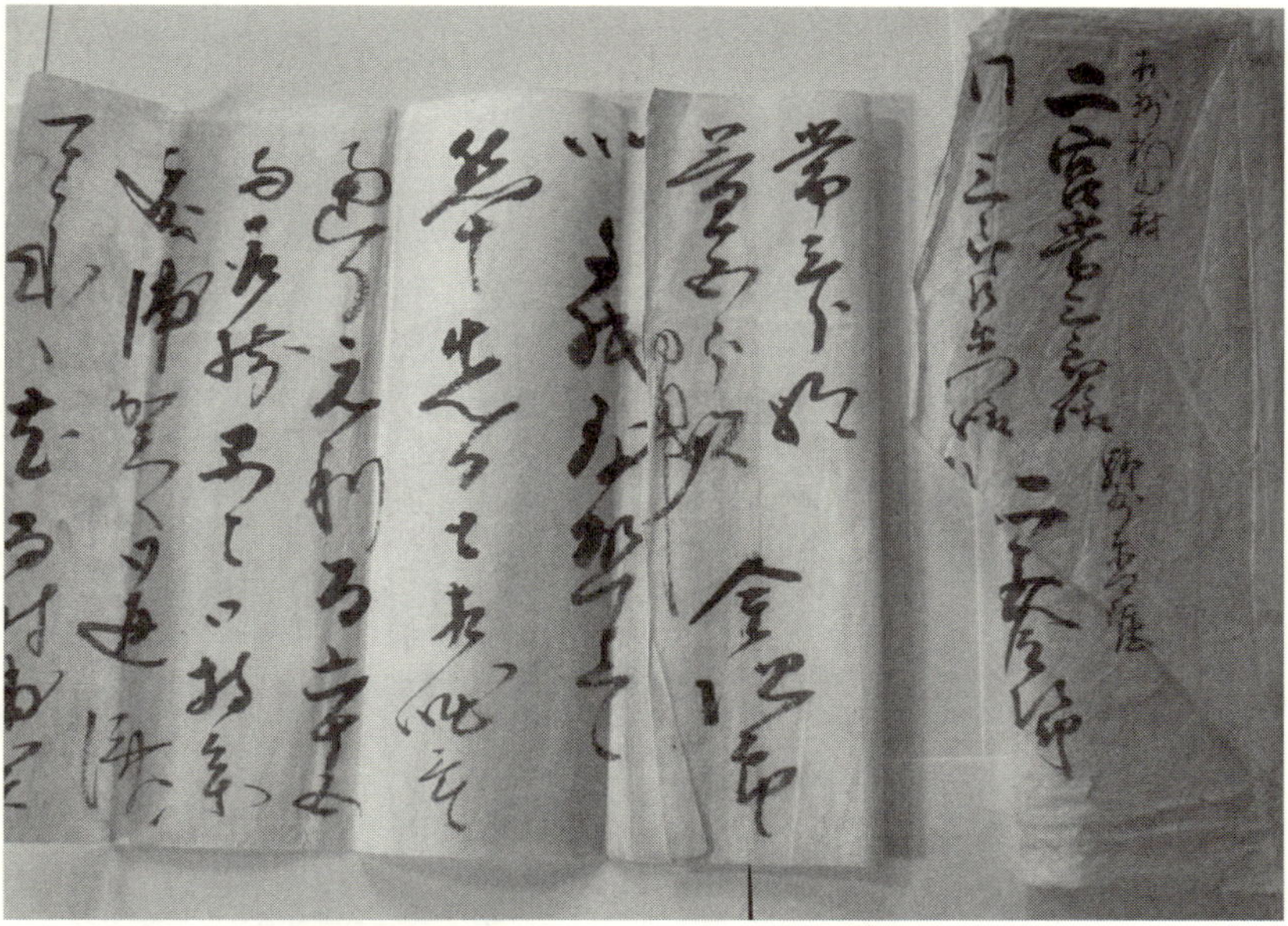

図５　金次郎の二宮一族宛書簡（著者所蔵）

た。したがって金次郎の言う「忠」とは、直接君主に向けられるのではなく、君主から与えられた官禄によって、民衆に善政を施すことを指している。

金次郎の「忠孝」観は、「報徳訓」にも明確に示された。

「報徳訓」二八

本来君ありてのち民あるにあらず、民ありてのち君おこる、蓮ありてのち沼あるにあらず、沼ありてのち始めて蓮生ずるもの也

「報徳訓」二八に示されたように、金次郎における「忠」とは、絶対的君臣関係ではなく、民があってこその君主であり、臣は君から得た「官職」と「俸禄」を用い、民に善政を施すという関係における存在なのである。

したがって、「忠」は直接主君に向けられる

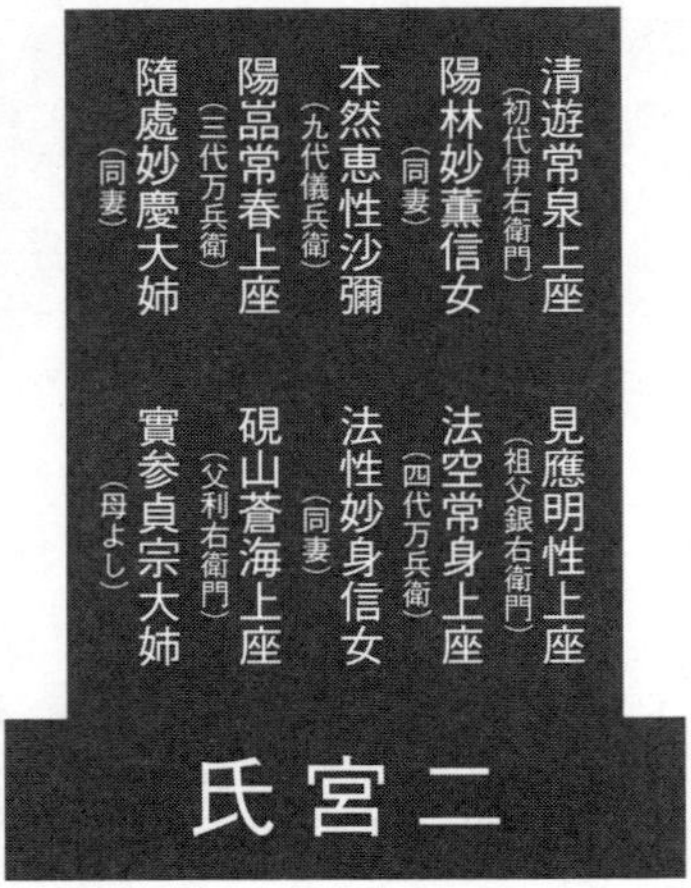

図６　金次郎が建立した墓石
（小田原市 善栄寺）

のではなく、民に善政を施すことによって、結果的には君の仁心を実現することになり、これを「忠」とするものであった。

しかし、このような民優先の論理は、「小田原仕法」において、報徳仕法推進派と藩首脳部との対立を招くことになった。大久保忠真亡き後の小田原藩では金次郎の論理が理解されず、「報徳仕法」は畳置きとなり、金次郎は小田原藩領への出入りを禁止されることになった。

嘉永二年（一八四九）、金次郎は善栄寺と二宮一族に書簡を送り、墓地の整理に着手した。まず、二宮一族の墓地を石垣で囲い（この石垣は現在でもわずかに残っている）、本家・分家のそれぞれの墓地の広さを指定した。

彼は一族の墓地を石垣で囲う理由を「大乱の時、一族が一つの纏《まとい》のもとに結束し、危機を乗り越えた」とし、本家分家の結束を訴えた。

さらに、一族の先祖・両親の供養のために墓石を建立した（この墓石は小田原市栢山善栄寺の二宮本家の墓地にある)。

この墓石に刻まれた戒名の順が、金次郎の「一族観」を端的に物語っている。彼のもつ一族観、すなわち「本末」意識は墓石の戒名の順に記された。墓石正面には一〇人の戒名が二段に分けて彫られている。上段は右から総本家初代伊右衛門夫妻・九代儀兵衛・万兵衛家三代万兵衛夫妻、下段は右から祖父銀右衛門・四代万兵衛夫妻・父利右衛門・母よしの戒名が彫られている。これは金次郎が説く「本末」「一族は同根同体」とする一族観を示すものと言える（図6参照）。

この前後に、金次郎は二宮一族や善栄寺に五〇通にも及ぶ書簡を送っている。中でも注目されるのは善栄寺に宛てた書簡の記載である。彼は先祖永代供養料として五〇両を奉納するが、これを年利一割で貸し付けるように依頼している。利子の五両を毎年の供養料に充てれば五〇両は永続性が保たれると考えた。翌年、善栄寺からの返書には、金次郎の指示を実行していることが記された。実に金次郎らしい資金の運用である。

金次郎は、小田原藩から追放されていたが、この墓石供養と父利右衛門の五〇回忌法要を行うために墓参の許可を求めた。しかし小田原藩はこれを認めず、金次郎は子息弥太郎に代参をさせざるを得なかった。

嘉永七年、四九年を費やした「本家仕法」をようやく成し遂げた。総本家一〇代目当主に、栢山村名主二宮常三郎の弟増五郎を指名し、「本家仕法」で蓄積した財産を譲り渡した。

金次郎は、二宮一族に対し、本家を増五郎に相続させ、「本家仕法」金で購入した六町余の田畑の半分を増五郎に譲り渡し、残り半分を本家が再潰することのないように、一族の共同管理下に置くとする「治定書」を示し同意を得た。

その中で、一族は「同根同体」であり、「本家末家とも相互に助け合い」、永久に一族が退転することのないようにすることが、「祖先の恩義」に報いる「孝」であるとした。また、一族で「本家先祖代々の供養」を行い、その上で「村為」にもなるように取り計らうことが、「本家式無量の陰徳積善」につながり、本家が再潰する恐れがなくなると考えたわけである。

さらに、今後、本家相続にふさわしい人物が出現したならば、「家株相渡し、相続いたさせるべし」としたのは、本家は個人として相続されるべきものではなく、一族の長としてふさわしい人物こそが相続すべきであり、そうしてこそ「本末」の関係は永続性を保てるものと考えたのである。

「本家仕法」は、金次郎が手がけた仕法の中で、最初の仕法であり、もっとも長期にわたる仕法であった。本家再興に着手したことが、彼の思想の出発点であり、「本家仕法」を実施する中で、「忠孝観」「一族観」を示した。

三節　「金次郎像」の原型

金次郎には二人の弟がいたが、金次郎一六歳、友吉一三歳、富次郎三歳の時、兄弟は酒匂川の洪水によって生き別れを余儀なくされた。金次郎は万兵衛家の世話になりながらも、自家再興に向けて日々開墾に明け暮れていた。金次郎は捨て苗を拾い集め、未開墾地に植え、秋には一俵余の米の収穫を得た。この一俵余の米は、金次郎に「積小為大」の法則を知らしめたのみならず、自譲の喜びを認識させることになった。自己の勤労で得た富を、倹約した生活をすることによって後世に譲り、財を増やすに至る「勤倹譲」の道を悟ったのである。これによって金次郎は父利右衛門の代に失った田畑を順次買い戻していき、二〇歳の時には荒れ果てた居宅を修繕し、移り住んだ。

一方、弟友吉は末弟富次郎と共に母の実家川久保家の世話になっていた。その時、下曽我別所の友人が、奉公で三両余を得たと友吉に話をした。これを聞いた友吉が兄に手紙を送って、自己の窮状を「他家へ罷り出で候得ば、金三両余に相当たり申すべき処、無給にて長年相勤めおり候ては、往々不安堵」であると訴えた。

金次郎は、返書で弟の窮状に同情しつつも、川久保家の養育の恩に報いる努力を優先するほかはないと諭している。その一方、現実的な対応策として、下曽我別所の北東にある曽我山の私有林の伐採権を買い取り、農閑期に伐採しておけば商人が買い取りに来る。薪の販売は利潤が多く、元金の三倍にはなると説明し、その元手金を金次郎が貸すというものである。まさに、金次郎は弟友吉に自活の手段を教えようとしたのである。

金次郎が薪を求めて私有林の伐採権を購入したことは、金次郎の「日記万覚帳」に記載されている。文化八年（一八一一）九月三日「早川村山伐もみそ」に二五〇文、九月六日「風祭村山代」に二分二朱と銭二〇〇文を支払っている。早川村は小田原城の南約二キロのところにあって、親族の彦八（二宮権右衛門の弟）もおり、おそらく彼を通じて早川村との接点が生まれたものであろう。彦八は本家仕法などでも金次郎の意図を理解し、賃銭・利子を推譲した、金次郎にとって、よき協力者でもあった。しかし、風祭村との接点は不明である。この村は小田原城の西約三キロにあり、早川村と同様に城下に薪を運ぶには格好の地と言える。

この年以後、金次郎は薪山で薪を伐り、これを城下に運び、売り捌いて収入を得ている。風祭村から伐採権を購入した薪山と早川村から薪を伐採し城下に売ったものと思える。

薪山から薪を伐り出したことと、書籍購入の記録を考慮すると、「金次郎像」の原型はこの時の金次郎の姿にあったのではなかろうか。しかし、それは少年の日の金次郎ではなく、勤労に励む、青年の金次郎であった。

金次郎による薪の販売の記録と、書籍購入の記録を「日記万覚帳」から抜粋し左に示す。

文化八年から文化一一年の薪販売の記録と、文化四年から文政五年の書籍購入の記録を示した。薪の販売は文化八年の早川村のもみそ代の支払いと風祭村の薪山代支払いがほぼ同時期に始まり、文化一一年まで行われた。このことから、金次郎が薪山の権利を購入し、そこで伐採した薪を城下に運び販売していたことがわかる。しかし薪の販売は「金次郎像」が示す少年金次郎ではなくて、二五歳から二八歳の青年金次郎だったのである。

文化八年の薪山の伐採権購入以後も、風祭村との関わりは、「山の講」への支払いとして続いていく。八年に一二一文、九年に一七四文、一〇年に七六文を支払っている。さらに風祭村村民らに山伐代とし

*金次郎による薪販売の記録

販売の年月日	西暦	年齢	販売量	金額
文化八年八月二二日	一八一一	二五歳		一〇〇文
九月五日				二朱三四文
文化九年二月七日	一八一二	二六歳		一一六文
二月二〇日				一一六文
四月一一日				一二四文
八月六日			雑木代	銀九匁一分五厘
			雑木代	金二朱一八〇文
八月二五日				二朱（岩瀬様）
九月六日			雑木四束	一五八文
九月一八日				二〇〇文
一〇月二八日				一二四文
一〇月二九日				一二六文
一一月四日				二朱（伊兵衛様）
一一月三〇日				一〇〇文
文化一〇年一月一六日	一八一三	二七歳	松まき代	一六文
二月一四日				一分（伊野右衛門）
三月二三日			去年の不足分	二〇〇文（福右衛門）
			同	二〇〇文（供七）
五月一九日				一分
五月二〇日				四七〇文
				四七〇文
六月一八日				四七〇文
七月二日				一〇〇文
一一月一五日				三〇〇文（山渡し）
一一月一六日				二朱
一一月一八日			薪四束	一三二文
			縦三本	二朱
一一月一九日			枝木代	二朱五〇〇文
一一月二一日				一分
文化一一年四月一五日	一八一四	二八歳		一〇〇文（仙七）
五月六日				七二文
五月二二日				一四八文
六月九日			松代	二〇〇文
九月六日			雑木二束	五〇〇文
年月日記載なし			小薪五二束	一分七二文（伴七）
同			樫二束	二九文（伴七）
同			大槇三二束	一貫三〇〇文
同			同二〇束	二朱（一丁田幸介）
一一月九日			小槇四束	金額記載なし
				（藤太夫様）
一一月八〜一一日			同一二六束	二分二朱一二八文
一一月八〜一一日			雑木五六束	一分五六六文
一一月九日			四束	金額記載なし
				（藤太夫様）
一一月一三日			真木二束	一一二文（野田屋）
一一月一五日			同四束	金額記載なし
				（早川様→家老）
一一月一七日			小真木二束	金額記載なし
			杉の葉二把	同上（関や氏）
一一月二〇日			小真木二束	（源二郎）
			松枝二把	一〇〇文（源二郎）
一二月一七日				二分
			かし木代	一〇〇文
一二月二一日				三分
			枝束代（二束）	六〇〇文
一二月二七日			けや木代	一〇〇文
一二月二八日			松丸木三本	二六四文

＊金次郎の書籍類購入の記録（小田原時代）

年月日	西暦	年齢	購入書物	金額
文化四年一一月二五日	一八〇七	二一歳	実語教	九〇文
八年六月二二日	一八一一	二五歳	孝経	一七二文
八月七日			中山記	三〇〇文
九月一一日			経典余師	一分二朱銀四匁五分
九年二月二日	一八一二	二六歳	経典余師	二朱
一〇年一月二七日	一八一三	二七歳	大学	一一六文（新五郎殿）
二月二三日			唐詩選	二三二文
九月六日			実語教	八〇文（助吉様）
一一年三月二五日	一八一四	二八歳	年代記	二八文
九月一日			白川記	二五一文
一二年三月二七日	一八一五	二九歳	順席帳	二五四文
八月一二日			四聲古本	一二四文
一四年一月三日	一八一七	三一歳	孝経	二三二文（鈴木佐吉方へ）
一一月一七日			孝経	金額の記載なし
文政元年四月二五日	一八一八	三二歳	用文章	二八〇文
文政二年五月一九日	一八一九	三三歳	四書	金一分二朱（應介へ）
文政三年八月一八日	一八二〇	三四歳	大和俗訓	銀四匁八分
			大和俗訓二部	銀一一匁（鵜澤様・伊介様）
			書経	金二朱と銀五匁（小峰へ）
九月一六日			かなめ草	銀三匁二分五厘
			七書	銀六匁二分五厘
文政四年一〇月一八日	一八二一	三五歳	四書（一組）	四五〇文
			四書（一組）	金一分と銀六匁五分
一二月二八日			四書（一組）	金一分と七三六文
文政五年一月二八日	一八二二	三六歳	女大学	四二四文
一一月二三日			孝経	一五六文

て支払った記録も残る。

文化一一年（一八一四）の「歳中万控帳」と一二年の「金銀米銭出入控帳」には、金次郎が友吉に示した曽我山の伐採権買い取りによる薪販売を実行に移した記録がある。

「歳中万控帳」には、「曽我山代金之覚」として、一〇年一二月晦日に一両、翌一一年二月に一両二朱、四月に二両、五月に一両三分二朱と銭七五四文を友吉に与え、母の実家の当主太兵衛に一一年三月に五両一分二朱、四月に米六俵を与えている。

文化一二年の「金銀米銭出入控帳」には、「御林代金覚」として、一二両二分と銀五匁《もんめ》の記載がある。しかし、曽我山の薪伐採は二年ほどしか続かなかったようである。

これらの記録から、下曽我・風祭などで薪山伐採権を購入し、そこで薪を伐採し、友吉・太兵衛・下曽我別所の村民や風祭村村民・服部家中間《ちゅうげん》仲間の協力を得て城下に運ばせ、天野屋などの商人や武家屋敷に販売し利益を上げていたことがわかる。時に多額の受け取りの記述があるが、これは藩士に販売したのをまとめて支払ってもらったのであろう。

一方、書籍の購入は文化四年（一八〇七）の『実語教』に始まり、八年（一八一一）には「本家仕法」実施の理論的根拠となったと思われる『孝経』を購入し、早速同年に「御水帳本家伊右衛門分田畑書抜帳」の冒頭に『孝経』から引用した記載がなされている。この後も書籍購入は継続的に行われ、一一年に『白川記』、『年代記』、一二年に『順席帳』、『四聲古本』、一四年に『孝経』、文政二年に「四書」、三年に『かなめ草』、「七書」、『大和俗訓』、『書経』、四年に「四書」が購入された。

薪販売の記録、書籍購入の記録、弟友吉への書簡から、「金次郎像」に象徴された、金次郎伝説の原点とも言うべき「薪を運びながら、『大学』の書を読む」姿は、この文化八年から一一年の別々の出来事が、一つの話にまとめられ、「金次郎像」に投影されたと考えるべきでなかろうか。風祭村・早川村から薪を運んだ事実と、一〇年に『大学』を購入した記録から、後の「金次郎像」が類推できる。

従来の「逸話」では、金次郎が少年期に『実語教』『大学』『論語』『大和俗訓』を読んだとされる。しかし、金次郎の「日記万覚帳」に示された書籍購入の記録を見ると、「逸話」は不自然と考えざるを得ない。書籍購入は文化四年（金次郎二一歳）に始まり、『実語教』↓『孝経』↓「経典余師」↓『大学』↓「四書」↓「七書」の順に購入された。これは、学びの順序としてもそれほど不自然とは思われない。

金次郎の書籍購入記録と、学びの過程は一致すると理解したほうが自然ではなかろうか。これを裏付けるものとして、「日記万覚帳」には、金次郎が文化八年一一月一七日に本箱を一二四文で購入したとする記述がある。また、『足柄上郡誌』によると、この本箱は、後日、二宮本家の所蔵となったとある。金次郎の購入した本箱は、とっての付いたはめ込み式の引き戸があるもので幅一尺、高さ三尺、奥行き一尺ほどのものであり、せいぜい経典二、三〇冊収蔵が限度であろう。本箱購入の日までに、「日記万覚帳」に記載された購入書籍は、『実語教』「用文章」『孝経』『中山記』「経典余師」である。他に俳句関係の諸道具類も納めていた可能性もある。

結論を急げば、薪を背負いながら『大学』の書を読む姿は、『報徳記』にあるような、父死亡の直後（金次郎一四歳）の話ではなく、先述したように、金次郎の文献に記される二五歳前後の薪販売の記録と書籍購入という二つの別々の事象が統合され、少年の姿の「金次郎像」に投影されたと考えるのが自然であろう。しかも、伐採権を購入した薪山から、薪を城下に運ぶ姿が、近代に至って意味化され、いわゆる「金次郎像」に見られる「勤勉で親孝行の少年」の「姿」に形象化されたのであろう。

したがって、文化一〇年（一八一三）、『大学』購入の記録に見られるように、彼の経典からの学びも伝説よりも約一〇年ずれると考えるのが自然と思う。彼は二〇代に入って急速に学問に接近し、経典などを購入するようになったものと思える。

四節　弟友吉への教え

文化一三年（一八一六）、弟友吉が金次郎に衣服購入を依頼してきた。友吉は、母の実家太兵衛家で無給同様で働いているから、衣服すら思うままにならないと金次郎に窮状を訴えた。

これに対して、金次郎は返書で「幼年の時より、養育致され候恩義を忘れ、今生長に及んで、無給などと我功のみ算《かぞ》え、愁い悩み致し候儀、全く不本意に候」と諭した。

しかし、この年友吉に衣服を買い与えている。六月一六日に「ひとえ物壹ツ友吉分一貫百四八文」と購入した記録がある。父母・末弟富次郎を失った今、ただ一人の家族である友吉への情愛は深く、そこには金次郎の理性を越えさせるものがあったのであろう。だが、金次郎が案ずる通り、せっかく買い与えた衣服は友吉が田植えに出たすきに賊に盗み取られたのである。これは親族の恩徳に報いることを優先しなかった友吉に対する天命とも言うべきものであると金次郎は理解した。

金次郎は自らの幸薄い体験から、親族から受けた恩徳への感謝の気持ちを強く抱くようになった。友吉にも親族や祖先の恩徳に感謝すべきことを再三論しながら、結局、自身は肉親への情愛に流されることになった。しかも、それは彼にとって悔いを残す体験であった。

後年、金次郎は「三郎左衛門家仕法書」の中で、「徳に報いる事は百行の長、万善の先」であると諭した。さらに、この仕法書の中で「人は諸々の恩沢を受けているにもかかわらず、その恩沢に報いないことがある。徳に報いようとしない者は、自己の将来の幸福のみを考え、自己が受けた恩徳を大切にしないので、結局地位を失い、自己の徳をなくしてしまうのである。逆に、恩沢に報いようとする者は、自己の幸福を後回しにして、祖先の丹精を大切にするので、地位を受け継ぎ、富貴を失うことがない。徳に報いることを何よりも優先すべきである」と、弟を諭した。

翌年、弟は一五年ぶりに我が家に戻った。その時、二宮一族から友吉に養子縁組の話が持ち込まれた。栢山村の二宮一族は当時一三軒あった。そのうち分家筆頭である三郎左衛門家に相続者がおらず、友吉を養子にもらいうけたいとのことであった。

弟にとっては、ありがたい話ではあったが、金次郎は安易には同意しなかった。三郎左衛門家の実情を憂えたのである。同家が所有していた上田は既に売り払われ、誰も買い手とならない麁田《そでん》ばかり四反六畝三歩が残されていただけなのである。これでは友吉が相続したとしても、困窮するばかりと考えた。

しかし、このような事情ではあるが、金次郎の「一族観」からすれば、直接の血筋でもあり、祖先の恩徳に報いるのは当然と考え、結局、二宮一族の総意に従い、友吉にもたらされた養子縁組話に同意した。

その上で、三郎左衛門家の行く末を案じた金次郎は、友吉に対し、三郎左衛門家の養子になるにあたって、現在の貧窮の根源を示し、祖先の恩徳に報いるべき道筋を教え諭した。

三郎左衛門家は本家から分家し、さらに数軒を分家させたので、所有田畑は自然と不足し、生活も困窮を余儀なくされていたのである。この原因を辿ると、元は本家から財産を分与されながら、その恩沢に対して報いることがなかったことにあると考えた。

さらに、本家の九代儀兵衛が仏門に入り、寛政九年（一七九七）に善栄寺前の薬師堂で没すると二宮一族の祖先を弔う者がいなくなった。金次郎は、儀兵衛の死と本家没落の様子を目の当たりにし、強く感じるものがあった。その後両親の死、一族に降りかかった病難・災害は、一族が祖先の恩徳に感謝しないことからもたらされた結果であると考え、弟に祖先の恩徳に感謝するべき旨を強く諭したのである。この後も金次郎は「一族一家主義」を弟のみならず一族にも諭していくのである。

余談ながら、金次郎は「御水帳三郎左衛門分田畑書抜帳」（文化八年）の冒頭に次の歌を記した。

ふる道に、つもる木の葉を、掻わけて、

天照神の、あし跡を見ん

この歌を、福住正兄は『二宮翁夜話』六四話で次のように言う。

「古道に積る木の葉を掻分けて天照す神のあし跡を見ん」とよめり、古道とは皇国固有の大道を云、積る木の葉とは儒仏を始諸子百家の多きを云、夫皇国固有の大道は、今現に存すれども、儒仏諸子百家の書籍の木の葉の為に蓋れて見えぬなれば是を見んとするには此木の葉の如き書籍をかき分けて大御神の御足の跡はいずこにあるぞと、尋ねざれば、真の神道を、みる事は出来ざるなり（以下略）

福住による解釈は、神道家としての理解であり、まさに牽強付会《けんきょうふかい》と言わざるを得ない。一連の流れを見れば、金次郎は「一族一家」観に立ち、親への報恩から、さらにその親への報恩と伸ばし、遂にその原点を天照大神に見出したのである。

「積る木の葉」とは福住の言うように、「儒仏」を指すのではなく、落ち葉に象徴されるような、「遠き過去」を示しているに過ぎない。「ふる道」も、国学や神道に言う「古道」ではなく、遠き「祖先の歩いた道」を示すに過ぎない。「ふる道」を「古道」と表記することに紛れの原因がある。

この時点で、金次郎が神道的理解を示していないことは明白である。彼が示したいのは弟友吉が三郎左衛門家を継ぐ以上、祖先の恩徳に感謝する気持ちを持ち続けるように諭したのであり、神道的理解に直結すべきものとは言えないことは言うまでもなかろう。

金次郎は弟に現実的な方法をも示した。弟が三郎左衛門家を相続しても、わずか四反六畝三歩ほどの田畑の耕作だけでは生計が維持できないと考え、弟を数年間奉公させて給金を稼がせようとしたのである。その上で弟が稼ぐ給金と同額を補助するという方策を授けるとともに、一族にもこの旨を示し、助力を求めた。

これは「本家仕法」で確認した、一族は「同根同体」であるから「本末とも助け合うべし」という「一族観」である。金次郎の思いは、弟友吉の生活設計のみにあったのではない。二宮一族の互助関係を確かなものにしようとしたのである。三郎左衛門家再興を契機として一族に共存共栄の認識を求めたのである。

そこで、三郎左衛門家の財産を殖やさない限り、弟の生活の安泰はないと考え、弟に奉公による賃稼ぎを求め、一族にも助力を願った。もちろん、自らは五両を差し出し、再興の土台金としようとした。二宮一族も合議の結果、三郎左衛門家再興に協力し、五人が相続祝儀金の名目で三郎左衛門家に推譲した。万兵衛（二朱）、七左衛門（二分）、太兵衛（一分）、代蔵（一分）、佐平治（二朱）、それに金次郎の妻きのの実家中島弥野右衛門（五〇〇文）、さらに自らが五両を差し出し、総計六両一分銭五〇〇文を事実上寄附した。この資金を土台に田畑を買い戻すように勧めたのである。金次郎は、友吉に自らの勤労によって財を生み出すことを諭したのであるが、友吉は兄の示す奉公稼ぎには同意しなかったようである。結果、再び友吉は貧窮に陥り、金次郎に助力を求めるようになった。

天保二年（一八三一）までの間に、三郎左衛門家は病難などによって臨時の出費を余儀なくされ、生活は困窮に陥り、遂に大借に及んだ。この借財返済のため、田畑を売り払わざるを得なくなったのである。やむなく友吉は金次郎に助力を求めた。

そこで金次郎は天保四年（一八三三）に桜町趣法金の中から六〇両二分を借り受けさせ、一町四反九畝の田地を買わせた。七年にも一七両二分で三反九畝を受け戻させ、八年には三〇両で二反一畝一二歩を受け戻させ、七畝一五歩を買わせたのである。

このように、友吉の家計安泰のためには、一家として成り立っていくだけの産米を得る田畑が必要と考えた。弟には再三諭していることであるが、自活の道への手段を整えてやった。

ここに三郎左衛門家の基礎は固まったように思えた。しかし、天保一〇年、三郎左衛門家はまたもや窮地に陥った。

金次郎にとって、小田原仕法を実施する中での身内の困窮は仕法の根幹を揺るがせかねない問題であった。そこで弟の家政再建を優先させ、村落復興や家政再建事業の雛形にしようと考えた。金次郎の生涯の姿勢は常に率先垂範にあった。自己の勤労の姿で範を示し、飢饉下にあっては桜町陣屋内に禁酒を求めた。当然、弟にもこの気持ちを伝えたかったのであろう。

このように、人のあるべき姿を弟に求めたのである。かなり厳しい叱責が弟に向けられた。友吉（三郎左衛門）も兄の期待に応えるべく自家復興だけでなく、本家再興や近隣農村の立て直しに奔走《ほんそう》した。友吉は農民として地味な暮らしをしながらも、尊敬する兄の理想実現をめざしていた。

金次郎の仕法は弘化三年（一八四六）、小田原藩によって拒絶される。彼は小田原藩領への出入りも、小田原藩領民との接触も禁止された。その最中にあって、本家仕法や二宮一族への仕法だけは継続を認められた。

嘉永七年（一八五四）、小田原藩は、栢山村内の仕法中止をほのめかした。遂に金次郎は二宮一族の協力を得て、同年正式に増五郎を本家相続人と決め、財産を譲渡した。金次郎死没の三年前である。

五節　自家復興への歩み

金次郎家は、祖父銀右衛門が興し、銀右衛門の甥（万兵衛の次男）である父利右衛門が相続した。家運は相続時がピークであったようだ。この安永七年（一七七八）の所有田畑は二町三反六畝二二歩（ただし万兵衛家に四畝一八歩を渡しているので、実質は二町三反二畝四歩）であった。

しかし、天明四年（一七八四）以降、水害・疾病など不幸が続き、一町五反六畝五歩の田畑を四九両二分二朱で売り払わざるを得なくなった。母没後、金次郎一六歳の享和二年（一八〇二）四月の記録には残された田畑は七反五畝二九歩とある。

二回の洪水によって、唯一の生計の糧とも言うべき田畑を失った金次郎兄弟は途方に暮れた。そこで親族一同が協議し、金次郎は万兵衛家が引き受け、友吉・富次郎は母の実家川久保家が引き受けたのである。

万兵衛家に引き取られた翌年（享和三年）、捨て苗を未開墾地に植え、秋には一俵余の米を得た。金次郎はこれを浪費せずに貸付に回した。この一俵余の米、一家離散時に家財道具や衣類を売り払った代金、勤労の賃銭、開墾地の収穫を貯え、しだいに財産を殖やしていった。開墾地からの収穫は、鍬下（免税）期間であり、即所得となったわけである。五年という一時的なものとはいえ、金次郎の開墾を勇気づけるものとなった。

その後、四年の流浪生活を経て、自宅に帰った文化二年（一八〇五）から、自家復興を完成させた文化七年（一八一〇）までの生活ぶりを「日記万覚帳」を頼りに検証してみる。

金次郎は文化二年に、廃屋を修理し、四年続いた他家での生活に別れを告げた。この年の「日記万覚帳」には、廃屋修理を手伝った若者をもてなしたと思われる記載が目立つ。酒のふるまいは、磯右衛門（二升）・菊右衛門（三升）・大作（二升）・角左衛門（五合）、肴代として、菊右衛門（六五〇文）、磯右衛門（一四〇文）、礼として、平右衛門（一二四文）とある。酒食のふるまいの記載があるのは、文化二年と自家を復興した文化七年だけであり、廃屋修理・帰宅を裏付けるものと言える。

この年、生活にはゆとりが生じていたと見え、西栢山の清内に五両二分、東栢山の万兵衛に二両三分二朱、円蔵に米二俵を貸している。

文化三年（一八〇六）には生活の安定ぶりを示す記載が増えてくる。顕著なのは俳句に関する記載である。彼の俳号は「山雪」といい、四月以降「句料」九回に総額四六一文を支払っている。それに伴ってか、筆三本（計七九文）、墨（四八文）、硯（一〇八文）、紙（二九八文）を購入している。

二〇歳前後の俳句には、長閑《のどか》な情景を表現したものが多い。

おちつのや　枯いたどりの　五六尺
雉子啼や　七里並木の　右左
蝶々や　日和動きて　草の上
山吹や　古城を守る　一つ家

日々の暮らしの中で、目に触れた季節の移ろいを詠んだものであろう。初めの二句は酒匂川の堤防の情景と思われる。冬、草木が枯れ果てた中、いたどりの間に鹿の角を発見した新鮮な驚きが目に見える。同様に堤防の松並木から雉の声が聞こえてくる。目を凝らすと、松陰に雉が二、三羽見える。そんな堤防上の光景を素直に詠んだ句である。三句目は春先の田畑での耕作中に、目に入ってきた蝶々を詠んだものであろう。四句目は足柄峠に出かけたとき、古城付近の一軒家に悠久の流れを観じたものであろう。

いつから俳句の指導を受けていたのかははっきりしないが、二〇歳前後に雪中庵完来宗匠に師事し、山雪という俳号をもらっていたようである。この後、金次郎は俳句への傾倒を深めていく。桜町時代にはもっぱら道句・道歌に自らの課題と日々の思惟を託していくようになる。

また母の実家太兵衛に一両を「薬代として差上げ申し候」と提供したことを記している。母の実家への援助は陰に陽に生涯続けられることになる。

この年の記録には、前年の貸金の利子を初めて受け取った記録が残されている。二一歳の頃には、他人に貸し付けるほどの蓄えがあったことを裏付ける史料である。

金次郎は「講」「米相場」「金融」に関し、若年の頃から深い関心を寄せていた。「講」に関しては、服部家奉公時に、中間仲間や女中衆を相手に金銭貸借を行っていたことが「五常講真木手段帳」に記されている。また「米相場」にも長期にわたって関心を寄せていた。既に二〇代半ばには、栢山村の農民の米を委託販売したり、服部家財政改革の折には米相場への投機を行い、天保の飢饉に際しては各地の米の売買差に着目して売買を行い、資金の確保を図った。

金融への関心も深く、後年には、高利の借財が農民を貧窮に陥れていると認識し、「報徳仕法」の根幹に報徳金貸付を据え、無利息金を旋回することによって窮民を借金地獄から救おうとした。

文化三年以降、田畑の買い戻しを始める。文化三年から自家を立て直した文化七年までの田畑購入・受け戻しの記録を次に掲げる。

年号	田畑の種別	購入金額	購入相手
文化三年	下々田九畝一〇歩	三両一分	岩右衛門
文化六年	下々田八畝一八歩	二両	久右衛門
	下々田七畝二三歩	二両一分	佐右衛門
	新田一反	四両	忠左衛門
	下々田二畝七歩	二両一分	太兵衛
文化七年	下々田二畝	七両一分	権右衛門
	下々畑四畝		
	新田四畝		
	無高芝間一反五畝		
	中田三畝七歩	三両二分	浅右衛門
	下田三畝二〇歩		
	下畑二三歩		

このように、金次郎は自己の勤労で得た賃金や開墾地からの作徳米を浪費せずに、倹約した生活で貯え、かつ貸付金の利子で財を増やし、それらを元手として田畑を買い増していった。この繰り返しで文化七年（一八一〇）には一町四反六畝二〇歩の地主として一家再興を成し遂げた。

文化四年（一八〇七）は、母方の祖父太兵衛七回忌への出費が記載されている。墓石代の一部として二朱、菓子代一〇〇文、わら代四〇〇文、太兵衛様として一両の記述がある。いよいよ生活にゆとりが出てきたのか、年始に一〇二文、お年玉として佐太郎に紙一丈を与え、末弟富次郎にも紙三丈を与えている。数年来傾倒してきた俳句指導料として楚光に一〇〇文を贈っている。特にこの年は衣類を新調したのが目立つ。浅羽織に一分二朱、白木綿に二朱、帯八〇〇文、羽織の紐一五〇文、さらし一六四文、わた代二朱、木綿打代一五五文、帯染め代一八〇文、綿浅黄染め代四〇文、ももひき染め代一四八文の支出がある。文化四年は身の回りの充実に心を配った年でもあった。

また、所有の田畑を小作に出し、小作米を収納している。「作徳請取覚」には、弥八・三郎左衛門・用蔵・政右衛門・平右衛門・浅右衛門の六人に所有田畑を小作に出し、一三俵を受領したとの記載がある。

この年には、「米かい置覚」が記され、米の売買に携わり始めたことを示している。一一月に、五人から米七俵二斗二升を二両一分二朱と銭二八六四文で購入している。さらに貸金からの利息収入が一分二朱と銭七五九文あった。金次郎の関心が商業・金融にも広がっていく端緒を示すものである。

文化五年（一八〇八）は、前年と大きく変わった様子はない。俳句関係の記述は、楚光評・雪中評・判所入用・井細田千句などであり、句会に参加することが多くなった。この関連支出は四六二文である。下曽我太兵衛家の仏前へ三〇〇文、菩提寺善栄寺へ正月一〇〇文、母の命日に一〇〇文、六月に一〇〇文・米一升・とうふ・あぶらあげ、お盆に五〇文を納めている。

また、栢山村の農民七人から小作米として一一俵三斗五升と金一分銭八一〇文を受領している。また三人から米三俵を預かり、一〇両あたり一九俵半替・一八俵六分替で米業者に売っている。米の売買が手慣れてきた様子が見える。この年の米価は比較的高かったようである。

文化六年（一八〇九）、極端に変わった事項は、米価が急落したことである。この年、販売を依頼された米は九俵であるが、販売価格は二八俵から二九俵半替である。小作米は五人から一三俵二斗五升である。金次郎は米相場に関心をもち、後年は浦賀米や野州米・相州米などの価格差に注目し、売買を行った。後年の日記・書簡には、米価を尋ねる場面がしばしば記載されている。

この年は、衆議判に関する記載が目立つ。衆議判品物（だるま・半紙・扇）、衆議判料などに六六六文を支払っている。関連して、やたてに一〇〇文、筆に一六文支出している。これも句会に絡んだ出費であろう。その他句料関係として二一九文を支払っている。俳句への傾倒が一段と進んだことが窺われる。無尽（互助的な金融組合、頼母子講）への出費は二分、受け取りは一両二朱である。伊勢講も含めて、この種の投資に積極的なのが目立つ。金次郎は「講」に強い関心を抱き、後に「服部家仕法」でも使用人を講仲間に入れ資金の融通をしている。「下館仕法」では「下館信友講」が組織され、藩士の間で協同組合的運用がなされる。

文化七年（一八一〇）には心の整理をするかの如く、旅行・自宅普請の記載がある。富士山登山・伊勢参宮も亡き父を追悼するかのようである。この年は亡父の命日からちょうど一〇年であった。年末には家を新築し一家再興を成し遂げた。

まず、六月二八日から七月二日には富士山に登っている。五日間での栢山～富士山往復はかなりの健脚であったことを示している。ついで一〇月七日から一一月二四日の間には伊勢参宮の旅に出た。経路は一旦江戸に出て船で大坂に行き、京都を経て、金刀比羅宮に詣で、高野山・吉野・奈良を廻り、最後に伊勢に参宮したようである。当時の風習を示すかのように「伊勢さん花向控え帳」には金銭出入の記録が記載されている。この記録によると、金次郎のもとには餞別として、三一人から一六一二文が寄せられた。これに対して金次郎は酒食を供した上で、土産として扇・手拭地を買ってきた。

一一月一七日から自宅改築に入った。一族・栢山村村民を中心に多くの人が助け普請をした。一一月一七日には四人が下準備をし、一二月一八日から本格的な普請に入った。この日六人、一九日五人、二〇日一〇人と、年末の二七日までかかって完成した。大工・壁塗り・屋根葺きの外に、梁を支える縄造りの手伝いが行われ、屋根葺きのために稲むら三二が寄附された。飯炊きとして五人の女性が手伝ったとの記録が残っている。金次郎が改築にかけた直接費用は意外と安く、家代として二分二朱銭四三六文、畳六畳・釘・竹などに一分と銭一一六二文で済んでいる。この他、酒食代一〇一〇文を支払っている。いずれにしても一族・一村挙げての支援であったことがわかる。

このように、父没後一〇年を契機として、自家復興を成し遂げた。この年には、翌年の城下での奉公が決まっていたとみえ、所有田畑のうち、自作は米二俵二斗、粟一斗八升に過ぎない。これに比し、小作米は一八俵一斗となっている。この年、はじめて売買相手の米屋（なだ屋善兵衛・山北村米屋）名が記載される。以後、小田原城下の米問屋を相手に活発な米売買を展開する。

しかし、後年になると、この時代の自己の有様を批判的に回顧している。一家再興を成し遂げた頃の思いを「田畠山林家株増益して、富貴を求め、渡世安楽に至らん事を欲し、或いは祖先の家名、子孫永々相続致さん事を一途に存込まかりあり候」と記した。

彼は「家」を復興させ、「富貴」な生活を求め、「私欲」のみを「一途」に考えていたと当時の心境を批判的に省みている。すなわち、自己の所有地を小作に出し、己は勤労収入を得るために武家奉公をし、その上、米・薪の売買によって多角的な利を得ていた。この頃の彼は、財をなし、家名を存続させることが、父母の恩徳に報いることであると考えていたようだ。

このことは、彼の青年時代の思いが、後年『三才報徳金毛録』や他の著作で唱える、普遍的な視座に立つ「報徳思想」の域にまで達していなかったことを端的に示すものと言えよう。また、基本的には農本主義の立場に立ちながら、「一円融合」の理で説く「職分論」とは異質のものとも言える。

六節　小田原城下での生活

「日記万覚帳」から、金次郎の生活を追ってみる。文化八年（一八一一）には、栢山村から城下に生活の拠点を移したことを示す記載が見られる。所有田畑を小作に出し、自らは中間《ちゅうげん》（武家の奉公人）として武家屋敷に住み込んだ。

それを裏付けるのは、文化七年と、文化八、九年の入湯・菓子購入・魚介類購入・髪結い回数の変化である。

年号	入湯回数	菓子購入回数	魚介類購入回数	髪結い回数
文化七年	○	四	二	○
文化八年	四九	三一	二一	一八
文化九年	五八	二三	一五	八

＊入湯が始まったのは、文化八年三月二三日。
＊菓子の中には、かし、まんじゅうを含み、ところてん、もち、いもは除外する。
＊魚介類の中には、いわし、かつお、あじ、いか、すずき、あゆ、わかめ、ひものなどの記載がある。

文化八年から入湯・髪結いの記載が始まり、菓子・魚介類購入が頻繁になる。文化七年は0であった入湯・髪結いが、文化八年には激増する。特に、嗜好品として、菓子、中でもかしわもち、まんじゅう、ところてん、もちなどが挙げられる。これに対して、酒は年間を通して四合五勺、焼酎一回の記載があるだけである。果物も好みであったようで、柿・みかん・すいか・瓜・ももが記されている。少なくともこの頃は酒を好まず、どちらかと言えば、甘党であったと言える。

これらの史料から、文化八年（一八一二）二五歳の時に栢山村での生活を離れ、小田原城下で生活を始めたことがわかる。金次郎自身が、自給自足経済から、貨幣経済の中に入ったことを示すものである。特に、内陸にある栢山村では購入することが稀であった海産物を購入するようになったことは、海辺に近い城下に移転したことを示している。

同様に、入湯・菓子購入・髪結いの記載が頻繁に見られるようになることも、城下への移転を裏付けるものと言えよう。文化八年には、入湯四九回、髪結い一八回と清潔を心懸けざるを得なくなったのであろう。農民金次郎が、武家の中間金次郎（服部家では林蔵と呼ばれていた）に変わった。

この変容は、彼の視野の拡大につながった。中間としての見聞から武家階級の貧窮ぶりを認識した。また、米屋との売買、薪をはじめとする物産の売買を介して流通経済の仕組みを認識し、商人の利潤追求の辛さを体験することになった。特に、金融の役割を強く意識するようになり、理財の道を会得するようになった。商人による高利貸付が、武家階層・農民を貧窮に陥れている様を見聞し、低利の助貸法の必要性を認識することになる。この認識がやがて大久保忠真に献策した「八朱金貸下」となり、後年には無利息の「報徳金貸付」によって、借金苦に苦しむ農民・下級武士を救うことになった。

文化八年、「日記万覚帳」には「給金の控所」という項目が掲げられ、三、七、一二月に一両二朱ずつ、計三両一分二朱を給金として受領している。また、このほかにも米を一斗五升（四〜六月）、銭二四三二文（七〜一〇月）の受け取りが記載されている。三月の項に「川嶋伊兵衛様より」とあることからして、この年は川嶋伊兵衛家に奉公していたのであろう。

この年は、小作米三〇俵三斗、自作米はなかった。これらのことから、前年末までに城下への奉公を決めていたものと思える。米の売買については、二〇俵一斗五升とあり、所有農地の増加、小田原での生活が、売買米の増加をもたらした。風祭村に薪山伐採の権利を購入しており、小田原移転を契機に、商業・金融への意識がますます高まっていった。

文化九年（一八一二）には、給金として、春渡り一両二朱、秋渡り一両二朱を受領している。このほかに米二斗九升、銭一三一七文を受け取っている。この年の記載に服部家の関屋周介、今介、鷲介の名前があって、服部家との関係が生じていることがわかる。給金の支払い方法も変化しており、川嶋家から服部家に奉公先を変えたことがわかる。

小作米は三七俵一斗五升とある。しかし不作に付、引米が三俵三斗五升にのぼった。この年の小作地は二町。この頃から米問屋武松屋との取り引きが始まり、武松・武松屋の名が頻繁に日記に登場するようになる。文化九年の武松屋への米の販売は一二俵であった。

これらの記録から、金次郎は多角的収入を得ていたことがわかる。給金・小作米・米の売買益・薪の販売益・貸金の利子収入と、農民として、中間として、商人としての収入があったことになる。これは当時の彼の経済感覚を端的に示すものと言えよう。

この年には、貸し借りが頻繁に行われた記録がある。貸し付けた記録には「かし」と明確に記載されたものだけでも、二四人に四〇回、総額四両一分二朱（大口）と銭四五一六文（小口）を貸し付けている。この他にも貸付と思われる記載がある。「〜殿」と記載されたものを拾うと、一朱以上の大口だけでも、おみへ三分二朱、おみへ一両、源二郎一両と銀五匁、人形屋二朱、善右衛門二分、おみす一分二朱、おみす四両二分と三五〇文、おみす一分二朱などがあり、頻繁な貸借関係の存在を思わせる。

服部家での奉公は、人間関係の拡大をもたらし、服部家の用人・中間仲間・女中衆への日常的貸付につながった。

文化一〇年（一八一三）、小田原城下での生活も安定期を迎えた。そこで、この年の収支を「歳中万控帳」で見てみる。

収入（現金と米が重複し総額不明）

＊現金
給金　五両一分と銭四貫八一五文
米の売却　一〇両二朱と銭一貫六一文
薪の販売　一両二朱と銭二貫八五八文
利子　一両と銭四貫七四六文
無尽　三両二分

＊米
小作米　三四俵二斗五升五合
自作米　二三俵
利子米　一斗四升

支出　一六両二分二朱と銭二六貫八九八文
食料品　三貫七六文
内訳
果物　一二四文↓みかん・くねんぼ・串柿・すいか・柿等
菓子類　六一七文↓まんじゅう・せんべい・だんご・かしわもち等
魚介類　一二〇九文↓あじ・いわし・しらす・たこ・かさご等
酒　三六五文↓三回
その他　七六一文↓さとう・とうふ・あぶらあげ・そば等
衣料品　一両一分と銭三貫一九三文↓単衣物・帯・半襟等
文具代　一貫四文↓筆・半紙・墨等

書籍代　　　四二八文↓『大学』『実語経』『唐詩選』
神社仏閣　　六二九文
税・夫役等　九貫九一八文と一二俵六升一合
その他　　　残余

この年の収入は、給金・米の売却代・薪代・利子・無尽からのものであり、総額こそ不明ながら、中間として、農民として、商人として多角的に得ていた。小作地は一町九反、自作地と合わせると三町歩ほどを所有していた。この年は米価が三一俵替であったから、収穫量を全部売却すれば一八両ほどであった。支出は租税が大半を占め、食料費・衣料費なども低額であり、比較的質素な生活であったようだ。

同年の主な商品の価格は次のようであった。

入湯：四〜五文、髪結い：五文、みかん：一個一文、そば：一六文、わらじ：一四文
あじ：一尾一文半、ふで：一六文、半紙：一丈一六文、だんご：六文
縫い針：四文、線香：一〇文、歯磨き粉：一一文、暦：三六文、ももひき：四三二文

このように、金次郎は文化八年に小田原城下に居を移し、川嶋家・服部家に奉公するようになった。何故、栢山村の所有地を小作に出し、自らは中間として武家奉公をしたのかは定かではないが、弟友吉に諭したように、奉公での現金収入の利を求めたのかもしれない。

入湯回数と自作地の変化から、文化一二年六月に、金次郎は自宅に帰り、農民生活に戻ったようだ。入湯回数は文化一〇年五一回、一一年五五回、一二年三三回、一三年四回、一四年一回であり、特に文

化一二年六月以降は急減する。文化一三年には自作と小作の比率が逆転し、自作地が急増した。

何故、自宅に戻ったのか、はっきりしないが、堀之内村中島家の娘きのと結婚が決まったことも原因の一つであろう。きのは、服部家の中間仲間倉蔵の妹で、兄を介して知り合ったものと思える。しかし、金次郎にとって、この結婚生活はよき思い出を残さなかったようだ。それは、金次郎がきのに関する記録をほとんど残していないことから類推される。わずかに文化一四年の「金銀米銭控帳」に結婚を示す記述がある。二月二五日、二宮太兵衛から四両を借り受け、同日に結納金一両を含め三両を中島家に与えている。二月二八日の結婚式もごく内輪に行われた。金次郎が買い求めた黒椀の数が一〇個であったことがそれを示している。

翌々年（文政二年）正月、きのは長男徳太郎を出産したが、二週間後に夭折《ようせつ》した。この頃、金次郎は再び服部家に仕えており、きのは愛児を失った心痛と孤独感にさいなまれ、実家に戻り、離婚に至った。

直後の三月二八日、金次郎は親交の深かった栢山村の弁左衛門を介してきのに五両を贈り、傷心を慰めた。金次郎精いっぱいの情愛表現であろう。しかし、きのが金次郎の元に戻ることはなかった。

服部氏も責任の一端を感じたのか、服部家に仕えていた女中なみ（満一五歳）を金次郎の再婚相手に選んだ。結婚式は翌文政三年四月二日に盛大に行われた。服部氏・同夫人・同娘・家臣・中間仲間が祝儀品を贈るといった、服部家の全面的バックアップで婚儀が営まれた。

ただ、きのについても、なみについても、金次郎はほとんど記録を残していない。

七節　服部家仕法

実は金次郎が服部家に奉公を始めた年すら定かではない。富田高慶『報徳記』の記載は、奉公し始めた年を「于時」と表記し、福住正兄『二宮尊徳翁略伝』の記載は、「翁復た服部氏に至る」と特定していない。福住も富田と同様に服部家仕法に関する正確な情報をもたなかったのであろう。

「歳中万控帳」によれば、文化八年（一八一一）金次郎は川嶋伊兵衛に仕え、翌年になると、服部家に奉公先を変えたようで、服部家の用人・中間名の記載が現れる。その上「経典余師」を八年九月一一日に金一分二朱と銀四匁五分、九年二月二日に二朱で購入している。この「経典余師」は、金次郎の書簡にもあるように、服部家子弟の教育に使った教材とも考えられる。これらから、服部家と関係をもったのは遅くとも文化九年と推定される。

服部十郎兵衛とは、一二〇〇石を拝領する小田原藩の家老である。その服部家が、累積する借財に苦しみ、金次郎に家政取直しを依頼したわけである。農民出身の一中間に過ぎない金次郎に家政取直しを依頼すること自体、通常では考えにくい。ここに近世後期特有の、貨幣経済浸透による武士階級の困惑ぶりを看取することができる。

金次郎は三年にわたる奉公で服部家の信頼を勝ち得、文化一二年に服部氏から家政再建策を求められた。この依頼を受け、「服部家御家政御取直趣法帳」を作成した。

さて、「服部家御家政御取直趣法帳」を見ると、金次郎の思惟を見ることができる。
一御渡米　四百三俵　飯米等必要経費　百十一俵一斗七升　残て　米　二百九拾一俵二斗三升（此代金百拾六両二分二朱銭三十八文　但し二十五俵　替）
若党・女中等御雇人給金　二十三両二分銭四百八十四文
修繕費・酒肴費・雑費　七十二両二朱銭四百十一文
差引残て
金三十六両三分ト銭四百八十四文
覚
右の諸雑用倹約仕り候得ば金二十両位は相残り申すべしと存じ候
御屋敷の内山林畑物成（菜種・竹・同皮・梅・蜜柑他）　二両三分余
文化十二乙亥年二月吉日　二宮金次郎
＊紙面の都合上、実際の案をまとめて表記した。
服部家の最初の立て直し案であるが、狙いは明らかである。服部家の家政再建にあたって、四〇三俵の実収入に応じた生活を求めたことである。換言すれば、「分度」の設定である。格式は一二〇〇石でありながら、実収は四〇三俵しかないのであるから、この実収にふさわしい生活をすべきであるとするものである（四公六民で四〇三石の実収は四〇三俵である）。

しかし、この年、金次郎は栢山村の自宅に帰り、この計画の実行に関与することはなかった。そのためもあってか、服部家の借財はますます増加することになった。「御借用増減控帳」に示される服部家の借財高の変化である。

文化一二年　一八〇両二朱余

文化一三年　二〇三両一分二朱余

文化一四年　二四六両三分余

このように服部氏の借財は増加する一方であった。そこで服部氏は、文化一四年末、正式に金次郎に家政再建を依頼した。この依頼は、「本家伊右衛門一家再興相続手段帳」に示されている。そこには、文化一四年一二月一〇日に、服部十郎兵衛から一分を「御家政御頼に付、御酒代」として受領した記録がある。しかし、金次郎は服部氏から得た「御肴代」「御酒代」を自己のものとせず、本家再興のために推譲した。ここにも本家再興に向けた金次郎の強い意志を見ることができる。

金次郎は、文化一五年三月、服部家再建案として「御賄方趣法割合帖」を作成して、第一回「服部家仕法」に着手した。

「御賄方趣法割合帳」は、おおむね「服部家御家政御取直趣法帳」を踏襲するもので、「入るを量りて出るを制す」を目的に立案され、初年度六六両二分（二年度六六両、三年度六五両三分二朱、四年度五三両三分二朱、五年度三九両一分、六年度一六両三分二朱）を返済する計画であった。

概して計画通りには推移しなかったのであるが、金次郎案が計画以上に機能した部分もあった。それは、年間の収入二両三分と見込んだ服部家屋敷内の「畑物」による収益が、年平均七両二分にも達したことである。これは農業経験の豊富な金次郎の才覚によるものと言える。

しかし、仕法計画は頓挫することになった。それは、文政元年（一八一八）、大久保忠真が老中に就任し、服部十郎兵衛は江戸詰となり、二重出費を余儀なくされたことである。

そこで、金次郎は財政の緊縮だけでは服部家の立て直しは不可能と考え、服部氏の同意のもとに、米相場に投機することによって借財の返済をなそうと考えた。

米問屋武松屋への出入りは、必ずしも服部家仕法のためとは言えないが、金次郎が米相場に強い関心をもち、米の売買や米相場に深く関与していたことは日記・書簡から明らかである。米の売買は栢山村時代から行われ、自己の所有米や村内の農民から委託された米の売却を行っていた。服部家仕法でも米相場に投機することによって資金の運用を図ろうとしたが、逆に一〇〇両ほどの差損を蒙った。

文政三年の記録によれば、彼が売買した米は一六三六俵にも及んだ。購入した時点の米相場は一〇両につき三二俵替程度であったが、その後米価は急落し、売却したときは三七俵から三八俵替であった。この差損が約一〇〇両あったわけである。

金次郎が残した記録から、損失を示す事例を紹介する。文政二年末、一〇両あたり三六俵替で、米一九九俵を約五五両で購入した。しかし文政三年四月に売却したときは、三八俵替に米価は下落し、金次郎の手取りは約五二両に減少した。それに利子二両が加わり、結局、この取引だけで五両の損失となった。

この年米相場に大金を投機したのは彼なりの根拠に基づいていた。彼は文化五年から米相場に関心をもつようになり、毎年の米価を記録した（一〇両につき）。

文化五年　一九俵　　　文化一〇年　三二俵　　　文化一五年　二五俵
文化六年　二八俵七分　文化一一年　二三俵二分　文政二年　三〇俵七分
文化七年　二七俵二分　文化一二年　二九俵　　　文政三年当初　三三俵
文化八年　二六俵　　　文化一三年　二七俵三分
文化九年　二五俵七分　文化一四年　二一俵二分五厘

この記録から、文政三年当初の米相場が際立って安いことがわかる。おそらく、金次郎は買い時と判断し、大金を米相場に投資した。服部家の用人山本英左衛門や勘定奉行の鵜澤作右衛門も米の売買に協力した。しかし、秋口に至っても米価は上昇どころか下降し、金次郎は投機に失敗した。

そこで、文政三年一一月、服部家の借財を低利資金に借り換えさせる方針に転じた。金次郎は、借財返済に困窮する藩士に低利の融資をするという案「八朱金一〇〇〇両の貸下」を家老吉野図書・服部十郎兵衛を介して藩主に献策した。吉野ら重臣達は服部家の財政困窮を承知しており、この「八朱金」という低利資金に借り換えさせることによって服部家を救済しようとしたのである。

しかし、藩主からの貸し下げの約半分を服部家が受けることには、世間体を考慮すると服部氏も躊躇したようであり、文政三年の金次郎（林蔵）宛書簡に、「高の内五百石差し上げ金五百両拝借いたしては、ちと過分の様に察せられ候や、三百か四百両にて然るべきやの旨申され候間、とも角も然るべしと頼み置き候（中略）何か手前勝手に大金拝借致し候様に響き候ては甚だ宜しからず」と記した。

服部氏は自家の借財に追い詰められ、当事者能力を失っているが、それでも小田原藩家老として世間体を気にしていた。この点を金次郎に配慮してほしいと願う。しかし現実には借財返済のために五〇〇両に近い貸付を願うなど、虫のいい希望を伝えた。

これに対する金次郎の返書には「なるたけ減らし拝借いたしたき思召しには御座候得共、少し残り候ても又借金の種と相成るべく候、願わくは存分皆済仕候様いたしたく候、人気第一の事と存じ奉り候、もし下々へ行き渡り申さず候わばこれは少し心付き候儀も御座候間、趣法取り立て近々御覧に入れ奉るべく候」と、世間体を気にする服部氏に理解を示しつつも、借財の全額返還の方針を変えない。たとえ一部でも借財を残しては、やがて大借に及ぶは必定と考えたからである。

しかし服部氏の気持ちにも配慮して、下級藩士には無利息金の貸し下げを計画した。つまり、七〇〇両の貸付は八％の利息を取り、三〇〇両は窮乏にあえぐ下級藩士対策として無利息としたのである。

金次郎の献策が採用されたのは、従来の救済策が個別の藩士に対する施与・貸付であったのに対し、返済を義務づけ、循環性をもたせた点にある。藩主の資金一〇〇〇両は藩士の貧窮を救い、かつ永久に循環し続けるわけである。この循環性が藩主から採り上げられたゆえんである。特に、下級武士に対しての貸付分三〇〇両は無利息であり、貧窮にあえぐ藩士の渇望《かつぼう》するところであった。

この案では、一〇〇人を単位とした三組の名簿を作り、一人三両以内一〇〇日を限度として貸し出しを行うものであった。返済には連帯責任を負わせた。本来、「仁義礼智信」を守れば、返済を怠ることはないはずであると金次郎は言う。もし返済が滞るときは、一両の場合は、返済を怠った者から名簿帳の順に下の一〇人で責任を負い（一人七〇〇文ずつ）、同様に二両の場合は、当事者の上下二〇人が責任を負い、三両の場合は、残り全員で責任を負う形式とした。

結果として、小田原在住の藩士に一〇〇〇両、江戸勤番の藩士に五〇〇両が貸し下げられた。服部家では四五九両三分を借り受け、借財三一八両余を返済し、とりあえず小康を得た。

服部氏は金次郎の功績によって借財を皆済することができ、心に余裕があったのか、文政三年一一月一一日付の金次郎宛書簡で「兼々世話に成り候林蔵へも漸く報い候時を得候儀と存じ、何とぞ百両余も損毛致す等の方を初めとして遣したき心得にてこれあり」と記した。服部氏は金次郎が蒙った差損一〇〇両を補塡《ほてん》するということである。その後、金次郎は服部家の借財整理を終え、残金を「米買置損金方へ相返し」と記し、八五両三分を受領した。

しかし、藩への返済は毎年一三四俵余ずつ一五ヶ年であり、その額は服部家収入の三分の一を占め、奢侈《しゃし》な生活から脱却できない服部氏はしだいに困窮に陥り、再び借財の山を余儀なくされることになった。この結果、金次郎は桜町移転後も服部家の財政再建に関わらざるを得なかった。

この頃、服部氏と金次郎の立ち位置の変換を示す記録が残されている。それは、服部氏が書簡に記した金次郎名の変化である。服部家では、金次郎は「林蔵」と呼ばれていた。服部氏から金次郎へ宛てた書簡に記された「宛名」の変遷を見ると、文政三年（一八二〇）一一月二日までは「林蔵へ」と書かれていたが、金子《きんす》の融通を依頼した一一月一一日以降は「林蔵との」「林蔵様」に変わり、服部家が低利の八朱金で一段落した文政四年以降になると「山雪先生」「二宮先生」が目立ってくる。

金次郎から服部氏に宛てた書簡にも、経済的事情に端を発した力関係の変化を思わせる記載がある。服部家の借財が一旦は返済されたが、相変わらず、「分度」をわきまえた生活ができず、再び借財が重なり、窮状を訴えてきた天保七年の書簡の返書に「人として庭前の草木に劣り候」と厳しい語句で反省を求めている。この書簡からも、経済的力関係の差が身分を超越したものとなっていることが窺われる。

金次郎にとって、服部家の当主は二五年前、一八歳の折から関わりをもつ情愛深い存在であったのかもしれない。その愛すべき当主が示す金銭感覚のなさ、依頼心の強さに身内に示すかのような叱責を加えたものと理解することも可能である。

天保二年（一八三二）に服部家の借財は三六七両にも達した上、八朱金の未払い高が二八六両にものぼり、金次郎は第二回仕法に関与せざるを得なくなった。

服部家の有利子負債は、利一割が一一両二分、利八分が五〇両、利五分が一五〇両であった。そこで金次郎は、小田原藩勘定奉行鵜澤作右衛門の協力を得て、借財返済計画を立てた。まず、金次郎が五〇両を無利息で貸与し、その他の借財を無利や低利に借り換えさせることによって解決を図った。

しかし、その後も服部家では「分度」をわきまえた生活ができずに、借財が減少することはなかった。そこで、金次郎は天保九年に小田原仕法実施下に報徳金四八四両二朱を貸し付け、当面の借財を返済せしめた。

やがて服部家も世代が代わり、十郎兵衛から清兵衛、そして波江へと相続された。金次郎は清兵衛が若年（一八歳）の頃から世話をし、弟同様に面倒を見てきた。その清兵衛が天保一二年に引退した時、服部家の借財は七七四両（一般借財四四四両、報徳金二九四両、買掛金三五両）にものぼっていた。ここに第三回仕法を展開せざるを得なくなった。その後も、服部家への仕法は断続的に続き、金次郎は嘉永年間まで関与せざるを得なくなった。

天保一二年一一月、鵜澤作右衛門は豊田正作と相談し、「服部家借財返済手段帳」を作成した。お渡し米九〇七俵（この頃増加されていた）の服部家に厳しい「分度」を設定し、毎年一三六両を返済する案を立てた。五年間は一般借財を返済し、その後、買掛金を払い、最後に報徳金を払うという案であった。

そこで、服部清兵衛の息子波江は、金次郎に報徳金の返済を延期してほしいと願ったわけである。

一一月二七日、鵜澤作右衛門から金次郎宛に事情を説明した書簡が届いた。清兵衛・波江親子の間に借財返済をめぐるトラブルが発生していた。波江にとって、報徳金は自己の借財ではなく、この返済を担わされることに不満があった。その上、清兵衛は立派な隠居部屋を新築し、借財を顧みないような様子である。これに鵜澤が同情した。

鵜澤の書簡では、この間の事情を「あまり気之毒に存じ奉り候（中略）さてさて清兵衛殿の存意如何にも相済まず、その上隠居部屋等も新規に出来ばえもよろしく、かくのごとく大借におよばれ候わば、勘弁もこれあるべきところ、若輩の波江殿心配致され候御察し下さるべく候」と伝えた。

これには金次郎もあきれはてたであろう。天保七年（一八三六）、金次郎は清兵衛に宛てて強く訓戒した書簡を送るが、内面はともかく、生活ぶりはほとんど変わらなかったようである。いくら金次郎が無利や低利に借り換えさせても、奢侈な生活そのものを変えなければ借財は増える一方であった。

五年後、清兵衛は「二宮雅兄」宛書簡で相変わらずの気楽さを示すかのような無心をした。多額な借財が返済できていないにもかかわらず、二男の麟之介が一七歳になったので、刀を新調してやりたい。そこで一〇〇両を借用したいとのことであった。一二〇〇石取りの小田原藩家老であった自覚は既になく、浸透していた貨幣経済に対応できない武士階級の混乱ぶりを如実に示している。明治維新前にあっても、経済的には士農工商の身分差はとうに消え去っていたと言えよう。

一方、金次郎は、文政三年（一八二〇）、「八朱金貸下」と同時に「斗升改正」も建議して採用された。小田原領内では、年貢貢納升が不統一で、役人の不正の温床にもなり、農民も困窮していた。貢納米一俵に対して、役人は四斗一升、四斗二升、四斗三升など一八にも及ぶ升を使って納入させていた。そこで金次郎は、三杯で一俵（四斗一升入り）になる升を作成した。この升は米という文字をかたどり、深さ八寸八分にした。金次郎の作成した升によって、農民の負担は軽減されることになった。この時、農民が感謝を示したと、金次郎は服部十郎兵衛に報告している。金次郎は、この建議にあたり、家老吉野図書・服部十郎兵衛を介したので、彼らの評判も上がったことも伝えている。金次郎なりの満足感の表明であろう。

分度論の展開

金次郎は、相模・下野・常陸を中心に各地で報徳仕法を展開したが、いずれの仕法の場合でも領主に「分度」の設定を要求した。

仕法の方法論としての「分度」が、いつ生まれ、いかに変容していったのかは注目すべきことである。まず、「分度」の概念を、「貧富訓」に示した。

遊楽分外に進み、勤苦分内に退けば、貧賤その中にあり
遊楽分内に退き、勤苦分外に進めば、富貴その中にあり
それただ匹夫は富貴を好みて貧賤を悪む、元富貴貧賤は天にあらず地にあらず、又国家にあらず、銘々の一心にあり（以下略）

金次郎における「分度」とは、己の心に内在している「怠け心」と「勤労意欲」の加減を度《ど》することである。このように、金次郎は「勤労」「倹約」「推譲」を方法とする「分度」論を展開した。

自家再興の体験から、勤労によって得られた財を、倹約生活で蓄え、余剰を後世の自己に譲ることで、富の蓄積が達成できる、との認識に至った。この自家再興の成功は、小田原城下にも広く知られるようになり、小田原藩家老であった服部氏にも評価され、服部家仕法に関わることになった。

服部家仕法は、主家の立て直しを眼目としたものである。この仕法に顕著に見られる特色は、「服部家御家政御取直趣法帳」に示される「分度」の設定である。金次郎による仕法の特性を示す発端がここ

に現れている。一二〇〇石取の服部家でも、実質収入は四〇三俵しかないのだから、その収入内での「分度」を設定し、余剰を借財の返還に充てようとするものであった。

すなわち、「勤労」と「倹約」の加減を度するという「分度」の概念が、服部家仕法において、実行に移され、成果を問われたのである。この成功こそが、大久保忠真をして、金次郎を藩士に採り上げさせ、桜町仕法を委任するゆえんとなった。さらには「報徳仕法」として体系づけられ、各地の仕法に展開される「基」となったのである。

自家の復興に見られる己の欲心への制限的「分度」、あるいは服部家仕法に見られる主家の生活費抑制的「分度」は、主体者の犠牲において成り立つものであった。これらの仕法では、「分度」によって利益を享受できるのは、「分度」を実施する主体者、すなわち、金次郎本人・服部氏であった。

しかし、桜町仕法以降の仕法においては、領主と民の関係がクローズアップされ、「富国」と「安民」のいずれを優先するかという問題が顕在化した。金次郎は、「分度」を設定することによって、領主の取り分を固定すれば、民の富裕が実現でき、必然的に民の勤労意欲は増大し、結果的に領主の増収につながるといった「安民富国」論を展開した。ここに、「安民」と「富国」をめぐる対立の構図が明らかとなった。

富裕を実現する方法としての「分度」論が、経済論・道徳論から発展し、統治のあり方、領主の為政観を問う政治思想に変容し始めた。当然のように、各仕法地の状況は一様ではなく、領主の為政観もまちまちであり、「分度」論への対応は区々であった。

金次郎が領主に求めたことは仁政であった。谷田部藩士宛の書簡に「このたびの飢渇を補い候は仁愛の外ござあるまじく候、いにしえ延喜帝寒夜に御衣《みそ》を脱ぎ、寒苦を民とおなじゅうし給うとかや」と記し、上に立つ者が仁愛の意識をもつように促した。同様に各地の領主に倹約の率先垂範を求めた。近世の為政者は、経典の知識から、観念としての仁愛を認識していただけに、その実践を求められても領主が異論を唱えることはなかった。

同様に、金次郎は桜町三村への通達で「農事に身をゆだねることが人たる道」であることを諭し、「一途な勤労」こそが農民自身を救う方策であると説いた。

その後、桜町仕法を実施する中で、陣屋の役人や一部農民の抵抗に遭い、成田山参籠を余儀なくされた。そこでの修行を介して、金次郎は自己を捨象する論理に逢着《ほうちゃく》し、彼我の対立を克服する「一円融合」論を唱え始めた。「君臣民三を以て一円となすなり」と語るように、「安民富国」を実現するためには、領主・家臣・農民の協力関係は不可欠であると認識した。この役割分担論も広汎な支持を受けることになった。

しかし、仕法が展開される中で、「分度」設定によって得られた剰余の配分をめぐる問題が生じてきた。当時、下野の農村では人口減少が田畑の荒廃をもたらし、農民は窮地に陥っていた。一方、武士階級も禄借り上げ（減俸）や面扶持《めんぶち》（禄高に関係なく家族数に応じて食糧を給付すること）によって生活苦に陥っていた。両者とも剰余を自己のものとすることを求めていた。

このような状況の中、金次郎は「報徳訓二八」で「本来君ありてのちに民あるにあらず、民ありてのち君おこる。蓮ありてのちに沼あるにあらず、沼ありてのちに始めて蓮生ずるものなり」と、民が君に優先する論理を主張した。また、実際の仕法においても「ご趣法の根元、本を本と仕候ほかござあるまじく、その本は民を撫育するの外ござあるまじく候」と安民を優先する意思を明確に示した。

このように、金次郎が「民優先の論理」を展開し始めると、動揺が見られるようになった。

烏山仕法においては、「一円融合」論に基づき、農地の開墾が「四民の協働」のもとに行われるといった理想的状況が生まれていたが、「分度」の是非をめぐって藩内抗争が生じ、農民の間に一揆をも誘発しかねない不穏な状況が発生した。結果、仕法推進派の家老菅谷八郎右衛門は追放され、報徳仕法は中断に追い込まれた。

小田原藩では、仕法に対する理解が下級藩士や農民層に見られたが、藩首脳は金次郎による仕法を「野州理屈」と揶揄《やゆ》し、長い抗争を経た上で報徳仕法は廃止され、金次郎は領内から追放された。

一方、相馬藩や宇津家では報徳仕法に対する、為政者側の強い支持が見られ、仕法は大きな成果を上げた。

明治政府は、「金次郎物語」については高い評価を与えたが、「民優先の論理」を展開する報徳思想は忌避されることになった。

三章　下野時代

一節　桜町仕法前期

小田原藩主大久保忠真は、分家である旗本宇津釩之助《はんのすけ》の領地、桜町領（栃木県真岡市）四〇〇〇石の荒廃に頭を痛め、その復興を金次郎に委任することによって、桜町仕法は始まった。農民の登用は、享保の改革でも田中丘隅《たなかきゅうぐ》の例はあるが、金次郎の場合も思い切った抜擢と言えよう。金次郎の待遇は五石二人扶持、名主役格であった。

しかし、農地の荒廃は桜町に限らなかった。北関東一帯の問題であった。下野の様子を『世事見聞録』は「不融通不弁利の地は人家減じ、荒地潰地のみ出来るなり。関東の内にも常陸下野は過半荒地潰家出来たる由」と記した。特に、一八世紀から一九世紀半ばにかけては、享保・天明・天保の近世三大飢饉が襲い、全国的に見ても歴史上稀な人口減少・停滞期であった。

文政四年（一八二一）、金次郎は小田原藩主から桜町領復興の命を受けた。しかし、一農民に過ぎない金次郎にとって、村落を対象とした復興仕法を安易に引き受けることはできなかった。そこで、文政四年から翌年にかけて八回桜町（物井・横田・東沼村）を訪れ、人口・戸数・収納高・土地の肥瘠《ひせき》・人情など多項目にわたって綿密な調査を行った。その結果、

一、戸数・人口が最盛期の約三分の一に減少したこと。

二、村民が惰弱であり、悪習に染まっていること。

三、土地が悪いことから、耕作放棄地が増加し、収納が減少したこと。
と分析し、仕法の根幹に「戸数・人口の増加」「勤労意欲の増大」「荒地開発」の三つを据えれば、桜町領の復興は可能であると結論づけ、金次郎は桜町仕法の命を受諾した。

文政四年一〇月二〇日、桜町三村の村役人に書簡を送り、仕法の目標を、「力耕守分の余計を以」て、銘々の暮らしを豊かにさせたいという意向を伝えた。力耕とは「勤労」であり、守分とは「倹約」すなわち分度であり、余計とは「推譲」である。これは、自家復興や服部家仕法において認識した「勤倹譲」を、桜町復興の方法とすることを明らかにしたものである。

金次郎は受命にあたり、いくつかの条件を提示した。それに対して、領主宇津釩之助は次のように承認を与えた（重要部分のみ抜粋する）。
一、文政五年から一〇年間、米一〇〇五俵・畑方金等一四四両のほかは上納の必要がない。
一、仕法の経費として、一年につき、米二〇〇俵・金五〇両を与える。
一、毎年の会計報告は必要ではない。仕法年限中、小田原に召還しない。
要点は、領主宇津釩之助が、金次郎の要求する「分度」を承認したことである。これによって、金次郎は、一〇〇五俵の貢納米と畑方金等一四四両三分を納め、余剰を田畑開発資金として再投資することが可能となった。しかも一〇年間、報告も求めないし、小田原への召還もしない。その間の費用（年ごと米二〇〇俵と五〇両）は小田原藩で賄う、とするものであった。

彼は桜町領の過去の貢納を分析した。一〇ヶ年の平均の貢納米は九六二俵であった。

文化九年	一一一二俵	文化一〇年	一〇三一俵	文化一一年	七八七俵
文化一二年	八三八俵	文化一三年	八六一俵	文化一四年	八九一俵
文政元年	九四九俵	文政二年	一〇四七俵	文政三年	一一〇一俵
文政四年	一〇〇五俵				

平均を上回る一〇〇五俵を「分度」と設定したのは、貢納が回復基調と判断したからであろう。

同様に、桜町領復興の目標収量を設定した。

一、享保期の収納米（最盛期）　三一〇一俵

二、近接一〇年間の平均収納米　九六二俵

一と二を平均し、その二〇三二俵を桜町復興仕法の目標収量とした。金次郎は、宇津氏に対し、この目標に到達するまで、先に設定した一〇〇五俵の「分度」を維持するように求めた。畑方金の達成目標も同様の計算式で一六六両に決めた。

桜町領における仕法開始後一〇年間の実収は左記の通りである。

文政五年	一三二六俵	文政六年	一四三七俵	文政七年	一四六七俵
文政八年	一〇〇六俵	文政九年	一七三二俵	文政一〇年	一八二五俵
文政一一年	九八一俵	文政一二年	一八五六俵	天保元年	一八七四俵
天保二年	一八九四俵				

金次郎による「仕法」は、収穫高から判断すると、不作年を除き、設定した分度一〇〇五俵を上回

り、本人の目標である「分度額の二倍」には達しないものの、まずは順調であったと考えるのが妥当であろう。

何故、金次郎は「分度」にこだわるのか。それは、桜町領は本来四〇〇〇石であるが、実収は一〇〇〇俵である（四公六民として、四〇〇〇石では四〇〇〇俵の貢納）。したがって、「分度」を定めなければ、開墾に成功しても四〇〇〇俵までは貢税が増加されることになる。これでは農民が荒地開墾を実現しても、貢納米が増えるのみで農民の暮らしは豊かにはならない。そこで「分度」を定め、仕法の期間中、領主の取り分を固定し、働いた分だけ農民が豊かになるような方針を採った。いつ、この策を思いついたか定かではないが、おそらくは彼の体験に由来するものであろう。酒匂川洪水後の鍬下（災害時の免税）期間による免税収益がヒントになったと思える。

金次郎と武田才兵衛が桜町に赴任したのは文政五年（一八二二）九月六日である。直後、取り組まねばならなかったことは、住居の確保であった。陣屋の敷地に二軒長屋（一軒一七坪）を造り、それを主席勝俣小兵衛と金次郎の住居とした。

翌年にかけて、陣屋の整備に取りかかった。米の貯蔵用の板蔵として、直吉の倉庫を三両一分で購入した。さらに勝俣が陣屋内に寺子屋の開設を希望したので、長命寺の古い庫裏を二分で購入した。勝俣との信頼関係は強く、妻なみと弥太郎が桜町に引っ越してきたときにも、勝俣の妻と同道した。

金次郎は、陣屋の敷地でそばを栽培した。一〇月に九斗を収穫し、それを井田法《せいでんほう》で分割した。九分の一の一斗を領主宇津家に、一斗を種用として残し、残りを勝俣・武田・金次郎で分けた。

図７　桜町陣屋（当時のものを再建）

赴任の日から始まる「文政五年日記帳」の冒頭に、真岡代官竹垣庄蔵の「小児養育趣法高札」の写しを掲げた。これは、八度にわたる調査の結果、桜町領復興の課題の一つは人口増加策にあると認識していたことを端的に示すものである。この後、金次郎は困窮の家庭に小児養育米を支給することになる。

翌日から廻村を始め、九日には、三村の農民を集め、農民に出精人の入札（投票）をさせ、上位者を表彰している。

横田村の例

入札五枚　　鍬一枚　　與八

入札三枚　　鎌二枚　　庄次郎

入札二枚　　鎌一枚　　忠右衛門・富蔵倅

金次郎による仕法は、廻村後の出精人表彰に始まった。既に本家仕法で見てきたように、表彰行為は小田原時代に、二宮一族の子弟に対して行われたことに始まる。

先にも指摘したが、自らも藩主大久保忠真に、奇特人として表彰され、その効用を十分に認識していた。表彰という行為が受賞者を喜ばせるだけではなく、周囲にも出精の意欲を促し、且つ、出精人を村内で選挙することが村民の一体感を生むことを金次郎は認識していた。

桜町三村の巡回を通して、農民生活の実情を把握することに努めた。廻村によって把握した善事・善人には表彰をもって報い、不備な点は仕法費を使って改善を図った。彼による表彰行為は、ある方向性をもっていた。それは、村民の生活を改善させることによって、農民の勤労意欲を増大させ、戸数と人口の増加を図り、本来の目的である取穀の増加に至らしめるというものであった。これを具体的に示したのが、金次郎による表彰であった。彼の表彰策は次の三つに分類される。

一、村民をいたわり、民生の向上を図ること。

二、戸数と人口の増加をめざすこと。

三、耕作地を拡大して、取穀の増加をめざすこと。

金次郎は、荒れ地と化した田畑を復興させるのは農民の労働力であり、彼らのやる気を起こさせることが何よりも肝要と考えた。

一に関する表彰は多岐にわたるが、農民の勤労意欲を高めるため、生活基盤たる「家」の補修を優先的に行った。自力で屋根替えを行った農民に報償金として一分を与えた。

文政五年一二月二六日、仕法金五〇両と仕法米二〇〇俵を受け取った。小田原時代から、米相場に深く関与していた金次郎は、桜町の米の価格が小田原に比し、あまりにも安いことに驚き、直ちに江戸の藩邸に出向き、仕法米の小田原での交付と売却を要請した。この後、小田原藩の認可を得て、米価の高い小田原で売却を行うことになった。

この年、中里河岸（下野）と小田原の相場差によって、金次郎は三二両一分二朱の利を得た。この利益の内、三〇両を領主宇津氏に納め、残りを仕法金として受け取った。以後、各地の仕法でも、米相場に深く関与していった。

年ごとの米相場が、如何に変動していくのかを、金次郎が記した「御知行所開発入用調」で確認する。次に記すのは、桜町仕法一〇年間の仕法米二〇〇俵の売却額と米相場である（文政四年のみ下野の米相場、他は小田原である。米相場は一〇両につき）。

年号	売却額	米相場	年号	売却額	米相場
文政四年	六二両二分	三一俵九分替	一〇年	七六両	二六俵三分
五	九五両	二一俵	一一年	一〇〇両	二〇俵
六	八三両一分	二四俵	一二年	一〇七両二分	一八俵六分
七	八四両	二三俵八分	天保元年	一一九両	一六俵八分
八	一一二両	一七俵	二年	一〇一両	一九俵八分
九	七三両一分	二七俵二分			

文政六年正月に、一旦、栢山村の自宅に帰り、家屋敷・田畑・家財道具を売り払い、三月一三日、妻なみ・子息弥太郎とともに栢山村を去った。故郷を捨てるといった行為は、桜町仕法に向けた金次郎の並々ならぬ決意の表明でもあった。

同年は、下枝刈り・道普請・用水路浚いなどの環境整備に重点を置き、この費用として三ヶ村に一五両を与えた。金次郎は、関わる仕法でインフラ整備を公的負担で行うという原則を貫いた。

同年の五月には、田畑の境界をなす畔を譲ったのは誠実であるとして、下物井村の善太郎に米一五俵を与えた。畔は農民の土地争いの根元であり、これを譲ったことを高く評価した。金次郎にとって、究極の理想は譲であり、各地の仕法で、民心の昂揚を示す尺度の一つに「畔を譲る」という表現を使用するようになった。

このほか、七〇代の老人二人に対して、格別の出精として二朱ずつを与え、無借金の者一四人に対して、村内の手本であるとして、翌年の貢納を免除した。

また、老人・婦女・子供・病人など社会的弱者に対しては、村内相互扶助を求めるという方針を示すようになった。

二に関して、金次郎は桜町の事前調査にあたり、荒廃の根元は人口の減少にあると認識し、仕法の中心課題に人口の増加策を据えた。具体的方策として、他国からの入百姓を招く策や二男・三男に分家をさせる策を推進した。当然、表彰もこの方策実施を奨励するためのものであった。

文政五年一一月一五日、遠国より養子に入った二人に、「廉直に致し」たとの理由で、米二〇俵を貸与するという特典を与え、一二月一四日「潰れた家の相続を願い出たのは奇特」であるとし、住居料として二両を与えている。

このように、開発の元となる働き手の増加を何よりも優先した。しかし、この人口増加政策をめぐって、後年、村内にトラブルが発生する。すなわち、旧来からの住民と、金次郎が招来した入百姓とが対立するに至ったのである。

このほかにも、生活困窮者に、小児養育料を与えた。桜町復興のためには、人口の増加が必須の課題であったことは言うまでもなかろう。

三は、桜町仕法の本来の目的である「村落の復興」と「生産高の増加」を視野に入れた表彰である。具体的には、荒地開発に対する表彰がある。この表彰は貢献度に応じて報奨金に多寡をつけている。すなわち、荒地開発をした上に、年貢を納めた場合には一反歩につき米二俵を与え、単に荒地開発をした場合には、一反歩につき米一俵を与え、自己所有の荒地を開発した場合には、一反歩につき米二斗を与えている。

このように、金次郎による表彰行為は、村民の意欲の向上と人口の増加を図るものであった。それによって荒地開発を推し進め、村民の生活改善と取穀の増加をめざしたものであることが理解できる。ここに、この「仕法」が「安民」を図ることによって、「富国」を実現せんとする、「安民富国」に目的があったことが確認できる。

また、若者に対して、貯蓄を奨励し、東沼村の若者の金子三両一分を、年一割五分の利で預かっている。これも「服部家仕法」において既に行われている手法である。このほかにも、民心安定策の一環として、寺院の修復に、金一両三分を寄贈している。

金次郎が積極的に行った廻村の目的は「村民の生活を調査」することによって、「民情」を知ることにあったと考えるのが自然と言える。

廻村と表彰は連関するものであり、廻村で見聞した善事は表彰し、不備な点は修理・改善を図った。後年「相馬仕法掛心得書」で「人の善は小なりといえども必ずこれを称し、人の過失はこれを挙げず、竊《ひそ》かに懇切の異見教訓を加え、人の長ずる所を貴び、その短なるを憐みこれを補い、互いに我が身を顧み、過《あやま》ちを聞くを以て喜びとし、誠意を以て助合う」べきであると主張する。

彼にとって、表彰は「仕法」実施上欠かせないものであった。表彰による相乗効果によって、農民の意欲を高め、農民自らの手による改革を推し進めようとした。上からの押しつけ的開発より、農民の意識を高めることによる自発的開発に活路を見出そうとした。

金次郎は、再三にわたって「民は惟《こ》れ邦《くに》の本、本固《かた》ければ邦寧《やす》し」と記し、農民が子々孫々に至るまで安寧の日々を過ごすためには、自らの体験で悟った一途な「勤労」こそが、大切であると考えた。

改革が進行する中で、「仕法」に理解を示す農民と、抵抗を示す農民に二極化される傾向が生じた。また、小田原藩・宇津氏の担当者の交替は、仕法の連続性を困難にさせた。この二極化時代の頂点が、文政一二（一八二九）年の成田山参籠であることは、多くの先行研究が指摘するところである。

文政七年に入っても、方針は変わらなかった。廻村に基づき、表彰・荒地開発・生活改善に向けた諸策を実施した。

ただ、この年は、将軍家斉の日光社参詣を控えての準備がなされたことが目立つ。将軍による日光社参詣は元和三年（一六一七）に始まり、その一行は時として一〇万人にも及ぶ大規模なものであった。奥州街道から遠く離れた桜町領にも物資調達の指令があり、草鞋九五四〇足、飼葉三三三貫目余、大豆六石三斗六升等の準備がなされた。同時に、冬田耕作を奨励する目的で一人二〇〇文を与え、一五歳以上の農民に鎌を与えるといった民心昂揚に向けた施策を実施した。これは、社参延期が明らかになる一〇月まで続いた。

この年、人口増加策を次々と打ち出した。一つは、赴任当初から考えていた小児養育米を生活困窮者一一人に、米一俵ずつ交付した。二つは、相続の問題を抱える村民に、養子・養女を迎えることを奨励し、戸数の確保を図った。三つは、欠落《かけおち》した農民の立ち戻りを認めた。これらの施策から、村民増加策に苦慮している金次郎の様子がわかる。また、老人保護の方針を打ち出した。隠居した老人が「手に叶い候業怠りなく朝夕相励」んだと評価し、米一俵を与えた。隠居しても農事の手伝いをした老人に「親子相睦まじく同居致し外々の手本にも相成り」として、米二俵を与えた。

一方、秩序維持のためにか、いくつかの罰則が適用された。百姓浅七が「夫役金や税等を一切納めなかった」として「手錠村預」にした。「酔って口論し、刀に手を掛けた」として、百姓金治に手錠を申し付け、西物井村名主が「密通した」として「押込《おしこめ》(謹慎、幽閉の刑)」とした。厳罰とは言えないものの、秩序維持のために罰則が適用されていた事実を明らかにしておく。

金次郎の掲げる安民策に対する村民の理解が見られた。それは、欠落人の復帰や、冥加米の納入が順調に進んだことからも確認される。

文政八年(一八二五)以降、他国からの移住を奨励し、彼らによって荒れ地開発をなそうという政策が強く打ち出されるようになった。特に、横田村目貫島坪の六軒が絶家となっており、二町九反余が耕作放棄の荒れ地と化していた。そこで、移住者に絶家を相続させ、荒れ地の開墾をさせようと考え、越後から移住した寸平親子(寸平と二人の息子)に、住居料として五両を与えた。以後、主に越後からの移住者が横田村の荒廃地の開墾に当たるようになった。

この頃、桜町三村は至って平和であり、仕法も順調であった。それを示すのが、一二月の領主宇津釩之助の直書である。直書には、周辺の農村が不作にもかかわらず、桜町領の収穫高の増加を讃えている。宇津釩之助は、直書とともに米一〇〇俵を下賜した。金次郎による「仕法」の予想外の進捗《しんちょく》に、領主の満足ぶりが直書に表現されている。

金次郎は、六月の日記に、次の道歌を記した。

揉洗ろう、布のためにぞ、洗濯の、かえすがえすも、返えすがえすも

「布のため」という表現の中に、金次郎の民への思いが込められている。金次郎は、人は本来「善」である、その本来の姿に立ち戻る努力を積み重ねよ、と詠う。金次郎の道歌に「古のしろきを思いせんたくのかえすがえすもかえすがえすも」とあることからも、人間の本性を「善」と考えていたことがわかる。その「善」であるべき桜町村民に、繁栄時に匹敵するような勤労意欲を回復するように求めたのである。

文政九年から、徐々に仕法に障碍《しょうがい》が見えてきた。荒地復興には開墾者たる農民の増加は必須の問題と捉え、入百姓を奨励し住居を与えるなどの優遇策を採ってきた。この優遇策をめぐって、入百姓と旧村民との間にトラブルが生じた。

三月四日、村民との軋轢《あつれき》にいたたまれなさを感じたのか、入百姓善太郎が妻子とも一〇名で欠落した。これに対する陣屋の困惑ぶりが日記に現れる。四日から六日にかけて、陣屋を挙げて欠落人の探索をしたが、遂に発見することはできなかった。

この欠落は金次郎にとって深刻な問題であった。文政五年（一八二二）に「手法土台帳」で、「入百姓を招いて人口を増やし、借財の返済と困窮人の救済を図り、潰れた家の相続」を行えば、「きっと難村旧復」することができると考えた。しかし、入百姓であった善太郎が、厚遇にもかかわらず欠落したことは、桜町仕法の根幹を揺るがしかねない現象であった。人口の自然増に期待したのでは、開墾従事者、すなわち働き手の増加は容易ではなく、社会的増加に頼るのは致し方ないことであった。

金次郎による入百姓優遇策等を、丸山真男は「私経済的狭隘《きょうあい》性」と指摘する。近世後期の荒地開発の状況から、この指摘は当然とも言える。しかし、宇津氏から桜町仕法を引き受けた金次郎の立場からすれば、桜町領のみの繁栄を考える入百姓優遇策はやむを得ないものであり、これが「報徳仕法」を特色づけることとは言えないことを付記しておきたい。

このほかにも、桜町領に不安をもたらす事件が相次いだ。三月には、「野火をおこし、御林を焼失させた」甚兵衛に手錠を申し付け、「米一俵盗み取」った者に入牢を申し付けた。四月にも、横田村の若者が申し合せて源右衛門宅へ押入り乱暴するという事件が起こり、この処理には時間を要さざるを得なかった。

六月、人事異動があり、主席であった勝俣真作が召還され、代わって金次郎が主席となった。直後、金次郎は「老て夫なく妻なく子なきもの幼少にして父母なきもの又はよんどころなく天災病難にあい候もの実にたよりなきもの憐みを加えたき儀に候」として、村内の弱者の名簿の提出を求めた。これによって、独居の老人・孤児など社会的弱者三〇人に米五一俵を与えた。通常は貸与であるのに対して社会的弱者には施与しているのが、彼の仕法の特色である。

一二月二七日、東沼村栄組が困窮に陥ったので「申訳掟」を定め、倹約を旨に栄組の再建を図りたいとの申し出があった。そこで、陣屋役人の三人（横山周平・二宮金次郎・荒井新平）が栄組を訪れ、決心の度合いを見定め、その取り決めを差し出すように指示した。翌日、その「申訳掟」が提出された。

一、宇津家の法度を守ること。

一、ばくち・賭け事を慎むこと。

一、けんか・口論をしないこと。

一、田地・用水堰・橋道普請の人足は指示通りにすること。

東沼村栄組が作った掟についての評価は分かれる。佐々井信太郎は「村民側から差出すに至った」と自主性を強調する。一方、上杉允彦はこれを「日常生活に至るまで強い統制が行われた」と批判的見解を示す。しかし、「日記」から判断すれば、栄組の自発的「申訳掟」制定であることが明白である。

金次郎が求めたことは、村の復興に向けた村内の互助であり、各戸の生活全般にわたる「分度」の確立であった。さらに言えば、荒地復興に向けた「農民の自覚」の要求であった。それは本年の収穫を節約し、後年の自己に譲る自助であり、村内の相互扶助であった。上からの改革だけでは永続性が保てず、農民が自主的に改革に向けた努力をなしてこそ、真の復興が可能と考えたわけである。

金次郎は、荒地復興を成し遂げるためには自己の内面のやる気を起こさせることが肝要と考え、これを「心田」の開発と称したわけである。このことからも、金次郎がめざしていたことは村民の自主的改革であったことは明白である。

文政一〇年八月二〇日、三ヶ村役人に「願・届共に、すべて書面を以て相届けるべし」とする通達を出した。「養子願・縁組願・他所への逗留《とうりゅう》届・季節奉公稼ぎ届・よそ者逗留届・相続届・出生届・死亡届・欠落届」の書面での提出を求めた。これらの「願」・「届」は、すべて人口増加策の徹底を図るものであり、村内の人口増加に向けた、金次郎の腐心の跡が見える。この他、四年前に入百姓した寸平親子に住居・灰小屋・木小屋を与え、新たに入百姓してきた清右衛門に住居を与えるといった優遇策を採った。

また、欠落した村人を連れ戻した記載も多い。四月には、「夫の稼ぎ先へ妻子共までも移り住んだ」として、幾右衛門一家を連れ戻し、幾右衛門を押込《おしこめ》とした。八月には、家出した今七の妹やすを連れ戻して、押込とした。一〇月にも、與蔵と仙彌が家出し、後に立戻ったところを押込とした。

このように、人口増加を図り、荒地開発につなげようとする方針が顕著に表れた年であった。生活苦から破畑人足になる者や、商家・富農の下働きとなる者が出てくるのは、北関東一帯の荒廃・貨幣経済の浸透による自給自足経済の破綻を端的に示すものと言えよう。

この年、金次郎は木綿栽培を奨励する施策を打ち出した。冬の農閑期に木綿を栽培させ、一反に付一分で買い上げ、同時に一反に付二〇〇文の奨励金を与えるという施策である。しかも桜町三村のうち、東沼村だけを対象とした。東沼村の農民は、厳冬にもかかわらず競って木綿の栽培に加わった。一年間で、東沼村から二二〇反の木綿を四八両二分三八七文で買い上げた。

一村だけをモデル村として仕法を展開するという方法は、当該の村のみが利益を得ることになり、これを見た周辺の村落は自村への仕法発業を望むという循環をもたらした。以後、各地の仕法で、この方式が採られるようになった。木綿だけでなく、縄綯いや草鞋作りにも適用された。

一方、金次郎の心情を吐露した六月の日記には、次のような道句・道歌がある。

夕立に、ぬれてみのらん、物のなき
世俗諺に天道人を殺さずとかや、甚暑たえがたし、思えば直に雨下し候天恩かたじけなき事、報じ難し
夕立に、ふりこめられて、耕せば、青天井を、開き給る

「天」の恵みを表現する道句・道歌である。「夕立」は作物にとって「天恩」であり、暑さに悩む人間にとっても「天恩」である。「天道人を殺さずとかや」の表現の中に、「天道」つまり、自然の恵みの無限さ・偉大さを示している。

また、「報じ難し」には、「天道」の恵みに「報」いるという認識を確認することができる。これは、金次郎の「天道」観の大きな特色である。金次郎は自己の災害体験と田畑開墾後の作物の実りから、「天道」の二面性を把握していた。すなわち「天」は作物を実らせもするが、洪水などの災害をもたらす二面性をもつという理解である。農業経験の豊富な金次郎は、作物の実りから、「天道」に対する感謝の気持ちを強く抱くようになった。

一二月に、

延命と、祈乃る心に、とうてみよ、本の父母、ましませばこそ

昨日より、しらぬあしたの、なつかしや、本の父母、在ませばこそ

我が身があるのは、親があるからであり、親をさらに溯《さかのぼ》れば天があるからである。金次郎は、天の存在に気付き、自己の存在は天より生まれ、子孫、すなわち明日に受け継がれるものと捉えた。

この年、金次郎の上司として大西藤次郎が赴任してくると、仕法に齟齬《そご》が生じた。日記にも、大西の横暴ぶりが記され、金次郎は仕法に距離を置くようになった。特に顕著に表れたのは荒地開墾の極端な減少である。さらに一二月一一日に、豊田正作が赴任してくると、金次郎はますます窮地に陥った。

文政一一年（一八二八）は、凶作の年であった。前年には桜町領の収納が一八二五俵にまで回復していたが、この年は九八一俵にまで半減した。一二月、領主宇津氏との交渉の結果、税を九八一俵にまで減免させた。この減免は「仕法」引き受けにあたっての約束事の実行であった。

この年には、金次郎と小田原藩吏僚との軋轢《あつれき》がピークに達した。農民金次郎と支配者階級たる小田原藩士の反目とも言える。金次郎の出身地たる小田原藩だからこその根深い羨望《せんぼう》が感じられる。小田原藩士の中には、農民出身の金次郎に対する反発があったのであろう。

そのような背景で、この年、金次郎は陣屋の仕事に関わることが減った。特に顕著なことは、荒地開発料の支払いがほとんどなくなり、木綿生産も四月以降にはなくなった。

日記には、対立そのものに関する記載はないが、道歌には切実な思いが詠われている。豊田正作との対立と、金次郎の思想の変容については、「成田山参籠を契機とする思想の変化」に詳述する。

この後も、横田村の草刈りの問題、酒酔いの上で圓林寺に無礼な行為をした問題等、山積する課題と、小田原藩吏僚との軋轢に窮した金次郎は、五月一六日に役儀願書（勤番辞職願い）を小田原藩江戸屋敷に提出した。

長文の役儀願書には、金次郎の苦悩の胸中が記された。陣屋で苦労を共にした代官高田才治・主席勝俣真作は過労のためか死に至り、宇津家の横山周平は病床に伏し、「私一人相残り夏の虫の火に入る」がごとき心境であると訴えた。さらに、当年の私は薬を服用しても病状が好転せず、温泉療養か転地療養をしたいので、役職を免じていただきたい、と辞職の許可を求めた。

この役儀願書に記載された「私一人相残り」という表現に、金次郎の書かざる苦悩が察せられる。つまり、この役儀願書には金次郎と対立した大西藤次郎・豊田正作の名前が見られない。ここに、金次郎が窮地に陥った真の原因があった。

しかし、小田原藩は「預り」として、辞職願いを認めなかった。ここに金次郎は窮したのである。その窮境打破のためにか、八月には、不二孝の小谷三志との関わりを示す記載が出てくる。八月六日、桜町領民の中にも信者のいた不二孝の指導者小谷三志に会うために金兵衛・甚左衛門・宇兵衛・弥七・供次と共に宇都宮に出向いた。

以下、三志との交流が続く。九月二九日、三志に四両二分を贈るとともに、道歌を贈った。

二と三と、一つたがえど、軒ならび、旭の御修行は、友に拝さん

この道歌に、自己の窮境打開を不二孝に求めたことが理解される。しかし、金次郎の立場は、すべて

を不二孝、すなわち、小谷三志に依存するものではなかった。彼は、生涯を通じて、有用なものは取り入れ、無用なものは排するという実学的姿勢を貫いた。この表れが、小谷三志との交流である。

一一月一六日から一二月一一日まで、金次郎は「ひきこみ候」として、役所に出勤しなかった。苦悩は頂点に達したのであろう。翌年一月四日、金次郎は出府（江戸に出ること）したまま行方不明となる。いわゆる成田山参籠につながるのである。

二節　桜町仕法後期

文政一二年（一八二九）正月四日の日記によれば、「金次郎儀御用向これあり今日昼出にて出府」し、その後九〇日余行方不明となる。この通称、成田山参籠に関しては『報徳記』に「先生終身此事を言わずこれを以て人その所以を知らず」とあるように、現在に至っても、解明が及んでいない部分である。わずかに、四高弟の一人、岡田良一郎の『淡山論集』第四編中の「二宮先生の七大誓願」に記されているのみである。ここに、金次郎の文献とは言えないが、参考までに岡田良一郎の『淡山論集』第四編中の「二宮先生の七大誓願」を掲げる。

岡田はその書で「余曾《かつ》て先生の旧跡を尋ね諸国を歴巡し下総国に至り成田山新勝寺に参詣し僧某に面会し親しく先生断食祈願当時の聞くを得たり」と語る。岡田によれば、金次郎の参籠の理由を「吾は君命の為に国家興復の道を立て民を水火に救わんと欲するのみ天地神明苟くもこの誠心を信とせずんば死すとも食せず民を水火に救う能《あた》わずんば身を猛火に投ぜんこれ吾が当山に来て祈誓する所以《ゆえん》なり」と説明する。さらに、岡田は、金次郎が行った七誓願を「禍いを転じて福となし、凶を転じて吉となし、借財変じて無借となし、荒地変じて開田となし、瘠地変じて沃土となし、衰貧変じて富栄となし、困窮変じて安楽となす」と説明した。

この七誓願に、金次郎の「民生向上」に向けた強い意志を見出すことができる。己を滅して、民衆を救わんとする決意であり、これこそ、究極の「譲の道」であると言えると思うが、評価は後世の研究に託したい。

一月四日に出府して以来、金次郎の行方は杳《よう》として知れず、一月一〇日心配した東沼村名主弥兵衛以下五名が江戸表に捜索に出るが、発見できずに帰村した。二月二五日物井村村民一二名が「内々江戸表にまかり出」た。三月一八日一四人が江戸表へ出て、金次郎による「仕法」復活と、「代官・役人」の更迭《こうてつ》を要求する旨、領主宇津釩之助に願い出た。宇津氏側は「御聞届に相成り候に付帰村致し候事」と回答し、一四人の願いを受け入れた。この願いは、事実上、桜町仕法における指導者交代の要求であった。

桜町領主宇津釩之助・小田原藩主大久保忠真の決断は早かった。宇津家は、病身ながら、金次郎と良好な関係にあった横山周平を陣屋勤務に復帰させ、小田原藩も、豊田正作を召還し、仕法取扱役に服部十郎兵衛・御知行所勤務に三幣又左衛門を据え、体制を一新した上で、金次郎に「桜町仕法」を再度命じた。

三月二二日小田原藩・宇津家は、桜町三村の組頭・総百姓に、金次郎の仕法への復帰と、代官・陣屋役人の交代を通告した。

四月八日、金次郎が桜町に帰任する際には、桜町三村の農民一二五人が途中まで迎えに出るという歓迎ぶりであった。ここに、成田山参籠をめぐる問題の主因が、村民との軋轢《あつれき》ではなく、小田原藩吏僚との対立であったことが理解される。

金次郎は、帰任の翌日、桜町領内を廻村した上で、豊田正作の施策を覆《くつがえ》し、本来の方針である、民生の向上・出精人の表彰・荒地開発・人口増加をめざした施策を展開した。

まず、昨年末からの懸案事項の解決を図った。一つは隣村の田畑を所有していた農民に「質地田畑差戻すべし」との豊田の命令を撤回し、その土地の所有を認めた。二つは、昨年末に物井村の平左衛門が同村の弥藤治・平蔵・藤左衛門を賭博の罪で豊田に訴えた。豊田は、無実であるとする三人の主張を認めず、「手鎖」処分に付した。そこで、金次郎は赦免《しゃめん》を求める村役人の嘆願を入れ、「手鎖」処分を解除した。

ところが、平左衛門は「手鎖」撤回に不満を抱き、翌年一一月大正院参会の時、過去帳に金次郎や仕法に同調する横山周平・岸右衛門・忠次を批判する落首を記載した。

二のみやで、長く御趣法、するもよい、殿は宇津洩れ、村は滅亡
横山も、眼開いて村通れ　あんまり馬鹿と、人がいうらん
御趣法の、谷ぶあとに、顕にけり、馬鹿なり、岸右衛門（忠次なり）

しかし、村民の仕法支持の流れは強く、平左衛門への同調は見られなかった。むしろ、村役人が平左衛門を説得し、自訴させた。

ついで、荒地開発を再開し、奨励金を与えた。東沼村で行っていた木綿購入を四月から復活させた。四月一八日、金次郎復帰の功労者である一四名に「成田不動尊の御影一幅」と江戸出府の「路用金」として計一四両二分を与えた。領民の三回にわたる江戸での探索の内、直訴に及んだ一四人にのみ不動尊の掛け軸を与えたのは、豊田更迭《こうてつ》の因となった行為に報いるためであろう。

金次郎は民生安定に向けた行動も開始した。小児養育米として、双子誕生の物井村清治の次女に米一三俵二斗（生年より三ヶ年、当年分は四俵二斗）を与えた。また、「老いて子なき者、幼少にして親亡き者」一六人に対して、一人米二俵と搗麦《つきむぎ》一俵を与えた。通常は貸与であるのに対して、社会的弱者には施与を行っていることが注目される。つまり、桜町陣屋に金次郎の施策が戻ったことの一つの証左である。

金次郎は、廻村によって桜町領の隅々まで見渡し、弱者を救済し、仕法の遅れた地域に手厚い保護をした上、村民の自覚を高める意味で相互扶助を課した。上からの改革だけでは、荒地開発は困難と考え、荒地開発を自らの意思で行える農民の育成をめざしたわけである。

桜町三村の農民が、金次郎の仕法を支持したことは、四月の嘆願書に見られる。三村は別個に二宮金次郎宛の嘆願書を提出し、農業に出精する旨を誓った。また、文政一〇年から続出していた土地争いの訴訟がなくなったことも、信頼の回復を裏付けるものであろう。農民の支持の背景には、金次郎の思想の変容に伴う仕法の変化に気づいたことがあったのであろう。

金次郎は、成田山参籠によって、彼我の対立を「一円相」の中に見出し、それを克服する「一円融合」の認識に到達した。これが、金次郎の受容の幅を拡大させ、桜町領民に「安民」を主体とした仕法を認識させた。

その後、宇津家の横山周平と協議して、宇津家の経済のさらなる緊縮を決定した。宇津氏の小遣いを半減させたのをはじめ、夫人の小遣い・用人の給料・生活費などを減額させている。宇津家の平年の収入は米納と金納を合わせて四七〇両程度であったのを、文政一三年から支出を三三〇両ほどに抑えている。

見てきたように、大西藤次郎が去り、豊田正作が召還されるに及んで、桜町領では再び金次郎による仕法が行われるようになった。

仕法に対する理解が農民の間に広がり、金次郎一家にもゆとりが見られるようになった。そこで、文政一三年正月、妻なみ・子息弥太郎・息女ふみは、萬兵衛ら四人の村民を連れて、小田原に里帰りをした。金次郎は江戸で、なみに路用金として六両を与えた。

金次郎も心の平安を得たのか、同年正月一五日の日記に、道句・道歌を記した。

無事に、実法りて、民を富せよ
ひらけなば、つくばの神と、あらわれて、幾世久しく、守り給えよ
この年、三村の農民は「御高恩に報いるため」として、二九三俵を領主に献納したのをはじめ、耕作

困難者の荒地を本人の代わりに開墾し、その収穫の内六一俵を献納し、長屋詰めの三人が五〇俵を献納し、次男・三男の六人が作取りの二一俵を献納し、献納額は四二五俵にも達した。

農民の村落復興への意欲はしだいに高まり、従前には推譲が自己の将来にのみ行われていたのに、村内の弱者のために行われるようになった。こうして「自譲」が「他譲」に進化し、桜町仕法は安定期に入った。

さて、天保二年（一八三一）、桜町仕法は一〇年の期限を迎えるが、仕法引き受け当初、目標と考えていた貢租二〇〇〇俵までにはわずかに達しなかったのである。そこで、宇津家の横山周平・代田藤兵衛・岡部儀左衛門と協議し、永続的な安泰をめざして、五年間と限定した新たな「分度」案を提示した。米租の総額一〇〇五俵は固定し、その内から

一、三〇〇俵を仕法金として、桜町仕法に充てる。

二、二〇〇俵を宇津家の飯米とする。

三、残り五〇五俵を売却した額と畑方金を合わせ、三五〇両を日常経費とする。

このような新「分度」案を提示した。小田原藩にも仕法米二〇〇俵と仕法金五〇両の継続を求めた。さらに、宇津氏に一二〇〇両を献納し、これを小田原で一割五分の利で運用し、日常経費の不足を補うという案も示し、五年間の仕法延長を求めた。

新たな「分度」を求める理論として、日記に「君の衣食住は、民の労苦にあり、国民の安居は、君の仁政にあり」と記した。やがて、この認識は集大成され、後日の著作につながっていった。金次郎は書

箇に「両全の儀」としばしば表記し、彼の仕法が「民」と「君」の両者をともに救済するという論理を展開するようになる。

また、仕法続行の要求は農民の側からも次々となされ、一一月から一二月にかけて嘆願書が提出された。村民が提出した願書は「年貢に加えて、新たに三〇〇俵を上納」するという条件を付した上で、仕法の延長を願い出た。東沼村の仙右衛門ら六名は「所有地の耕作は妻子に任せ、自らは長屋に詰め開墾に精励する」という意欲を示した上で、仕法の続行を要請した。彼ら六人は天保二年だけでも四町六反五畝を開発し、一二八俵を献納した。

このように、桜町仕法はしだいに変容していった。領主側からの仕法という色彩から、農民自らが意欲を高め、村内の復興に取り組むようになった。

一方、一〇年間の仕法中、領主宇津氏のみならず、面扶持を強いられた家臣も耐乏生活を余儀なくされていた。そこで、金次郎は宇津家家臣の借財四九両余を返済させ、長年の労苦に報いている。また、桜町三村の農民の労苦にも報いるため、一三七人を陣屋に招き、表彰した上で酒を振る舞った。

天保二年一一月、金次郎は郷里栢山村に帰り、善栄寺で祖父銀右衛門の五〇回忌法要を行った。善栄寺には二朱と白米一斗九升を納めた。栢山村内の金次郎の所有地一町八反五畝を年貢を免除して貸与した。

天保三年になっても、宇津家・小田原藩から仕法続行をめぐる回答がもたらされなかった。しびれを切らした三村の農民は、七月「仕法期間中、分度に加えて三〇〇俵を納入する」ことを条件とした仕法続行願いを再度宇津家・小田原藩に提出した。

宇津家と小田原藩は、金次郎が示した提案に桜町領復興の可能性を見出したのと、桜町領の農民が示した決意を高く評価し、仕法の継続を了承した。

こうして桜町仕法は五年間延長され、仕法の当事者は小田原藩から宇津家に移された。しかし、宇津家では桜町に多くの勤番を派遣するゆとりはなく、実質的には金次郎に差配を一任せざるを得なかった。

桜町仕法の堅調さと、金次郎の精神の安定を示すのが、天保三年八月の二句である。

来年も、八幡まつりに、ゆたかさよ

さくらより、桃よりたのし、稲の花

収穫の喜びと、その収穫を喜ぶ人々の心境がよく表れており、桜町領三村の安泰ぶりが観じられる。

収穫高も三年連続一八〇〇俵を超え、仕法の成果は確実に表れてきた。

同年一一月一二日、不二孝の井上村右行、宇都宮斗行が陣屋に泊まった時「右両人に三才道、五常行手段利解申聞候に付き、有難くかんしん致し」とあることから、この時には、「天地人三才の徳」に報いるという概念が、金次郎の思惟にあったと考えられる。

翌日、士行・農行・工行・商行を讃える道歌を記した。

士行　諸人の、邪正（苦楽）の元を、業として、ただし尽さん、幾代経るとも

農行　もろびとの、食事（命）の元を、業として、つとめ尽（くり出）さん、幾代経るとも

工行　もろびとの、工風の元を、業として、勤めつくさん、いくよへるとも
商行　もろびとの、過無の二ツを業として、運び尽さん、幾代経るとも

金次郎なりの職分論である。天保七年の横澤雄蔵宛書簡で「その身その身の立つ所を知る時は、天より自然に下し給える人々なれば、娑婆即寂光浄土なり、その身その身の在所を楽しむ時はめぐまずして国富み、奪わずして財足り、欲せずして豊かなり、これ則ち国土安穏の政事」と記し、それぞれの職業に価値・役割を認めている。

一二月、桜町村民を陣屋に招き、一〇年間の仕法への協力に謝意を示すとともに、褒美として当年の米納・金納をすべて免除することを伝えた。米納分で村内の助成を行い、金納分は非常時に備え蓄えることを明らかにした。また、畑一反につき稗一俵の作付けを命じた。作付け面積は三〇町三畝にも及び、翌年には一一〇二俵もの稗を収穫できた。この年には飢饉の第一波が襲来したが、多量の稗の備蓄があったため、桜町領は安泰であった。

天保四年は飢饉への対応に尽きる。北関東の諸国が深刻な危機に陥る中、桜町が安泰であったのは、前年の稗蒔き付けによって、農民の間には多量の稗の貯蓄があったこと、陣屋の蔵にも長年の「分度」による豊富な備蓄米があったことが指摘できる。その上、二年間も貢税を免除できる余裕があり、危機の回避は金次郎への信頼を一挙に高めることになった。その余裕が、他領にまで仕法を展開することにつながった。この年、金次郎は旗本川副氏の依頼を受け、青木村仕法に着手した。

また、この年の日記には、金次郎の思想発展を思わせる記載が多く見られ、翌年の『三才報徳金毛

録』につながった。

天保五年頃には桜町領民の自力開発に向けた意識が顕著に表れ、荒地開発が自己の所有地のほかに村内の弱者の分まで引き受けるようになった。また、干鰯《ほしか》・二番肥を施すなど取穀増加を目標とした作業が展開されるようになった。

飢饉に対する金次郎の対応は小田原藩から高い評価を受けることになった。二月一九日の表彰文に示されたのは「諸国違作で、何処も夫食不足の中、穀物を手厚く蓄え」たのは、先見性に富んでいたと評価し、「御徒並」に昇進させ、「紋付」と「裃」を与えた。

金次郎がめざした「農民による自発的開発」を理解し、自らも積極的に協力してきた組頭四人（物井村忠治・横田村円蔵・東沼村専右衛門・下物井村岸右衛門）を一代名主に抜擢《ばつてき》し、西物井村繁之助と物井村藤蔵を一代組頭に登用した。

報徳仕法は究極「譲」に帰結する。桜町仕法初期にあっての「譲」とは、金次郎が農民に農具や奨励金を与える「金次郎→農民」という形であった。その後、安民優先の仕法に理解を示した農民が村内の困窮者を救うという「金次郎→仕法理解者→農民」といった形式に進化した。やがて、村内でのみ行われていた「譲」が、他村に助け普請をするという「譲」に発展していった。

同年以降、桜町仕法の引き渡しをめぐって、宇津家・小田原藩と金次郎との間に長い調整が余儀なくされた。

特に、天保四年に宇津家の忠臣横山周平が死去すると、金次郎と宇津家との交渉は難航を極めた。このため、小田原藩は藩主側近の横澤雄蔵と勘定奉行鵜澤作右衛門を桜町に派遣し、収拾を図ろうとした。

天保五年九月に横澤と鵜澤は桜町を訪れ、金次郎と宇津家家臣の言い分の聞き取り調査を行った。その後、横澤と鵜澤が江戸上屋敷に提出した報告書には「桜町の収納高は二〇〇〇俵にまで回復したが、宇津氏が出仕できるまでには回復していない」との分析がなされた。さらに、報告書では「金次郎が、文政一二年に宇津家に一二〇〇両を献納し、毎年の利子収入を不足に充当する」案を提示したが、宇津家ではこの案を採用しなかったことに問題があると指摘した。その上、「この資金は、金次郎が引っ越し時に所有地や家財道具などを処分したり、米の売買益や自身の俸給を積み立てたものであるから、有効に活用されるべきであった」と、金次郎の努力に対して、宇津家が十分な対応をしてこなかったと分析した。しかし、それは過去のことであり、現状に即した案を検討すべきであるとし、金次郎が示した新たな案を紹介した。

一、桜町領は本来四〇〇〇石であるが、その実力はない。
二、七分免として、三〇二四俵とするのが妥当である。
三、現在の収納は米二〇〇〇俵である。
四、不足分一〇二四俵を四〇九両と認定し、その対策を以下とする。
・畑方金一八六両
・本家からの助成一三〇両（仕法金五〇両と仕法米二〇〇俵）を継続する。

・残りの九三両を、先に納めた一二〇〇両の運用益でまかなう。

金次郎は、この案が実行に移されれば、宇津氏の出仕は可能であると主張した。

しかし、宇津家の用人代田藤兵衛と岡部善左衛門の主張は、仕法の方法論ではなく、桜町陣屋の指導性の問題であった。代田と岡部は「金次郎へ申談候様にては何分取計兼候」と、仕法が宇津家に返還された後にも、金次郎が桜町仕法に関わることに強い難色を示した。その理由に挙げたのは、「金次郎が陣屋に居ては農民への指示が徹底しない」とし、桜町の農民が金次郎を強く支持している現状では、宇津家の勤番が陣屋で勤務についても指導性を発揮することができないと、宇津家の立場を主張した。

そこで、横澤と鵜澤は「金次郎数年の恩義を取り失い、旧弊の惰弱身勝手の方に押し移り候」と、金次郎の積年の努力を評価すべきではないか、しかも、金次郎が陣屋を去れば以前の民心荒廃の状況に戻ってしまうと憂慮を表明し、代田・岡部に、条理をわきまえるように説得を試みた。しかし、代田・岡部は同意せず、横澤と鵜澤の説得は長引くことになった。

天保五年、金次郎は主著『三才報徳金毛録』を著し、自らの思想を集大成する。この書については拙著『二宮金次郎の人生と思想』（麗澤大学出版会）に詳述する。同書については、不退堂聖純（倉田耕之進）の代作ではないかと疑う説もあるが、金次郎の日記と対比すると内容はほぼ同一であり、金次郎自身の著作であることは疑いようがない。金次郎が、仕法の理論的根拠としてこの書を著したことは、結論的部分に仕法の正当性と仕法実施上の指針を示していることからも理解できる。

天保六年に至るも、桜町引き渡しの問題は決着しなかった。そのため、横澤雄蔵と鵜澤作右衛門は二度にわたって桜町に滞在することになった。特に、金次郎が病床に伏したこともあって、交渉は長引いた。論点は「宇津氏の出仕」と「仕法の永続法」の問題であった。横澤と鵜澤は再三にわたって、金次郎案を小田原藩に報告するが、重臣会議は容易に結論を出せず、連絡は遅れに遅れることになった。

一〇月、小田原藩重臣山本藤助は、横澤雄蔵に書簡を送り、桜町仕法の実績を高く評価し、「雑穀の蓄え多分にこれあり、新家作残らず出来、一同有り難がり、出精相励み候」と桜町領の人心の昂揚を讃えた上で、「金次郎の骨折、感じ入り候」と、金次郎の永年の努力を評価した。

正式な返書は一一月二七日にもたらされた。概略は、宇津氏は一一月末か一二月の始めには出仕すること、報徳金の運用を金次郎に依頼したいとのことであった。やはり一割五分で運用することは金融に精通していない武士階級では困難であったのであろう。

同年末、宇津氏は家中に通達をした。金次郎を「巧者なるもの」、家臣を「必至に情を尽しくれ候段、誠に以て歓悦至極に候」と両者の努力をたたえた。その上で、幕府への出仕と桜町領の七分免を約束し、面扶持の解除を宣言した。しかし、引き渡しの方法や報徳金の運用については触れられなかった。

天保七年は大飢饉が到来し、関東以北の諸藩の困窮は著しかった。しかし、金次郎は前年の冬に飢饉の到来を予期し、凶荒対策は万全であった。周辺諸藩が危機に陥る中、桜町領は豊富な貯穀を有し、至って平穏であった。

烏山藩・谷田部《やたべ》藩は食糧の備蓄が乏しく、藩士を桜町に派遣し、金次郎に緊急の食糧救援を要請した。金次郎は直ちに要請に応じ、谷田部藩に米五三〇俵・稗一八〇俵を貸与し、烏山藩には米五七四俵・種籾一七一俵・稗二三四俵を貸与した。それでも桜町陣屋の倉庫には八七一俵もの穀類が貯蔵されていた。金次郎は桜町領三村の穀類の備蓄量を調査させ、不足の農家一一六軒に米麦・雑穀を貸与した。桜町領安泰の噂は近隣諸国に広がり、金次郎の評価を一層高めることになった。

鵜澤・横澤の桜町出張は三年目を迎えるが、小田原藩は一向に桜町領引き渡しを決断しなかった。二月に桜町陣屋に到着したものの、依然として藩老からの指示はなく、鵜澤・横澤の心労は募るばかりであった。江戸藩邸の重臣の中で、金次郎を積極的に支持していたのは家老早川茂右衛門・服部十郎兵衛らであった。しかし野州論に異を唱える勢力も強く、小田原相談は長引くことになった。

飢饉が深刻化する中で、桜町領のみならず、細川藩・谷田部藩・川副氏領を救済した金次郎は引く手あまたの状態であった。一方、小田原藩は桜町領引き渡しに関して、明確な結論を出せないでいた。

このような状況の中、桜町陣屋に滞在していた鵜澤作右衛門は江戸藩邸に書簡を送り、「非凡の者を他領の人たらしめることは遺憾」とし、金次郎が他藩に引き抜かれることを憂えた。現実に、烏山藩は小田原藩に対して、金次郎を借り受けたいと要望した。

横澤雄蔵は藩主から江戸に呼び出され、小田原藩の救済に携わらざるを得なくなった。小田原領救済の白羽の矢は金次郎に降り、年末から翌年の四月まで小田原領救済の任に当たることになった。このため、桜町領引き渡しは遅れることを余儀なくされた。

天保八年四月二五日、金次郎は小田原救急仕法を成功させ、桜町陣屋に戻った。一方、北関東一帯は飢饉での打撃が著しく、金次郎は各地の仕法に関わらざるを得なかった。

金次郎は、桜町領引き渡しの作業のほか、前年末に救援米や報徳金を貸与した烏山藩・谷田部藩の仕法にも深く関与するようになった。八月になると、金次郎の飢饉対策と諸藩救済を目の当たりにした周辺に領地をもつ藩・旗本の家臣が桜町を訪れるようになった。

この頃、小田原藩も桜町領の引き渡しの決着をつけるため、鵜澤作右衛門・横澤雄蔵に宇津家との交渉に当たらせた。一〇月、交渉の推移が書簡に記され、鵜澤・横澤と宇津家の用人代田藤兵衛との生々しいやりとりが明らかになった。

まずは引き渡し後の金次郎の住居について見てみる。

鵜澤↓金次郎の住居の件は、正式な命令があるまで、桜町陣屋とする。

代田↓金次郎が在陣していても、とても金次郎と相談する訳には参らぬ。

横澤↓桜町領が返還された後は、何事も金次郎と相談するべきである。金次郎を陣屋に置くことは宇津家のためでもある。よくお考えいただきたい。

代田↓金次郎と相談するように言われても、できかねる。

鵜澤↓今のお話は理解できない。荒地開発や村落復興に貢献した金次郎の努力を評価すべきではないか。せっかくの開発を後戻りさせるべきではない。

横澤と鵜澤は、宇津家家臣の言い分を評価せず、金次郎の業績を評価すべきではないかと代田に迫った。すると、岡部儀左衛門が金次郎を拒否する理由を明らかにした。

岡部↓先年、金次郎が村民を咎めることがあった。その後、金次郎が青木村に出張中、宇津家の代田藤兵衛と横山周平が相談して、咎められた村民を赦した。陣屋に戻った金次郎が殊の外立腹したため、江戸に帰らざるを得なくなった。このような状況だから、とても金次郎とは一緒にやっていくことはできない。

鵜澤↓善悪はともかく、桜町の復興は金次郎の大功であることは疑いがない。このたびのお引き渡しも、金次郎の努力の賜物である。今日までの趣法を永続させるためには、金次郎と相談すべきであるのに、案外の思い込みを述べられては、ご番所交代というわけには参らぬ。しかるべき判断をなさられたい。

鵜澤と横澤は、宇津氏の用人との交渉内容を重臣に報告し、早期の決断を迫った。宇津氏の用人の言い分を認めれば、「趣法の善種をご領分へとまで、ご沙汰の儀」もあることだから、殿様に対して不敬であると主張した。

小田原藩の強い意向を伝えられ、宇津家用人代田藤兵衛と岡部儀左衛門は、「金次郎へも相談の上、万端御引き受け取り計らいなさるべく候」と、宇津氏の意向を伝えた。こうして難航を極めた桜町仕法引き渡し交渉は解決した。

天保八年一二月一三日に、復興を成し遂げた桜町領を領主宇津氏に引き渡した。この時、金次郎は宇津氏と小田原藩との間に、桜町領の税負担について協議した。この結果、三者の間に次のような取り決めがなされた。

一、貢納米を二〇〇〇俵の七割の一四〇〇俵とする。

図８　宇津釩之助の墓石（真岡市 蓮城院）

二、報徳金一二〇〇両を運用し、不足分の六〇〇俵を補う。

三、宇津家に不足が生じた場合は、小田原藩が補う。

四、金次郎の住居を、従前通り桜町陣屋とし、正式な沙汰は後日とする。

こうして、桜町仕法は終わり、宇津氏は長い耐乏生活を経て、収納を確保するに至った。また、桜町三村の農民にとっても、二〇〇〇俵の収穫を確保するに至ったが、貢納米は一四〇〇俵という負担ですむことになった。これが金次郎のめざす「両全の儀」の結論であった。

嘉永五年（一八五二）、領主宇津釩之助は、領地復興に感謝して金次郎に永代知行として一〇〇石を贈った。宇津氏は書簡で、金次郎の仕法の成功要因を人口増加策（分家・入百姓の奨励）と人心収攬術（窮民の救済・インフラの整備・奇特人の表彰）によるものと評価している。

成田山参籠を契機とする思想の変化

＊成田山参籠以前

文政一一年、金次郎は、桜町仕法実施の中、彼我の対立に苦しみ、五月に勤番辞職願いを提出するが受け入れられず、一一月には陣屋に出勤せず引き籠もる。翌年一月出奔し、成田山参籠に至る。この参籠を介して、金次郎は「一円思想」を展開するようになる。

参籠を契機に、金次郎の思想は如何なる変化を遂げたのであろうか。彼は、『三才報徳金毛録』等の著作で、自らの思想を説明するが、参籠を契機とする思想の変化についてはまったく記録を残していない。しかし、日記中に断片的に記された道歌・道句に彼の思いを読みとることができる。そこで、道歌・道句を頼りに彼の思想の変化を辿ることにする。

まず、参籠以前の道歌・道句である。

文政七年七月、小田原藩重臣服部十郎兵衛・三弊又左衛門宛書簡に、次の道句・道歌を記した。

国風を、直さんとする、暑さ哉

朝顔に、真垣の遠き、おもいかな

半百里、下野の中よ、きりぎりす、聲つくれと、草深さよ

傍目《はため》には、順調に思えた「桜町仕法」も、金次郎には別の思いがあったのであろう。「国風を、直さんとする、暑さ哉」に示される桜町復興への篤き思い、しかし、「朝顔に、真垣の遠き、おもいかな」

「草深さよ」に象徴されるように、改革の現状は、まだ、遠く及ばないとする意中を詠んだものと思える。

文政九年、金次郎は入百姓を招き、様々な恩典を与え、彼らによって荒れ地の開発を行うが、入百姓優遇策をめぐって、村内に対立が生じ、入百姓の一部が欠落した。この時の心境を道歌に託した。

うわむきは、柳と見せて、世中は、かにのあゆみの、人こころうき

人心の収攬《しゅうらん》ができていないことへの嘆きでもある。改革に向けて指導に従うように見えても、実際には、以前のままの無気力な生活ぶりが残存していることを示すものである。

文政一〇年一二月、小田原藩士豊田正作が赴任すると、金次郎を取り巻く情勢は徐々に悪化した。日記には、豊田との対立を示す記載はないが、道歌には切実な思いが詠われている。

文政一一年三月一七日の日記に、

身をさきに、人をも供に、清くして、白きところに、止め給えよ

この歌は「白き」ものを求め、金次郎が行ってきた「仕法」が、妨害によって危うくなったことを憂えたものであろう。まだ、この段階では深刻な対立を想起させる表現にまでは至っていない。

三月二七日の日記にも、道歌を記載している。

豊田正作殿遺候文

身も人も、御趣意の道に、叶いなば、願すとても、つとめざらまし

ここに初めて、豊田との対立が表現される。しかし、金次郎は対立を克服する手段・理念を持ち合わ

せていなかった。改革に向けた純真な気持ちを理解してくれるだろうという淡い期待が豊田に向けられている。共に藩主忠真から桜町領復興を依頼されたのであるから、君に対する忠は、まさに桜町復興に向けた善政をなすことにあると金次郎は考えた。

四月一一日、岸右衛門が土地争いをめぐって訴訟を起こした。この争いは紛糾するが、ようやく決着をみた後、金次郎は、塚本天神に次のような歌を記した額を奉納した。

　　こころだに、誠のみちに、かないなば、いのらずとても、神や守らん

　　我がまえに、千日さらずに、いのるとも、こころじゃなれは、はつをあたえん

自己の信念を貫く決意の表現とも読みとれる。しかし、これも金次郎の一方的願望に過ぎなった。豊田や岸右衛門が、何故妨害をするのかを理解することができなかった。したがって、「いのらずとても、神や守らん」とか、「こころじゃなれは、はつをあたえん」などの主観的表現がなされた。参籠以前の道歌・道句には共通の思いが見られる。仕法に向けた情熱と努力が農民や陣屋の役人に十分な評価を得ていないという嘆きである。つまり金次郎は自己の立場でのみ他者を評価していたのである。この段階では相手の立場に立って、事象を捉えることができていない。「己を是、他を非とする」論理に陥っていた。

このように、成田山参籠以前の金次郎には、自己を客体化し、その上で他者と融合していくとする「一円融合」の概念は存在しなかったと言える。まさに下程勇吉の言う「半円の見」の段階であった。

＊成田山参籠以後

金次郎は参籠を介して、「己を是、他を非とする」論理に陥っていたことに気づいた。次の表現は、郷里栢山村を流れる酒匂川を想起し、「彼我」に対する新たな認識に辿り着いたことを示すものである。

ある在所きん村一つの大川あり、こちらの村里の人々は彼向岸を川向うと、向村へ渡りて向村の里人にきけば、我村方を川むこうと申す也

栢山村では酒匂川の対岸を川向うと認識していた。川を渡って母の実家に行けば、下曽我では栢山村を川向うと呼んでいた。参籠中、過去の記憶が金次郎の脳裏に甦った。

同様の記載は、天保四年九月四日にもある。

香あるもの其かをしらず、白きものしろきを知らず、黒きものくろきを知らず、きなるものきをしらず、青きもの青をしらず、あかきものあかきをしらず。

人は「我欲」に執着する限り、自己の客観的姿を捉えることができない。自己の属している世界を離れることができない限り、自己の属する世界を公平に見ることはできないという認識に辿り着いた。

この認識はさらに発展し、「我」を捨象するという自覚に高まった。それを示すのが次の道歌である。

己身《おのがみ》を、うちすててみよ、そのあとは、一つの外に、有物はなし

対立を克服する論理として、「我」の有様を認識した金次郎は、「己の捨象」を論理的に説明する「一円」という概念に到達する。

天保元年（一八三〇）八月一七日に、有名な道句を記している。

一円仁《に》、御法《みのり》正き、月夜かな
田畑乃、実法今宵の、月夜哉
仁心に、民のこころの、つく世哉
仁心に、民の心の、月夜哉

金次郎の究極の境地とされる「一円仁」の世界の幕開けは、こうして始まった。月夜の観察から、「仁」を仕法の根幹に据えれば、「民の心」は自然とついてくるという認識が芽生えてきた。

「一円」という観念は、彼の成田山参籠以前の苦境から生み出されたものと考えられる。対立を「一円相」の中に見出し、この対立概念を捨象しさったところに、金次郎は新たな立脚地を見出したのである。それは、対立を乗り越えた「一円融合」の世界観の創出なのである。

同年九月一日の日記に「夜天地和合遊ばされ候」と記したのをはじめ、同月中再三にわたりこのフレーズを記載している。「一円」という認識を体得した直接の契機となったのが、日記にも現れた「夜」、すなわち「月夜」の観察であったと思われる。

天保二年（一八三二）正月、金次郎は「当座金銀米銭出入扣帳」に

打つこころあれば、うたるる世の中よ、うたぬこころのうたるるはなし

と詠む。ここにも、金次郎の悟りの一端が窺える。「自他」の意識を乗り越え、「我欲」を捨て去った境地である。

このように、金次郎は究極の理想である「一円仁」に向けた、「一円融合」の概念に辿り着く。「一円

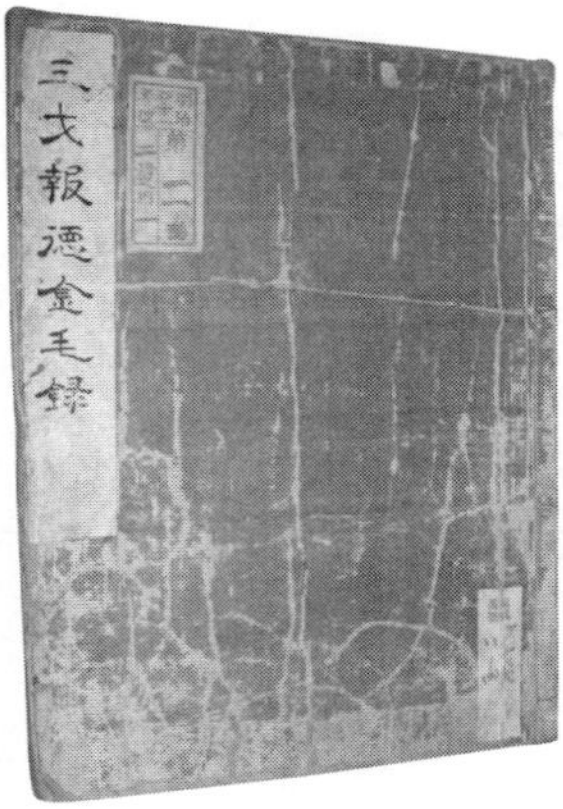

図９　『三才報徳金毛録』
二宮尊志氏所有・
国立国会図書館管理

融合」こそが、人間界を平穏にし、それぞれの徳を導き出すことができると考えるようになった。この理解こそが、金次郎の視野を広げ、受容の幅を拡大させたものであり、「仕法」を大きく前進させたとも言える。

これは、まさに、「桜町仕法」における苦難を経た上での知の習得である。さらに、すべての事象を、対立概念から飛躍させ、「一円一元」に帰結させるようになる。天保四年（一八三三）は『三才報徳金毛録』完成の前年に当たる。この年、金次郎の思惟が如何なるものであったか、日記を通して検証したい。

二月一日の日記に、

　二つ気の和して一輪福寿草　幾代へるとも咲くやこの花

対立という立場を捨て去り、「一円融合」の境地に達した時、人間界には、様々な果実がもたらされる。この「一円融合」の精神に立ってこそ、人は穏和な環境と、永遠の幸を保証されるものであると金次郎は考えた。

結論として、金次郎は、成田山参籠を経て、「円」の認識に至り、彼我の対立を「一円相」の中に見出した。「己を是、他を非とする」論理を、「己を捨てる」ことによって克服し、それぞれの立場を認め、その役割を担い合うという「一円融合」の認識に至る。さらに理想を「一円仁」の世界に求め、

図 10-1　『三才報徳金毛録』中の「天命乱世輪廻之図」

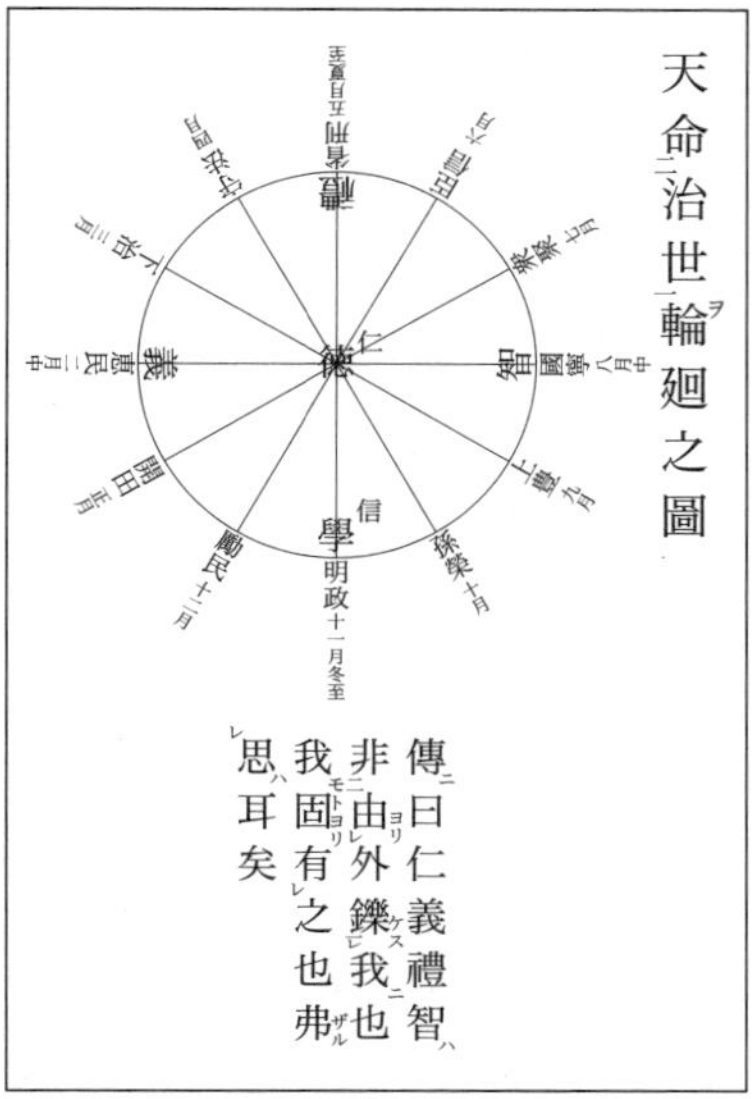

図 10-2　『三才報徳金毛録』中の「天命治世輪廻之図」

「譲」を方法とする仕法を展開するようになった。

このような思想的進歩は、主著『三才報徳金毛録』に体系化され、「報徳仕法」実施の理論的根拠となった。

主著『三才報徳金毛録』には、成田山参籠を契機とする思想の違いが明確に記された。すなわち同書の「天命乱世輪廻之図」において、「我」を中心に世の中が廻るときは、乱世に至るのは必然であると説いた。この認識は桜町仕法前期の失敗体験である。いくら金次郎が自己努力を積み重ねても、農民の間に「金次郎は自己のために仕法を行っている」という疑念が生じている限り、仕法が成果を生むことはないという認識に至った。

つまり、領主が己の利を優先した政治を展開すれば、闇政→惰農→廃田→貧民→下乱→犯法

↓重刑↓臣怨↓民散↓国危↓身弑↓不孫という悪い循環になると説いた。これは金次郎が成田山参籠以前の「己を是、他を非」とする自己の思いを批判的に顧みたものである。

これに対して、「天命治世輪廻之図」においては、「仁徳」を中心に世の中が廻るときは、治世に至るのは必然であるとした。特に領主が「仁徳」に基づいた政治を展開すれば、明政↓励民↓開田↓恵民↓下治↓守法↓省刑↓臣信↓衆聚↓国寧↓上豊↓孫栄という好循環がもたらされると説いた。つまり、「我」のあるべき姿を「仁徳」と捉えるようになった。これは、成田山参籠以後の金次郎の思いを示すものである。金次郎は「自己のため」という意識を捨て、「桜町領民のため」に仕法を行うという思いを示し、桜町領民の支持を集めることになった。

各地の仕法において、金次郎が領主に「分度の設定」や「倹約の率先垂範」を求めたのも「仁徳」に基づいた政治を期待したからにほかならない。

三節　天保の飢饉と金次郎の対応

「桜町仕法」後期にあって、金次郎に多大な影響を与えた事象に「天保の飢饉」がある。これは天保四年（一八三三）・天保七年をピークとする前後七年にわたる飢饉であり、米不足から、米価の高騰を招き、各地に打ちこわしや百姓一揆を誘発した。この飢饉は、幕藩体制を揺るがし、幕府の滅亡を早めたとも評価されている。

この天保の飢饉が、金次郎にどのような影響を与え、彼は如何にして飢饉を克服したのかを「桜町仕法」後期を見ることによって明らかにしたい。

後期「仕法」に入っての桜町領の収納高を見ると、

天保三年（一八三二）　一八九四俵　　天保六年（一八三五）　一九八七俵
天保四年（一八三三）　一三二六俵　　天保七年（一八三六）　八〇三俵
天保五年（一八三四）　一九八七俵　　天保八年（一八三七）　一九九五俵

右の史料から、明らかに天保四年と天保七年が不作であることがわかる。特に天保七年の飢饉は深刻であった。気象条件は近隣農村も同様であるから、行政の対応が各地の飢渇《きかつ》の程度を左右したと言える。ここで、両年を中心に「桜町仕法」の展開を検証する。

通説では、金次郎が、初夏に宇都宮で茄子《なす》を食べたところ、秋茄子の味がしたので飢饉の到来を察知したとされる。ちなみに、富田『報徳記』では「先生或る時茄子を食するにその味常に異なりあたかも季秋の茄子の如し。箸を投じて歎じて曰く、今時初夏に当れり、然してこの物既に季秋の味をなすこと豈唯《あにただ》ならんや。是をもって考うるに陽発の気薄くして陰気既に盛なり。何を以てか米穀豊熟することを得ん」と語られ、「なす」の逸話は現在に至って定説化しているが、この逸話は、金次郎自身の文献には現れない。

富田の記述には注目すべきポイントが二つある。一つは、この当時彼は門弟となっておらず、これらの記載は伝聞によるものであること。彼の言葉に従えば、「邑民の口碑に基づき筆記」したのである。

二つには、この飢饉を初夏に予知したとすることである。それでは、金次郎の文献を辿ってみよう。金次郎は、飢饉の前年である天保三年一一月三日、桜町三村の名主・組頭・惣百姓を呼び出し、当年の「税の免除」と「稗の蒔き付け」を指示した。

「桜町仕法」は文政五年から天保二年までの一〇年契約であった。この間、桜町領民の協力を得て、多くの荒地を復興し、取穀を設定した「分度」の二倍に近い一八九四俵にまで回復させた。この協力に対して、金次郎は、天保三年のすべての貢租を免じたのである。その上、稗の蒔き付けと囲い置きを指示した。この貢租の免除と救荒作物稗の囲い置きによって、翌年に飢饉の第一波が到来しても桜町領は安泰であった。

金次郎は、この時の様子を書簡で「去る辰年非常手宛となし畑方用捨致し、畑一反歩に付き稗一俵宛の積りを以て、蒔附圍《かこ》い置かせ候ところ、翌巳年存外の違作に付き、夫食不足いたし、よって前年圍い置かせ候稗、その節銘々の夫食と相成り、飢渇の愁いもこれなく相続し候段は誠に有難き事にあらずや」と記した。

この文言からは金次郎が予知しているようには思えない。しかし、『報徳記』にあるように「秋茄子の味」によって稗を初夏に植え付けたのではなく、前年の一一月に「稗蒔き付け」の手配りをしているのである。金次郎が飢饉の到来を感じた時期については、日記に記された、次の記述が重要となってくる。

天保四年（一八三三）

八月二〇日　天気
岡部順吉、荒井新平両人御知行所村役人へ
案内にて立毛見分致され候昼より夕方まで東沼村より横田村物井村の内少々相済し申し候事
九月一日
御知行所村役人残らずまかり出で雑穀取り調べの事

天保四年の日記・書簡・仕法書には、秋茄子をはじめ予知の話は見当たらない。同年八月二〇日の立毛見分において稲の生育の異常に気付き、九月一日に急遽《きゅうきょ》村役人総出で雑穀の取り調べを行っていることがわかる（雑穀の植え付けでなく、雑穀の貯置数の調査であることに着目すべきである。雑穀の蒔き付けの手配は前年末に終わっていた）。

九月、飢饉の様相が濃厚となると、早速、常陸の国青木村に所領をもつ旗本川副勝三郎の用人及び名主が救援を求めて桜町を訪れた。金次郎は、彼らの話を聞いた上で救援として金二〇両、米八俵、稗六八俵を貸し付けた。

このように、桜町周辺の農村は凶災によって深刻な打撃を受けた。しかし幸いにも桜町領は前年の貢納免除からくるゆとりと、前年から準備した稗を中心とした雑穀の蓄えがあったので、飢饉が到来しても安泰であった。

幕府の対策について、天保四年の関東御取締出役の通達では、幕府側に積極的な対応が見られず、穀物の確保を農民の善意に依拠するかのように、飢饉の深刻さの認識が欠けていたと言わざるを得ない。

一方、桜町三村の対策は着々と進んだ。九月一五日「穀留」を指示し、領内からの米麦の移出を禁じた。また、「雑穀の貯置」を指示通りに行った農民を表彰した。この表彰では雑穀を家族一人に付、一〇俵以上貯えた者に鍬一枚と鎌一枚を与え、四俵二斗以上の者に鍬一枚を与えた。桜町領民の貯蓄雑穀量は、佐々井の計算によると、三三七六俵にも達した。

金次郎は、宇都宮の柴田屋に穀物相場を問い合わせている。

米五斗四升替、餅米五斗八升替、春麦六斗替、小麦九斗替、大豆一石八升替、

小豆八斗替（注　一両について）

一両五斗四升替（一〇両当たりに換算すると一三俵半替）という価格は、金次郎が「服部家仕法」で行っていた米相場（文政三年）が三七俵から三八俵替と米安だったのに比し、三倍近い の高騰であることがわかる。

金次郎は一二月、桜町領三村（東沼・物井・横田村）の名主・組頭・惣百姓を呼び、天保三年の免税に続いて、飢饉の第一波が到来した天保四年の貢納米・畑物成金を全額免除し、さらに、困窮人の救済にも乗り出した。その上、収穫の確保を図るため冬田耕作・干鰯などによる施肥を指示した。

桜町仕法が始まった文政五年（一八二二）から天保三年までの分度外の米高は六二三七俵にも及び、陣屋にあっても飢饉に対応できる十分なゆとりがあったわけである。桜町周辺の大名領・旗本領が困窮に陥っても、桜町領が安泰であった経済的背景がここにあったわけである。

また、金次郎は飢饉の年には上納を減免する約束を領主から取り付けていた。二年続けて貢納を免除

できることは仕法の成果であるとも言えよう。このことからも仕法が領主のために行われたとする見解には安易に同意することはできない。

この年の状況・農民の心情は、三村から金次郎・陣屋役人宛の書付で察することができる。農民は、周辺村落が窮地に陥っている中、桜町三村が安泰であることに感謝の念を表した。この書付は、単に、免税や備荒対策に見られる陣屋役人の善政への感謝状であるだけでなく、村内において難渋の者に対して互助を行うことの意思表示が記された。金次郎のめざす「自助」・「互助」に基づいた共同体的村落づくりの意図を、桜町領村民が理解していたことを明確に示すものである。

金次郎が「一村式仕法」において、「自助」・「互助」をめざしていたことは、後年の「曽比仕法」や「藤曲仕法」で知られることであるが、その原点が、「桜町仕法」において、村民から提示されていたことは、「報徳仕法」の永安仕法への発展の一段階として評価されるべきであろう。

こうして、金次郎は飢饉の第一波を乗り越えた。この成功は、自らの自信になったばかりでなく、桜町三村領民の信頼を一挙に集めることになった。金次郎のめざす「報徳仕法」と、金次郎の説く「報徳思想」は徐々に浸透しつつあった。しかも、桜町領安寧の噂は下野・常陸の北関東一帯に広がり、大名・旗本の家臣、諸村落の支配階級が仕法発業を求めて桜町を訪れるようになった。

さて、最大の難関、天保七年（一八三六）の飢饉を如何に克服したか、また、それを通して、金次郎は思想的に如何なる進歩を遂げたのかを見ていきたい。

金次郎は無為にこの年を迎えたわけではなかった。このことは烏山藩家老の菅谷八郎右衛門による

「桜街拾実《さくらまちしゅうじつ》」で明らかである。「桜街拾実」には、救荒作物としての稗を蒔き付けたこと、穀物の貯蓄、税の免除に加えて、報徳金が無利子で貸し出されたことが記された。ここに示されたように、金次郎の施策は、農民の安寧をめざして、食糧の確保・生活扶助・無利息金貸付・弱者救済にあったことが理解される。

この年の金次郎の思惟を、日記・書簡を通して確認する。予知を含めた準備・凶荒対策・治世観の順で確認する。

金次郎は、前年に飢饉の到来を感じていたようだ。天保七年六月一六日、小田原藩士横澤雄蔵宛書簡には「旧冬の儀は、秋より先ず日照りの模様、その上数度の地震その上暖気、陽三つ重なり候に付、何れ当夏は雨天冷気、陰重なり候儀は天理の自然」と記された。

つまり金次郎は、天保六年冬の気象の観察「日照り・地震・暖気」から、易で言う「陽」の要素が三つ重なったので、天保七年夏は冷害であろうと察したというのである。

金次郎には確信があった。すなわち彼が小田原時代から再三にわたって購入し、愛読していた貝原益軒の『大和俗訓』の記載には「冬寒気はげしくて、陽気おさまりかくるれば、来春の陽気さかんなり。故に、冬あたたかに雷なりて陽気うごきもるれば、来春の発生の気よわく、秋穀のみのりもうすし」と記されていた。おそらく、金次郎はこの愛読書『大和俗訓』からの影響と、天明飢饉の伝聞から、天保四年（一八三三）の飢饉に続く本格的飢饉の到来が近いことを察していたのであろう。それが早めの飢饉対策となって現れたと思える。

このためもあって、六月には日記中の天候の記載が詳細になり、毎日のように晴雨・寒暖の様子を記載している。六月初旬から「雨」「寒し」の記載が増える。稲作には出穂期《しゅっすいき》の低温は致命的なものとなった。特に、六月一三日には、「天気、野菊花咲く」と季節はずれの野菊開花に不安を持ち、一四日には「去月より相続き日々雨天に付諸作物見分のため三ヶ村役人に案内致させ廻村の事」と村内の作物の生育状況を確認し、一八日には「寒し、萩の花咲く」と記した。

前年、『大和俗訓』からの知識によって、飢饉の到来を想定していた金次郎は、これらの事象から今夏の冷害を確信し、六月一八日急飛脚で「当年時候甚だ不順に候得共その村方は格別の儀もこれなきや、田畑作物の様子委敷承知致したく候最早土用も半分余相過ぎ候えば立ち直るべき時節を失い、甚だ心配致し候」と天明以来の深刻な飢饉到来を予告した。

日記・書簡によれば、巷間《こうかん》伝えられる、秋茄子によって飢饉の到来を感じたのではなく、『大和俗訓』の影響の下、前年の冬の気象に不安を持ち、野菊や萩が早期に開花したことから、冷害の訪れを確信したのである。直ちに青木村に飛脚を送るなど北関東の情報収集を図り、小田原藩にも作物の生育や気象について問い合わせた。同日、彼は緊急の凶荒対策を採り、根菜類の蒔き付けを指示した。当面の食糧の確保を図ったわけである。加えて味噌の効用を説き、味噌の貯置も指示した。

前年から指示しておいた、雑穀貯蓄量を確認し、その上で、『報徳記』にあるような、稗ではなく、短日の内に生産可能である、そば・菜・大根などを緊急に蒔き付けさせた。ついで、極難貧窮者に対する手当を行った。

天保七年五月から七月の日記に現れた桜町陣屋の気象をまとめて表記する。

（空欄は、日記に記載なし）

	五月	六月	七月
一日		雨天	曇時々小雨、夜大雨
二		天気	終日雨降り、風少々吹き寒し
三		天気	曇時々雨、夜大雨
四	天気	雨天	朝曇、九つ時雷、終日雨、夜大雨、五つ時地震
五	晴	雨天	終日雨、八つ時雷、夜大雨
六		雨天	終日雨、夜少々晴
七		雨天	朝少し曇、五つ時より快晴、土用中より初めての天気
八		雨天	天気少々曇、暑し
九		雨天	曇時々晴
一〇	雨	天気夕方雷雨	天気時々曇
一一	雨		天気
一二	曇		天気、夜五つ時より大雨、終夜降る
一三	大雨、昼より天気	天気、野菊花咲く	天気、昨夜の雨にて川水増御門前へ流れ出申候
一四	曇	曇時々晴、寒し	天気
一五	天気昼より曇		天気
一六	雨	七つ時より晴、冷気	天気
一七	雨	曇、冷気	雨
一八		寒し、萩の花咲く	夜前より風雨荒
一九	雨	終日曇、寒し	夕雨
二〇		曇至て寒し	曇

二一		終日曇	小雨
二二		土用に入り、今日初めての天気	雨
二三		昼より天気、八つ時より夕立の模様	曇
二四		天気時々の曇	雨
二五	朝曇、昼より天気	終日快晴、五月五日の快晴の後初めての快晴	雨
二六	天気	七つ時より小雨	天気
二七		時々晴、夕方より大雨、夜に雷	雨
二八		時々晴、暑し	雨
二九		天気、至て暑し、夕方より雨降り	天気
三〇	雨天		曇、夕雨

金次郎にとって、飢饉は想定の範囲内のことであって、その対応は素早かった。単に窮民救済だけではなく、村落共同体として計画的貯穀の実施、冬田耕作、互助的貧窮者救済に取り組むなど積極的に飢饉に備え、かつ到来した飢饉に瞬時に対応したところに特色がある。

天保四年（一八三三）飢饉の第一波が到来した時、村内の互助が芽生えたが、七年の飢饉では、より積極的に困窮者を救うための互助が各村落で実践された。

金陣屋宛の報告書には、村内において、貧窮の老人を奉公人として世話をしている様子が記された。金次郎が求めていたことは、困窮人は村内で面倒を見るという互助であり、村内自治である。これは飢饉に限らず、通常から行われるべきであると金次郎は考え、桜町領民もその意向に沿った努力をしていたことがわかる。お上からの救済以前に、共同体としての助け合いが必要であり、それこそが村落全体の繁栄に結び付き、村内互助・自助に永続性・普遍性を保たてさせ得るものであると彼は考えた。

この凶作の中で、金次郎が示した治世観を確認したい。先にも指摘したが、為政者に求められるべき姿勢を、細川藩片岡宛の書簡で、醍醐天皇の故事を引用し、「寒夜にふるえる庶民をいたわる為政者の仁愛」こそが、治世のあるべき姿であり、為政者が困苦を民と共にするという姿勢は、民衆に対する何よりの思いやりになると説く。君が仁心を持ち、この姿を家臣が学び、さらに家臣が庶民に善政を施せば、人民が飢えるような虞《おそ》れはなくなり、国は安泰であると説いた。金次郎が「報徳訓」二八で示した「君臣民」の関係である。

金次郎は、君臣民の関係を「一円」の中に捉えた。民あってこその君であり、民の存在がなければ君の存在はもとよりないのである。これは沼と蓮の関係と同じであり、沼あってこそ蓮が生じるのである。家臣の存在は、この関係を仲立ちするものである。すなわち、家臣は君から得た「官位」と「禄米」によって、君の仁心を実現するような善政を施さねばならない。これを端的に示したのが桜町仕法での廻村に伴う「家柄取り直し」「窮民撫育」であった。

金次郎が書簡で、小田原藩士の横澤に、藩主が日々粥を食する姿勢を評価しているのもこのためである。しかし、金次郎の捉えた「君臣民」の関係は、「分度」論に顕著に示される「安民」あってこその「富国」となり、借財に苦しむ小田原藩にあっては、重臣との対立の引き金となった。さらには藩財政悪化に伴う、禄借り上げ策で減俸を強いられた藩士にも不満となった。その一方、抜本的財政改革をめざす勘定奉行鵜澤作右衛門や郡奉行・代官などの中間管理層には、桜町仕法への憧憬《しょうけい》が見られ、小田原仕法実施に向けた広範な支持となって表れた。

金次郎の思考の特色は現世の積極的評価である。すなわち、各人が自己の立場を知り、自己のなすべき道を知ることによって、この世を「寂光浄土」と認識することができ、それぞれの楽しみを享受できるとするものであった。

為政者のなすべき施策も、各人の生活に相応する道を講ずることにある。庶民が豊かな生活を過ごすことができれば、国は自然と豊かになる。そしてそのような政治を行うことこそが「国土安穏」の道であると説いた。

金次郎にあっては、「報徳訓」二八に示されたように、民があってこその君であり、それは「安民富国」論とも言えるものであった。

見てきたように、金次郎は天保の飢饉を通して、「報徳仕法」の効用を確信し、同時に、「報徳思想」にも揺るぎない自信をもった。金次郎は「仁」に対する認識を深め、「仁」の普遍化、つまり、村内における「推譲」の実行を通して、互助の認識を抱かせ、村内の「一円融合」を図ったわけである。一つの推譲が、次々に連鎖して、村内を覆い尽くす。まさに、金次郎の説く「一円仁」の世界の実現なのである。

「桜町仕法」成功の噂は関東各地に伝播《でんぱ》し、桜町陣屋の金次郎のもとには、仕法発業を求めて、大名・旗本の家臣、各村落の名主らが門前市をなすが如く集まることになった。

四節　小田原仕法

・小田原救援

天保の飢饉時、幕府や諸藩の対策が一時的な救済に過ぎなかったのに対し、民間の対応が広く展開されたのが天保期の特色であった。中でも二宮金次郎は「安民」こそが「富国」の基礎であると考え、領主側に対して仁政・分度の確立を求めた。農民に対しても、勤労・分に応じた生活（倹）・互助（譲）を求めた。金次郎は封建体制の変革こそ求めなかったものの、封建体制の枠内にあって、「互いに立つ所を知り」、「その身その身の在所を楽しむ」ことが「国土安穏の政事」につながると考えた。

報徳思想の形成史を見ると、最初の思想的営為は「本家仕法」に見られる「孝」の意識である。自家復興を通して「勤労・倹約・推譲」を認識し、「服部家仕法」において「分度」を視野に入れ、「桜町仕法」において「一円」意識に辿り着き、「天道・人道」観を確立した。これらの思想形成の流れを背景に行われたのが小田原仕法である。

小田原仕法において、金次郎は「富国安民」の方策をめぐって藩首脳と対立を余儀なくされた。この藩首脳との対立は、立脚点をめぐるものであった。金次郎は「安民」こそが「富国」につながると主張し、小田原藩に「分度」の設定を求めた。これに対し、藩首脳は、財政の立て直しと武士階級の俸禄の確保のためには、税制におけるフリーハンドな立場を維持したいとし、金次郎の要求する「分度」の設定を拒絶した。

小田原仕法の中心となった金次郎は当時、下野国桜町領の復興に当たっていた。この頃、桜町仕法は完成期を迎えており、飢饉の中でも他領に救済の手をさしのべる程のゆとりがあった。

金次郎は、天保五年（一八三四）に主著である『三才報徳金毛録』を著し、独自の思想体系をほぼ完成させていた。そのような背景の中で、小田原藩主大久保忠真から、小田原領救済の依頼を受けた。

金次郎と小田原藩との仲介者的役割を果たしたのは、小田原藩勘定奉行鵜澤作右衛門であった。天保六年四月、鵜澤作右衛門は金次郎宛書簡で、小田原藩の桜町仕法に対する評価を伝えた。鵜澤の書簡の趣旨は二点であった。一点目は、小田原藩では報徳仕法を「野州論」と揶揄《やゆ》し、反対の意見が強いが、仕法の実績が理解されれば小田原藩での発業も遠いことではないと希望的観測が語られたことである。二点目は、藩主忠真が金次郎を「一通りならざる人物」と高く評価していることである。

同年六月、鵜澤は藩主に桜町仕法の概要を説明した「上書」を提出した。この「上書」では桜町仕法を「村方小前の者共まで、一同気配至って宜敷、相互に畔を譲り合い候」と人心の高揚ぶりを評価しているが、公式に小田原仕法の発業を求めてはいなかった。

翌天保七年三月、鵜澤は「上書」で報徳仕法導入を進言した。鵜澤は「報徳金貸付の道」を金次郎に依頼すべきであると献言した。さらに、「追々天災相続き、御難渋相かさみ候は、的然の由」と、迫り来る飢饉に伴う財政悪化を警告した上で、藩財政の基盤は「御百姓富」にあると、金次郎の主張である「安民富国」論を展開した。これがきっかけとなり、小田原藩は報徳仕法導入の是非を検討することになった。

金次郎が小田原藩に求めたことは、「分度」の設定と窮民に対する「報徳金貸付」であった。しかし六月、鵜澤に「報徳貸付の方も見合せ候様仰せ下され」と時期尚早であるとの見解が示された。この段階では、藩論が仕法に好意的ではなかった。

しかし、金次郎は簡単にはあきらめなかった。「分度」による桜町仕法の成果は顕著であり、「報徳金貸付」による貧民救済も着実に進み、仕法の成果を確信していた金次郎は、藩主側近の横澤雄蔵宛書簡に「畳の上の論と、正業とは、天地雲泥の相違これあり候」と記した。

こうして仕法反対派は、金次郎の「分度論」「人道論」を「野州理屈」と揶揄し、逆に、金次郎は仕法反対派の主張を「畳の上の論」と批判するという対立が生じていた。「野州理屈」とは、分度の設定によって課税を制限し、余剰を荒地開発に投資することによって、米穀生産量の増大を図り、民を豊かにすれば、結果的に藩の収納も増加するというものであった。一方、「畳の上の論」とは、藩の財政再建が先であり、藩が豊かになれば課税を押さえることができ、結果的に民は豊かになるとするものであった。「安民」が先か、「富国」が先かをめぐる対立でもあった。

天保七年には、深刻な飢饉を迎えるわけであるが、金次郎も愛読書『大和俗訓』からの知識と桜町陣屋の野菊・萩が時期はずれに開花したことによって飢饉到来を確信し、防災対策を採った。飢饉の到来が小田原緊急仕法につながるわけであるが、金次郎は民の永安策を図るためには藩の「分度」設定は必須の課題と考えていた。

及び見候ところ、小田原相談名物にて、とてもこれまでの振れ合いにて、当年中にも千万おぼつかなく存じ奉り候」と悲観的に伝えた。

小田原藩重臣は、金次郎の求める「分度」「人道論」を野州理屈と揶揄し、「上に薄く下に厚い」改革と理解し、容易に承認しなかった。一方、江戸詰めの家老早川茂右衛門・服部十郎兵衛や藩主側近の横澤雄蔵・小田原在の郡奉行などには抜本的な改革を求める金次郎支持派も多く、協議は難航を極めた。

天保七年秋になると、飢饉の様相は明白となり、小田原藩も対策を講じざるを得なくなった。病床の藩主は老中首座の立場から江戸にあって動きがとれず、藩主側近は藩領救援に向けて、藩の方針の決定に向けて動いた。最初の動きは、報徳仕法発業に向けて、反対の急先鋒であった在地の重役の説得であった。

江戸の側近らは藩主の意向もあってか、報徳仕法を好意的に捉えていた。飢饉の様相が顕著となった秋に、側近の横澤は金次郎に再三出府（江戸への出張）を要請した。この背景には、藩主の報徳仕法発業を許可する意向があった。藩主忠真は仕法導入の決定が延引していることに関し「ここまで評議も決し申さず、延引に相成り候は、全く御上屋敷舗御役人とも、誠意のかからざる故之義」「何故等閑《とうかん》置き候」と重臣・側近を叱責した。

藩主の叱責を受け、横澤は自ら小田原に出向き藩主の意向を在地重臣に伝えた。一方、金次郎には一一月二日に「貴所様江戸表へ御呼出しこれある積りにこれあり候」と、近々に江戸藩邸への出頭要請があることを通知した。この横澤の慌《あわ》ただしい小田原行きを見ても、江戸表の藩主の意向と在小田原の重臣の間に報徳仕法導入をめぐる懸隔《けんかく》が生じていることが理解できる。

金次郎は、横澤の通知を受けても小田原藩の「分度」に関する方針が明確に示されないことに納得をしていなかった。報徳仕法導入をめぐる横澤の努力を評価するものの、「分度」の設定が決まらないことにいらだちを示した。

一一月二六日、横澤は藩主からの出頭命令を金次郎に伝えた。この書簡には「小田原表へ御用往きも仰せ付けられ候御含み」と、小田原仕法発業が前提であるとの内意が示された。それでも金次郎は要請に応じなかった。

一方、小田原仕法発業の旨を連絡した以上、すぐにも要請に応じるものとばかり思っていた横澤にとって、金次郎の態度は量りかねるものがあった。そこで一二月一三日、急飛脚で金次郎に書簡を送り、藩主が「御待かねの御様子」であり、家老早川茂右衛門からは「日々如何かな」と尋ねられ返答に困っている旨を金次郎に伝え、飛脚と同道して早々に江戸への出頭をするように求めた。同様の書簡は他の側近からももたらされた。それによると、在地重役は仕法導入を決断しかねているが、金次郎が出頭さえすれば藩主の前向きの意向もあることであるから、金次郎の求める「分度」を前提とした仕法発業につながるものと理解していた。

再三の催促にも応じない金次郎に対して、横澤は病床の藩主の意向を示し「御上にも御いそぎ成され候御様子に相聞き申し候、ぜひ共この度は御出頭これなきては相成り申さず」と江戸出張を迫った。遂に横澤は、藩主の命を強調し、命に背くは「相成り申さず」と伝えた。ほぼ最後の手段であった。

金次郎も、藩主の病状悪化と懇請を聞かされ、命に服さざるを得なかった。翌日には江戸に向かって旅立った。しかし、ここに混乱を招く原因があった。すなわち、金次郎が出頭に応じたのは、病床の藩主の要請を黙《もだ》しがたかったからであり、「分度」を放棄したわけではなかった。

翌天保八年一月、金次郎支持派の筆頭である早川茂右衛門宅で協議が行われた。会議の席上、金次郎は「小田原仕法」に向けての指針を示した。金次郎が主張したのは八点（桜町に関することは除外するので七点）であった。長文であるので、論点を要約して記す。

一、まず貧窮者に施すこと（施米と報徳金貸与）から仕法を始めること。
一、報徳金の活用と、桜町仕法の余剰米一〇〇〇俵を仕法に利用すること。
一、税の減免・分度の設定を行うこと。
一、荒地開発・検見《けみ》での荒地除外を行い、民の教化を図ること。
一、村方の自覚を優先し、決意を示した村から仕法を行うこと。
一、藩士に、風儀風俗・質素節倹・勧善懲悪を自覚させること。
一、仕法の担当役人を任命すること。

金次郎が、早川茂右衛門らに示した方策は、何よりも窮民への米金の施しをなすべしとした点である。その上で、桜町仕法までに生じた「報徳金」、桜町仕法での剰余米千俵を原資として、窮民に貸し付け、緊急事態に対処しようとするものであった。なおかつ「手心専ら」、つまり小田原藩に対して「分度」を求めたことである。施米や報徳金貸付だけでは、疲弊にあえぐ農民の永続的救済策にはなり得ないと考えたからである。

この要求に対し、藩重臣は協議を重ねた。藩主の病は膏肓《こうこう》に入り（重病に陥ること）、重臣も早急の決断を迫られた。

二月七日、藩領の深刻な飢饉の状況から、重臣も金次郎の主張を一部了承せざるを得なかったのである。「分度の設定」こそ認めなかったものの、金次郎に藩主のお手元金一〇〇〇両を下賜し、桜町仕法の善種金をも用いた「報徳金貸付」を承認した。この妥協が後に深刻な状況をもたらすことになった。さらに、仕法の種金として、金次郎が積み立てた桜町の仕法金二九五四両の活用を許可した。しかし桜町の「分度」外一〇〇〇俵の活用は「いずれも根に拘り候筋」と、本来の目的である宇津氏再建の目的から外れるとして許可しなかった。

こうして金次郎が求めた「分度を含めた要求」は棚上げされ、窮民救済策のみが許可された。これによって小田原評定は継続されることになった。永安策をめざす金次郎と、緊急避難に近い解決を模索する重臣との差異は顕著であった。

忠真は、金次郎に目通りを許す手はずにしていたが、病状が好転せず、目通りは後日改めてとし、金次郎に「勝手次第小田原表へ出立致すべし」と伝えた。これを受けて、金次郎は二月一一日勘定奉行鵜澤作右衛門と同道して小田原に向かった。

しかるに、辻七郎左衛門・吉野図書ら、江戸在住の重臣は藩主忠真の大病のため帰国せず、小田原表での対応は極めて遅く、冷たいものであった。金次郎が窮民救助のために蔵米の放出を求めたところ、江戸からの指示がないとして容易に決せず、重臣は、如何に対応すべきかを鵜澤作右衛門に見解を求めた。重臣会議に参加できない金次郎は、この対応を鵜澤から聞かされ、さすがに業を煮やし「各御承知の通り、直ちに飢渇に及び民命を失い候急難の儀に付、大小上下賢愚の差別なく、御役々御一統、昼食弁当無用にて、昼夜御詰切、飢民とともに御苦しみ成さられ候わば、その御誠意天地に貫き直ちに相決し申すべきや」と憤りを鵜澤に伝えた。鵜澤から金次郎の意思を伝え聞いた藩重臣はようやく重い腰を上げて、翌日、一〇〇〇俵の蔵米を放出し、金次郎に引き渡した。

金次郎は、蔵米一〇〇〇俵のほか、自身の扶持米、城下からの推譲米・購入米を窮民撫育の土台として確保した。米の購入は、飢饉の影響の少なかった酒匂川下流域の村落を中心になされた。この購入時、積極的に協力したのが、栢山村の二宮一族であった。

同様に、金次郎は報徳貸付金の確保を図った。藩主のお手元金一〇〇〇両、桜町仕法の余剰金二〇〇〇両余に加え、城下の富商や、富裕な名主層を中心に各村落から多くの報徳仕法加入金が寄せられ、総額は三七〇〇両余に上った。

飢饉を受けて、米相場は高騰し、小田原で二斗四升〜五升（一〇両で約六俵余）、野州久下田《くげた》では二斗四升にもなり、通常に比し約四〜五倍の価格にはね上がっていた。栢山時代から、金次郎は米相場に強い関心をもっており、各地からの情報を集めて、可能な限り安価な米を購入しようとしていた。

金次郎は、窮民撫育に向けた方針を明らかにした。彼の思いは、今回の救済が当面の救急仕法に終わらず、農民の日常生活の安寧や自助・互助をめざした新たな村落共同体づくりを図ることにあった。金次郎の意図は、農民の間にも広く知られるようになっており、「村々致友救者共名前調」には、一七八両の寄付者名のほかに、「村内の富裕な者が、窮迫者を救済する」という村内互助が行われている様子が記された。

金次郎は、当座の救済策としての窮民撫育（食糧の貸付）を行い、報徳金貸付によって高利の借財を返済させ、所有地に依拠した生活を取り戻させようとした。さらに、永安策として「銘々その所を得さしめ、日々の農民の生活に張りをもたせようとした。

金次郎がめざした永安仕法と、藩重臣が考えた緊急仕法とでは大きな隔たりがあり、以後、小田原仕法は曲折を辿ることになる。

金次郎は米金の確保を行った後、三月三日に箱根山中に入り、飢饉による民衆の困窮ぶりをつぶさに観察した。箱根一〇ヶ村の様子を「箱根山中温水渡世の者もこれあり、土地柄冷気雨天勝ちにて、霧深く、違作別して甚だしく、殊に入湯旅人もこれなし」と記した。この道筋には「箱根七湯」が知られ、温泉宿に関係する従事者が多く、不作で窮するのではなく、不作故に湯治客が来ないという二次被害に見舞われていたのである。

箱根視察中に各村落の貧窮の深刻ぶりを観じた金次郎は当座の食糧を貸し付けた後、仙石原村から長尾峠を越えて御厨《みくりや》表の視察を行った。駿東郡の村々の実情を「何れも人命に拘り候急難の儀」と判断し、七八ヶ村の代表を集め、各村落の窮迫の度合いを農民に判断させた。代表者に対して、極難村の入札を行わせ、入札数の多い村から視察を行うことにしたのである。農民の不公平感を避けるには有効な方法であったろう。

金次郎はこの順序に従って視察を行い、各家の貧窮の度合いに応じて、「無難」「中難」「極難」に分類し、「中難」「極難」の者を対象として米の貸付を行った。

この時の調査によると、総軒数二三三一軒のうち、「無難」八八四軒、「中難」八九二軒、「極難」五五五軒であった。この時の米金の貸付は、麦作ができるまでの約五〇日間の食糧確保のためであった。「中難」の者に一日米一合、「極難」の者には一日米二合を貸し付けた。この報徳金貸付総額は約二〇〇〇両であった。貸付が間に合わないほど窮迫の度合いが著しい者には、緊急に一分・三朱・二朱・一朱と事情に応じて施与を行った。この金額は約一〇〇両に上った。

金次郎は従来からの方針に従い、緊急の場合を除いて、困窮者に対して施与ではなく、貸付の方針を採った。その上で、村内の富裕な者が貧窮者の面倒を見るという、村内互助を求めたのである。村内互助、自助を奨励するために奇特者への表彰、相互扶助を行った村への表彰も実施した。金次郎はあくまで村内のことは村内で解決するという村内自治をめざしていた。各村落には、自村内の困窮者に対する相互扶助を求め、村落の経済的自立を促した。

天保八年四月三日付、足柄上郡竹松村弥平悴亀五郎宛の表彰の記録には、親孝行に励みながらも農業に出精する若者を表彰したことが記された。この表彰も褒賞が新鍬一枚という微々たるものではあっても、受賞者の喜びは計り知れないほど大きいことを金次郎は体験的に理解していた。

いずれの仕法にあっても、廻村に基づいて出精者・奇特者を表彰している。村民の意欲の向上を図ることによって、生産増大をめざしていた。

さらに、金次郎は御殿場村の相互扶助を「相互に助合、貧富一致の勢力を尽くし」たと讃えた上で、さらなる村民一致の覚悟を求め、勤倹の実施、弱者に対する救済を図るように促した。そして、相互扶助・村内一致が実施できている村から優先的に報徳金貸付を行った。金次郎の認識は、藩領支配体制から一歩踏み出した試みであると考える必要があろう。また、村落の主体性の確保をめざしていたとも捉えることができる。彼は幕藩体制の転換こそ求めなかったものの、実質的には農村の経済的自治を求めていたと言えるのではないだろうか。これを下程は「換骨奪胎《かんこつだったい》」と指摘する。

天保八年三月、御殿場村百姓代伊右衛門の金次郎宛書簡によると、御殿場村では、金次郎の意図する「報徳仕法」の根幹を理解し、村内で合議した上で、貧窮者への貸付を行っていた。御殿場村の取り組みは、貧窮者に対して米を施与するのではなく、貸付をしていたところに、金次郎の仕法に対する思いが御殿場村村民に理解されるまでに至っていたことがわかる。

金次郎は御手元金一〇〇〇両の全額を三〇七ヶ村に実情に応じた配分をした。天保七年一二月に行われた小田原藩の窮民撫育が、米一三九俵余と四両余という少額であったのに対し、金次郎の窮民救済がいかに手厚く行われ、村落の窮乏の実情に応じてなされていたかが理解できる。

金次郎が御手元金を三〇七ヶ村に分配していた記録の一部を記す。この記録は足柄上郡西山家組合九ヶ村に対する配分のみを記載する。

皆瀬川村　五両二分	都夫良野村　一両二分一朱	湯触村　一両一分一朱
川西村　五両三分三朱	山市場村　一両三朱	神縄村　二両一分三朱
世附村　三両三朱	中川村　三両二分三朱	玄倉村　一両二分三朱

このように少額ずつではあるが、金次郎は御手元金を三〇七ヶ村に配布した。これによって、窮迫に陥った八八九〇軒と四万〇三九〇人が救済された。

金次郎は飢饉の応急処置が終わると四月二五日には桜町に戻った。二ヶ月余で、小田原藩の緊急仕法は終わった。金次郎が小田原藩の永安仕法に取り組むことなく、桜町に帰陣した理由は、桜町仕法引き継ぎのためとか、小田原藩の「分度」設定を待つためなどの諸説が提示されるが、金次郎の文献には明確な記述が現れない。藩主大久保忠真が三月九日逝去《せいきょ》し、後ろ盾を失った金次郎は新藩主からの仕法発業に向けた要請を受けるまでは動けなかったのであろう。

・小田原仕法

幕末における各藩の財政逼迫《ひっぱく》は小田原藩とても例外ではなかった。その渦中に起こった天保の飢饉は藩財政を一層悪化させた。領民の困窮は容易ならざるものがあった。金次郎は小田原救急仕法において、緊急の食糧貸与をなすとともに永安の復興策を模索した。

金次郎の主張は、藩の「分度」なくして「富国安民」はないとするものであった。領主による収奪を「分度」によって抑え、その剰余を荒地の開発に投資し、生産量を拡大し、民の暮らしを豊かにしようとしたのである。

ここで小田原仕法の特色を明らかにしておきたい。

一つには農村復興と藩財政再建、いずれを優先するかという問題に直面したことである。金次郎は「民を安んずる」ことを優先した。しかし日々の暮らしに窮する藩士と、財政再建を図りたい重臣は、「報徳仕法は農民を利するのみ」と抵抗を示した。

多少構図は異なるが、似たような主張は岡山藩主の池田光政（一六〇九〜一六八二）による改革と、それに批判的な藩士の対立にも見られた。「池田光政日記」によれば、この時の藩士の主張は「百姓計りを大切に仕、士共をば有るなしに候」とするものであった。

やがて報徳仕法欣求《ごんぐ》の声は藩領の農村一帯に広がり、藩の秩序を揺るがしかねない様相を呈した。一方、武士階級においても、「分度」による財政再建、報徳金貸与による家政再建をめざす動きが勘定方や直に農民と接する郡奉行などに広がり、藩首脳はその扱いに苦慮することになった。

二つには一村式仕法が広く展開されたことである。烏山仕法・谷田部茂木仕法では曲がりなりにも藩の「分度」を設定した上での仕法であった。しかし小田原藩では反対派の抵抗を受け、「分度」は設定されなかった。やむを得ず、金次郎は藩挙げての財政再建を断念し、鴨宮三新田・曽比・竹松・藤曲村など、村落ごとに仕法を展開した。特に鴨宮三新田仕法は模範とされ、鴨宮三新田仕法書が広く回覧され、多くの仕法欣求者が鴨宮三新田を訪れることになった。

三つには藩士・農民を問わず、報徳金貸与によって広範に個々の家政再建仕法が展開されたことである。

老中首座たる小田原藩主大久保忠真をしても、在地重臣の反対でなかなか実施できなかった小田原藩内での報徳仕法が、天保の飢饉という災いによって思わぬ形で実現の運びとなった。「御領内に報徳金貸付の道存分に取り計らい、往々御安堵の道を生じ候様」との藩主の命を受け、金次郎は応急の飢饉対策を三〇七ヶ村に行った。

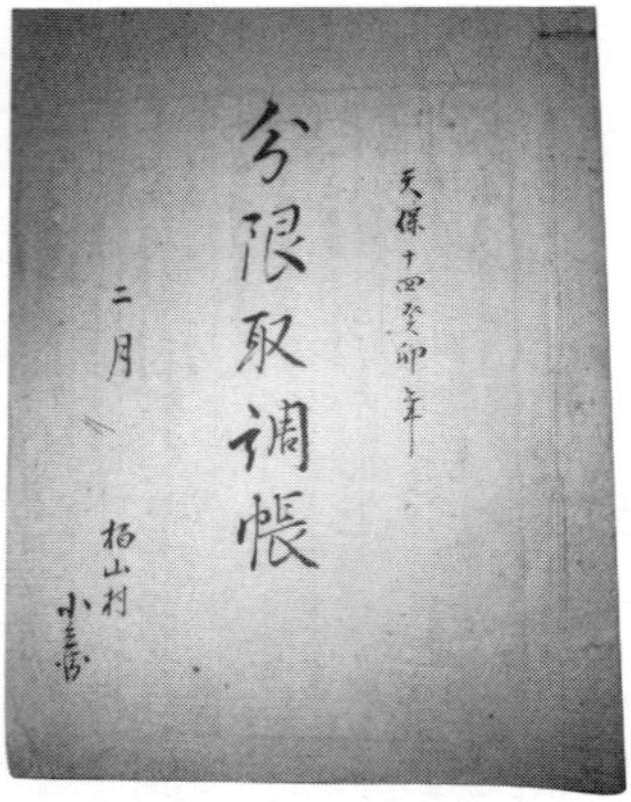

図 11　栢山村の「分限取調帳」（著者所蔵）

しかし、三月九日に藩主忠真が逝去し、その後、金次郎支持派の家老吉野図書・早川茂右衛門が死去し、重臣三弊又左衛門も失脚し、金次郎の立場はますます微妙なものとなった。

藩主忠真急逝の後、小田原藩は八歳の幼君仙丸（忠真の孫）が襲封し、新体制を確立した。それでも「分度」に関する藩の方針は容易に決せず、金次郎は藩の方針決定を待たざるを得なかったのである。

九月には、小田原藩士から金次郎のもとに役職就任の報告が相次いだ。報徳仕法支持派の男澤茂太夫・鵜澤丈助・松井恭助が代官に就任した旨、書簡で知らせてきた。やがて、代官・郡奉行らは小田原仕法を支える柱石となり、荒地復興・村柄取直・借財返済・窮民撫育に寄与することになる。

九月二三日に新小田原藩主忠愨《ただなお》（一八二九〜一八五九）から金次郎のもとに、「存分に執り計らい往々御安堵の道を生じ候様」と小田原仕法着手を命じる通知が届いた。

しかし、金次郎は桜町仕法の残務整理に没頭せざるを得ず、直ちに小田原に向かうことはできなかった。一六年の歳月をかけて行ってきた桜町領復興事業が目標通りの成果を上げ、領主宇津氏に引き渡す作業が残っていた。その上、金次郎が求める「分度」に関する方針が明らかではなかった。金次郎は、「分度」設定を待つ必要があったわけである。

金次郎は当面の課題である桜町領引き渡しに関し、領主宇津氏・小田原藩との折衝を経て、一二月一三日桜町領を宇津氏に返還した。足かけ一六年にわたる桜町仕法は成功裡に終了し、発業時の二倍にあたる二〇〇〇俵の収納米を確保するまでに至った。

当面の仕法を整理し、金次郎は一二月二四日には小田原に向かって旅立ち、翌年の正月元旦には小田原に着き、報徳仕法に着手した。

小田原藩は松下良左衛門を仕法実務の中心に据え、取扱として鵜澤作右衛門・川添勘助・二宮金次郎、書役として豊田正作を任命した。仕法に必要な資金は故忠真のお手元金・仕法金等三七〇〇両余、桜町領からの冥加米等一五六九俵と、藩士・町方からの推譲金六七両三分一朱（一月の当初分）を基盤として仕法が展開された。

金次郎は直ちに報徳金貸付を開始した。しかし小田原藩は「分度」の設定を承認しなかったために、仕法の中心を村落単位ごとの一村式仕法と個人の家政改革をめざした仕法に置かざるを得なかった。

まず、小田原仕法の大きな特色である一村式仕法の経緯を検証する。小田原領最初の仕法村となった鴨宮三新田（現小田原市）の仕法書は、藤曲村（現静岡県小山町）仕法など各地の仕法に引用され、永安仕法として知られる「日光仕法雛形」にも活用された。

後年、遠江の岡田佐平治がこの仕法書を遠江報徳社の仕法に応用し、全国に広がる範となった。

鴨宮三新田とは、小田原藩領足柄下郡上新田・中新田・下新田の三集落である。戸数は三新田合わせて四四戸（二戸は潰れ、実数は四二戸）、高四七八石余、反別四八町八反七畝余の小村であった。

金次郎は、まず鴨宮三新田村の保有地所・経済状況・人口構成などをつぶさに調査させた。その上で、報徳善種金三五〇両余を一〇ヶ年賦で貸与し、高利の借財を返済させ、荒地復興・家柄取直に投資させた。

同時に、村民に「日掛縄索」による収益を諭し、借財返済に向けての村民一致の努力を促した。青木村仕法でも農民の自覚の度合いを試すために萱刈を指示したが、鴨宮三新田仕法では一軒につき、一日一縄を綯《な》わせた。

村民の意思が「村柄取直したき志願」にあるのか、「極難当座凌ぎ」にあるのかをはかりかねたため、鴨宮三新田の総意を確認するためとして、縄綯いという単純作業をさせた。もちろん金次郎が鴨宮三新田の農民に求めたことは自助である。その自助への意識があってこそ永続的な村柄復興が可能になると考えた。そこで農民に縄を綯わせ、その縄を売却させた。自らの勤労で財を生ませ、倹約によって財を貯えさせようとしたのである。

また、村民の投票によって選出された出精者の表彰を行い、村民の自活意識を向上させようともした。御上からの救済をあてにするのではなく、村民に自らの努力によって窮状の打開を図らせようとしたのである。
天保九年二月、「暮方取直日掛縄索手段帳」の冒頭に、努力が好結果を招くのは必然であることを示し、それを道歌に託した。

米まけば、こめ草はえて、こめのはな、咲きつつこめの、みのる世の中

米の種を蒔けば、米の草が生え、米が実るのは理の当然であって、人の努力は必ず成果につながることを示した。

金次郎が鴨宮三新田の村民に求めたことは、個人としての努力のみではなく、村一致の協力体制の創出である。一人一房の縄を綯えば、村全体で一日に戸数分にあたる四二房になる。一ヶ月続ければ一二六〇房、一年では一万五一二〇房となり、一房五文として一一両三分二朱余（両六六〇〇文替）、一軒につき一日五房の縄を綯えば、村全体では一年間で五九両二分二朱の収入になることを示した。借財返済も日々の個人の勤労と村方一致の心得で達成できることを諭したわけである。

その後、「暮方取直日掛縄索手段帳」は、各地の仕法における自助の雛形となった。これは金次郎が唱える借財の自力返済に向けた手段の一つであった。

金次郎は上に立つ者が範たるべきことをあらゆる機会で力説した。桜町仕法・谷田部茂木仕法でも、領主に自らの倹約を要求した。醍醐天皇などの故事を引いて、上に立つ者が範を示すことこそが治世の基本であると説いている。

村全体の仕法と並んで個人の借財返済・家政再建に対して、基本姿勢と具体的手段を示した。彼によ

る家政再建の仕法は、武士・農民の身分にかかわらず広く展開されたことに特色がある。近世後期、貨幣経済の浸透による商品の氾濫は奢侈な生活をもたらし、身分にかかわりなく借財を増加させたからである。

まず天保九年（一八三八）三月、中新田の栄左衛門に対して行われた仕法である。栄左衛門の借財は二九一両一分にも及んだ。そこで、箱根塔ノ沢の宿舎に金次郎を訪ね、報徳金を拝借して借財返済をなしたいと願い出た。

すると金次郎は、多額の借財に至ったのはそれなりの原因があるはずと指摘し、まず、それに対する反省を求めた。さらに「多分の借財、その中には不正の廉もこれあるまじき物にはこれなきや」と具体的な原因を栄左衛門の心中に迫った。窮した栄左衛門に、家政改革の意志があるのなら、「分度」を守り、農業に出精すべきであると諭した。

金次郎は栄左衛門の報徳金貸与の要請をその場では断り、まず自力で借財の返済をなすべきであると諭した。その上で、栄左衛門に解決の糸口を提示した。一家一致の反省を条件に報徳金で質地を請け戻すことを約束した。

この指導に対し、栄左衛門は「一々心根に徹し」と反省を示し、直ちに金主と掛け合い、借財すべてを返済した。栄左衛門の決意は親族を動かし、親族は「一家復興まで助成」することを誓約した。栄左衛門は残された田地（九反余）でつつましい生活をし、驕奢《きょうしゃ》な生活の遺物とも思える衣服を二五両で売却し、これを報徳加入金として差し出した。

翌一〇年正月、金次郎は栄左衛門に報徳善種金一二〇両を七ヶ年賦で貸与し、田畑九反余を受け戻させ、貸与した報徳金を作徳米で償還させることで解決を図った。

鴨宮三新田村への報徳善種金貸付は周囲の村落に大きな影響を与え、報徳善種金貸付を望む広範な声がわき起こった。

一方、武士階級の困窮も深刻であった。石高とは無関係に借財が膨らんだ。下級武士であった矢野筈右衛門の「家政取直相続手段帳」に記された仕法である。矢野は七石三人扶持、江戸報徳方の実直な藩士であった。矢野は天保三年、生活苦から二〇両の負債を抱えることになり、報徳金の借用を申し出た。これに対して、金次郎は無利息金二〇両を一三か年賦で貸与した。年一両ずつと頼母子講の手取金七両が返済に充てられた。金次郎は、矢野に対する仕法書の中で、借財が重なった上、現状は飯米のみの給付に過ぎないのであるから、一層の倹約はもちろん、竹皮笠の内職を奨め、それによって日々の収入の確保を図るべきことを説いた。

このほかにも多くの藩士の家政取直仕法に関与した。禄高四〇石の大勘定奉行鵜澤作右衛門の借財は一一三二両にも達するものであった。特に金次郎と親交の深かった鵜澤の多額の借財は、石高に比し深刻なものであった。大勘定奉行という職務柄の事情もあったのであろうが、多額の借財処理に金次郎も頭を痛めた。これらの借財返済は、主として報徳金をもってなされた。

天保九年九月に金次郎は、鵜澤作右衛門を通して、再び「分度」の設定を要請したが、小田原藩は相変わらず評定を繰り返すのみであった。やむなく金次郎は二六日桜町に引き返した。金次郎は、この時の心境を、烏山藩家老米田右膳宛の書簡に「元来民を治めるの政事は、蔭と象の如し、上明らかなるときは下暗き事なし」と記した。この書簡には、藩の「分度」が定まれば、「民の生活が安定する」という金次郎の思いを見ることができる。

当時烏山藩は「分度」を設定し、挙藩一致の改革に取り組んでいた。藩領には士農工商を越えた協力関係が見られ、藩士が農民の開墾の手助けをするといった勤労の推譲が行われていた。金次郎は、このような烏山藩の協働の情勢を理想と捉えていた。つまり日頃から唱えていた「一円融合」の世界を烏山仕法に見たわけである。

金次郎が求めたことは、身分・貧富の枠を越えた「一円融合」界の実現にあったわけであるが、喫緊の課題として、貧窮に苦しむ農民に目標を与え、向上心をもたせることがあった。そのためには、藩に「分度」を認めさせ、農民の貢納額を一定に定めれば、農民は荒地開墾や農作業出精によって、増収分を自己のものとすることができる。その増収分を荒地開墾や新田開発に再投資することによって、収穫はさらに増加する。農民が豊かになり、耕地が増加すれば、結果として藩の収入の増加にもつながる。この手法は桜町仕法で試され、十分な成果を上げることになった。金次郎が米田右膳に語ったのは、桜町仕法の自信からくるものであり、「分度」の定まらぬ小田原仕法の前途を憂えてのものとも言える。

報徳仕法の実績は各地に喧伝《けんでん》された。桜町の金次郎のもとには、小田原藩領を手始めに各地の村落から「報徳仕法」発業を望む広範な訴えが届いた。

一方、小田原藩では、藩領の村落や勘定方・郡奉行ら実務派からの「分度」を前提とした本格的報徳仕法発業を望む声に応えざるを得なくなった。そこで、天保九年一二月一七日に「報徳方」と名付ける役所を設置し、これを郡奉行の配下に置き、鵜澤作右衛門・入江万五郎・山崎金五右衛門等を担当者として配置することにした。

「報徳方」を設置することは、天保八年に金次郎が家老早川茂右衛門に示した小田原仕法の指針に基づいたものであり、仕法推進派を納得させるものであった。

しかし「報徳方」を郡奉行の配下に置くということは、金次郎支持派の独走を許さず、藩の支配体制を揺るぎないものにすることでもあった。したがって、この政策は報徳仕法推進派を懐柔する一策であると同時に、小田原藩における報徳仕法の位置づけを定義するものであった。この小田原藩の方針はその後も継続されることになり、対立の火種はくすぶり続けることになった。

報徳仕法支持派には、「報徳方」の設置は将来に展望を開くものと映った。それを示すのが、天保九年一二月の鵜澤の金次郎宛書簡である。鵜澤は「報徳方」の設置を「時節到来」、「一時に相開け」て「大望成就」とするが、藩重臣には吉野図書（死去）・早川茂右衛門（死去）・三瓶又左衛門（失脚）らの金次郎支持派は既になく、「報徳方」の郡奉行・代官は金次郎支持派が多数を占めていたものの、家老は必ずしも金次郎支持派とは言えない辻七郎左衛門が統轄する、頭と手足の意志の異なる状況となっていた。このような状況を熟知する金次郎は、鵜澤の「時節到来」との楽観的評価に危惧を抱いた。

金次郎は、報徳仕法支持派の再三の要請にもかかわらず、仕法発業に応じなかった。しかし、いくら待っても事態は好転しなかった。遂に「分度」を設定しない小田原藩の方針に業を煮やし、「分度」を伴った抜本的財政改革を断念し、村落ごとに仕法を行う一村式仕法を曽比村・竹松村・藤曲村・竈《かまど》新田など広範に展開せざるを得なくなった。

金次郎の主張である「藩の分度確立が先である」ことからすれば意に反するわけであるが、窮境にある藩領の村々の「報徳仕法」発業を望む広範な声に応じざるを得なかったのである。

天保一〇年一二月、金次郎は豊田正作・菅谷《すげのや》八郎右衛門（元烏山藩家老、当時は隠居の身）・吉田半治とともに桜町を発ち小田原に向かった。翌一一年、金次郎は従前から仕法発業を願い出ていた足柄上郡の曽比村・竹松村の仕法に着手した。曽比村・竹松村仕法は、鴨宮三新田仕法の発展であり、一村式仕法として体系化されるきっかけとなった。

やがて両村の仕法の好成績は、小田原藩領の村落に多大な影響を与え、御厨《みくりや》地方の藤曲村・竈新田などの仕法や川東地区（東筋三三ヶ村）仕法につながった。また、金次郎も曽比村の仕法を小田原藩領での一村式仕法の雛形と捉えていた。曽比村仕法の牽引車となった廣吉は、隣村である竹松村の幸内とともに金次郎の意図を理解し、一村式仕法の発展に寄与することになった。

まず、この両村の仕法を理解するためには地域的特性を認識しておかなければならない。両村とも冷水堀の掘削が有名であるが、これは酒匂川右岸が抱える、箱根外輪山からもたらされる大量の伏流水の問題があったからである。この伏流水は地下水位を上昇させ、二毛作が不可能な湿田を生じさせた。これを鋭く見抜いたのが金次郎で、彼の指導のもとに、報徳堀と称せられるまでの大規模な排水堰が構築された。

この掘削によって、冷水が処理され、湿田は乾田と化し、米麦の二毛作が可能となった。今となっては、地下水の問題を現地に見ることはできないが、昭和三〇～四〇年代までは、豊富な地下水があって、これを求めて大型工場が進出し、名物であった噴泉を枯渇させることになった。よって近年では往時の噴泉を見ることはできないが、その名残は「富水《とみず》」・「清水」・「福泉《ふくせん》」といった地名に見られる。

一村式仕法の雛形として曽比村仕法の展開を検証する。曽比村は村高一〇二七石、戸数九六軒、人口四五〇人であったが、負債総額は六二四八両にも及んだ。曽比村の名主は自らの行状を「自身のみ栄華に暮し、一村の極難をも顧りみず罷り在り候次第」と反省し、救民のために財産を推譲した。その上で仕法発業を願い出たことが評価されて仕法が始まった。

図12　藤曲村の一円の碑（小山町 浅間神社）

金次郎は、曽比村仕法でも廻村から仕法を始めた。三月二三日の日記に「曽比村へ引移り申候」、「曽比村耕作出精人入札」との記録が記された。この表彰では一番札の善兵衛に賞美金一〇両と田一町五反歩を与え、当年の作取り（収穫分を自己のものとする権利）を認めた。この他一一人に田五町九反歩を与え、作取りを認めた。

曽比村仕法の顕著な特色の一つは、村内互助である。村役人をはじめとした高持百姓（本百姓）層が財産の一部・田畑を推譲し、小前層に作取りを認めたことである。

曽比村では、金次郎の主張でもある「一円融合」の理を悟り、村内一致の協力体制を構築した。貧富にかかわらず倹約を励行し、生活にゆとりのある者は財産を報徳金に推譲し、高持百姓は田畑を提供し、下層農民に作取りをさせた。貧富相和することによって、村内の一体感は日を追って高まっていき、村内の共同作業が幅広く展開されることになった。田普請・堰普請・大川堤（酒匂川堤防）普請・河除普請（川底掘削）には村中の老若男女が集まり、夜業には各戸で縄綯い・草鞋作りが行われた。

このような村民一致の姿勢こそ、金次郎が曽比村仕法を雛形と捉えた所以である。報徳方役人も、曽比村仕法の成果を「一村の老若男女、骨折を骨折と存ぜず相楽しみて働き候次第、実に感動致し候事に御座候」と報告している。

さらに、無利息金を貸与することによって高利の借財を返済させて生活の安定を図った。また耕作出精人を村民の入札によって表彰を行うことも農民の耕作意欲を向上させるものとなった。

曽比村では、仕法開始の翌々年には九六〇俵もの米の増収があった。これを仕法によるものと評価した。この評価は、単に増収をたたえるのではなく、村内で自助・互助の意識の高まりが成果につながったことに対してなされたものである。

一方、同時に始まった隣村の竹松村仕法では、農民意識のさらなる発展が見られた。それは村内互助から他村への推譲に意識が及んだことである。

このような傾向は東筋三三ヶ村の仕法において顕著に表れ、相馬仕法では常態化するようになった。竹松村仕法では「二宮氏自身も共に労し、人々を労わり万事差図行渡り候」と、金次郎自身による指導が行われた。さらに幅二間、長さ四〇〇間の新溝の掘削は僅かに二日間で完成した。この仕法の顕著な特色である助け普請が「総て三〇ヶ村程より参り働き候」と広範に展開された。

曽比・竹松両村の仕法は近隣の注目するところとなり、多くの賛同者が参集することになった。ほぼ同時期に御厨の竈新田（御殿場市）・藤曲村（小山町）での仕法が発業されたのをはじめ、川東地区（酒匂川東岸）の東筋三三ヶ村の仕法に発展していった。

・小田原仕法廃止を巡る攻防

日記・仕法書には、小田原仕法中廃の直接原因が記されることはなかった。しかし書簡には、断片的ではあるが「分度」をめぐる確執が記されている。よって書簡を中心に、小田原藩重臣と報徳仕法支持派との確執の推移を検証する。

天保九年一月、金次郎は小田原藩から仕法取扱に任じられ、報徳金貸付を行った。鴨宮三新田をはじめ、多くの村落から仕法発業の依頼を受け、報徳金を貸し付けた。しかし、金次郎にとって、「分度」を定めない改革は「ざるに水を入れる」がごときものであった。そこで仕法関係者に「分度」設定を重ねて要請した。これに対して小田原藩は依然として小田原相談を続け、結論を出し得ないでいた。

しかし、領民の報徳仕法への期待は高まっており、藩が決断しさえすれば小田原藩の改革は実現できる状況にあると金次郎は考えた。そこで鵜澤に「分度」設定を強く迫ったわけである。

金次郎の強硬な書簡が功を奏したかどうかは定かではないが、家老辻七郎左衛門以下重臣が協議を続け、遂に報徳方を設置し、鵜澤らを仕法担当者とすることを決定した。その上で、今後の仕法について協議するために、報徳方に任命された鵜澤作右衛門・山崎金五右衛門・入江万五郎を金次郎のもとに派遣した。

天保一〇年（一八三九）一月、桜町に至った報徳方の三人は、金次郎に対し、藩から許容された範囲内で仕法を行うべきではないかと、説得に当たった。しかし金次郎はあくまで「分度」の設定が仕法の前提であるとの立場を譲らなかった。三人の金次郎への説得は難航することになり、桜町滞在は長期に及んだ。

逆に三人は金次郎から教戒を受け、報徳への専念を誓った決心書を差し出すに至った。山崎金五右衛門の決心書には「凡人たるもの恩を知り、徳を報う事を勤行すべきの外これなき旨、御教諭成し下され（中略）右の趣き決心致し、生涯勤行仕りたし」と誓いの言葉が記された。

当時金次郎は、青木村・烏山藩・谷田部茂木藩などの仕法に取り組んでおり、小田原仕法が公式に発業されると仕法金の問題が生じざるを得なかった。そこで烏山藩などに、小田原仕法発業にあたっては仕法を辞退する旨内示していた。天保一〇年末、烏山仕法が中廃に至った折の論拠に、この内示が使用されたのは皮肉と言わざるを得ない。

四月、鵜澤は、「分度」の設定は人民救助の根源であり、小田原藩は未だに採否を決しかねているので、報徳仕法導入に向けた助力を江戸藩邸の重臣野崎弁左衛門・横澤為右衛門に依頼した。横澤・野崎らは、藩の「分度」が定まらないのに、村方や町方が「分度」を伴った仕法を展開するのも「おかしなもの」と認識してはいたが、藩に対して強い要求をすることは藩士の反発を招くと不安視した。小田原藩も金次郎が不在では論議も進まないので、金次郎を一日も早く連れ戻すように鵜澤に指示している。

鵜澤は、家老辻七郎左衛門に書簡を送り、報徳仕法の行く末を案じた。さらに現状は「兎角投げやりにいたし置き候様相響」くとして、打開策を求めた。

抜本的改革には「分度」は不可欠とする金次郎と、藩財政の主体性を譲らない藩重臣との対立が表面化した。しかし藩重臣も村方・町方・仕法支持派の藩士を無視することができずに、打開点を探るため、金次郎の小田原行きを説得することになった。ここらあたりが、小田原仕法中廃に向かう発端と考えるべきであろう。

五月に入り、金次郎は、烏山・谷田部茂木などに展開する仕法を中断して、小田原に専念する意思を示した。「分度」をめぐって、小田原藩との関係は必ずしも良好なものではなかったが、貧苦にあえぐ故郷の村々から仕法発業を哀願されたことと、亡き藩主から寄せられた期待に応えたいとの思いが、金次郎を小田原に向かわせることになった。

六月、金次郎は小田原に到着したものの、桜町から飛脚が到着し、息子弥太郎が痢病と知らせてきた。このため金次郎は桜町に帰陣した。

その後、金次郎は重臣の協議を小田原相談と、半ばあきらめてはいたものの、協議の行く末を重ねて鵜澤ら報徳方に問いかけた。藩が報徳方を郡奉行の配下に置いたことにも不満があった。金次郎にとって、小田原仕法は「仏造って魂入れず」の状態であり、これに対して鵜澤は「報徳の道も半開けと相成り、跡へも先へも参らず、日々論判のみにて日を送り（中略）貴公様に対し何とも気の毒千万に存じ奉り候」との書簡を送った。

一方、藩から「地方《じかた》（農政を司る役所）任せ」と委任された郡奉行も、仕法に関する藩の方針が理解できず、重臣に伺い書を提出した。郡奉行の伺い書には、彰道院様（前藩主大久保忠真）によって始められた仕法であるから、代替わりされたとはいえ、早急に藩主の命をもって報徳仕法が行われるべきであると、郡奉行の総意として進言している。このように郡奉行・勘定方には報徳仕法支持派が多数存在していた。

この頃、烏山藩の仕法が危機を迎えていた。江戸在勤の藩主側近が仕法廃止を画策していた。烏山藩では藩財政が窮地に陥り、その不足を「分度」の撤廃によって補おうとしたのである。そのためには仕法を中止し、金次郎支持派を一掃する必要に迫られていた。

このような多難な状況の中で、小田原仕法を放置すれば、自発的仕法に取り組んでいる村落を「腰折れ」に至らしめることを恐れたわけである。そのため、金次郎は小田原仕法を打開することを決断し、年末に小田原に向かった。

天保一〇年一二月一〇日、金次郎は酒匂川東岸の鴨宮新田小八宅に着いた。早速、翌日には報徳方の鵜澤作右衛門・男澤茂太夫・栗原長次郎・入江万五郎・山崎金五右衛門と、近郷の農民が金次郎のもとに集結した。待ちかねた彼らにとって、金次郎の来訪は千載一遇の好機に思えた。「仕法は投げやり」にされた、との批判を耳にしていた金次郎にとっても、仕法を幅広く展開するチャンスであった。

金次郎は、藩の「分度」を設定する「上からの仕法」を棚上げし、村落ごとに仕法を展開する一村式仕法に中心を移さざるを得なくなった。翌年にかけて、金次郎は曽比・竹松・藤曲村などの仕法を発業し、領外の大磯宿・片岡村・伊勢原村の仕法に関わりをもつようになった。

翌天保一一年、金次郎は、桜町陣屋の小路唯助への書簡に仕法の進行状況を記した。四月「報徳の道もますます相開き申し候間、御同慶下さるべく候」と、一村式仕法の展開に満足している旨を記している。金次郎は、「分度」へのこだわりよりも、現実の窮民を救済することを重視するようになった。

ちょうどこの頃、報徳仕法の噂は伊豆韮山の江川太郎左衛門に達し、六月七日江川の手代中村清八が金次郎を迎えにやってきた。翌八日、金次郎は韮山に向かい、江川との面会を経て多田弥次右衛門の仕法に関わることになった。

七月、金次郎は桜町に帰陣し、各地の仕法に忙殺されることになった。小田原仕法に関しては、曽比・竹松などの一村式仕法の指導が中心となり、藩財政再建の仕法は棚上げ状態が続くことになった。

天保一二年に至るも金次郎は動かず、小田原の報徳方も半ば諦観の様子も見せた。鵜澤は金次郎に書簡を送り、小田原仕法の現状は「蝋燭《ろうそく》相立ち候計りにて」と、仕法の実質的停滞を憂えている。金次郎が桜町から動かないことが何を意味しているのか、小田原の報徳方・一村式仕法の協力者には理解ができかねた。

金次郎は、今回の桜町帰陣以後小田原での指導に直接関与することはなかった。「分度」が定まらない小田原藩の一円仕法を断念し、村落ごとの一村式仕法を展開せざるを得なくなった。この方策は、金次郎の主張である「上からの仕法」ではなかった。彼は幕臣登用後、雛形を作成して仕法の広域展開を模索するが、遂に小田原藩に受け入れられることはなかった。

天保一二年（一八四二）から東筋の村落仕法が徐々に展開されることになった。この東筋三三ヶ村仕法をめぐる展開は、弘化三年（一八四六）の仕法中廃の直接の引き金となったと思われる。

天保一二年三月、西大井村では為八郎が中心となり仕法発業を懇願した。彼は一村式仕法に向けて村民に決意を促した。すると村民は、一致の覚悟で仕法に協力することに同意した。さらに同村では「作徳米の分、貧富の差別なく差し出」し、さらに「農間の節、縄沓草鞋、並びに賃日用、駄賃稼ぎ等、昼夜怠りなく出精致」す旨が確認された。

つまり、金次郎がめざした一村式仕法を小田原藩の農民が理解していたことを示す記録とも言える。すなわち、金次郎は一村式仕法において、「仕法に向けた村民一致の決意」「余財を報徳金加入資金とする」「村内における出精者の表彰」など、各村落に「自力更正」を求めていた。

天保一三年（一八四二）、報徳方の山崎金五右衛門・男澤茂太夫・松波造酒兵衛の金次郎宛書簡には一村式仕法の好調ぶりが「村々の儀は、一日一日と相進み、田畑並びに道橋手入れ、家事すべて追々古えに復し申すべき端相顕れ、出精いたし候儀は、言語に絶し、感心の事共に御座候」と高い評価が記された。

しかし「下からの仕法」にも限界があった。村落ごとに結束を深め、一村式仕法を展開してきたが、天保一三年、竹松村幸内をはじめとする小田原藩領七〇ヶ村の村役人は、藩主に検分を求めると同時に、「上からの仕法」を求めた。

幸内・廣吉は金次郎と極めて親しい関係にあって、連携のもとに嘆願が行われたのであろう。この嘆願があってか、藩は村役人並小前惣代に「夫役金御用捨」を通達した。

小田原仕法がますます停滞に陥ったのは、水野越前守による金次郎の幕臣登用であった。この登用に関しては、小田原藩の陰謀（金次郎追放）との説も提示されているが、真偽のほどは定かではない。

天保一三年の幕臣登用後、金次郎は各地の仕法を辞退した。各藩は幕府に仕法続行を願い出、谷田部茂木藩を除いて認可された。しかし仕法は実質的には停滞状況となった。

翌天保一四年六月五日には、小田原藩に変化があったと思わせる密書が曽比村から金次郎のもとにもたらされた。この密書には「密々を以て御尊意を得候、さて小田原御趣法の儀も、変物の様子に相成り、さぞさぞ御心痛遊ばせ候半と感察《〔ママ〕》奉り候」と小田原仕法の変容ぶりを嘆いた上で、藩役人から「小前なりとも、先生の御元へは一切罷り出申すまじきなどと仰せ聞かせられ」、心痛の極みであると記されていた。しかし報徳仕法は「大道の儀に御座候」故、名主庄左衛門、組頭與右衛門、同廣吉らが村民一致の決心で逆風を乗り切る決意が示された。

天保一五年（一八四四）正月になると、報徳方山崎金五右衛門の書簡に、小田原藩の報徳仕法をめぐる対立の一端が見られた。「当地報徳嫌いのもの」との表現に見られるように、小田原藩にあっては報徳仕法に反対を唱える勢力が根強く存在していたことが示された。一方、山崎は村方の自発的仕法を「村々挙て難員日に増し専ら出精」と村落一致の仕法を高く評価した。

天保一五年四月、金次郎は幕府から「日光御神領村々、荒地開発起し返し方仕法附見込」の提出を命じられ、「雛形」作成に没頭することになり、小田原仕法への関与はますます薄くなった。

金次郎は小田原藩領仕法村の世話人に「何程の用事これあり候共、一人の外決して罷り出でざる様、堅く差し留め置き申されべく候」と多勢での出府の制限を依頼した。雛形作成に没頭していた金次郎にとって、小田原領村々の多勢による嘆願は悩みの種であった。事実、一二月一八日、金次郎のもとに嘆願に訪れた村々の惣代が出奔するという事件が起きた。村々の惣代出奔は金次郎に強い不安を与えた。前日、金次郎は惣代らを「大勢罷り出で、空敷歳月を費し候のみにあらず、日限等などの事、毎度申し聞き、我儘千万の所行」と強く叱責していたからである。

金次郎は前日の叱責が出奔に至ったのか不安になり、小田原藩士や曽比村など各地に飛脚を送り「若し御心当りも御座あるまじきかな」と、所在の確認を図った。出奔という行為に金次郎は不穏な動きを感じとった。一二月二〇日付の金次郎の書簡には「余国にては、当時幾千万人押出し候などと、悪評もこれあり」と記し、一揆に至りかねないと不安を覚えていた。

東筋三三ヶ村の仕法について、協議を重ねていた小田原藩はようやく方向性を示した。弘化二年一〇月二七日、報徳方は三三ヶ村の趣法世話人を報徳役所に呼び出し、村方の借財を調査させ、無利息金貸与に前向きの方針を示した。

藩の方針に対し、金次郎は報徳方に報徳善種金三〇〇両を贈り、無利息五ヶ年賦貸付を行うように指示した。その上で、東筋・中筋・西筋の仕法世話人に宛てて、東筋の無利息金の貸付が中筋・西筋をはじめ、領内外へ発展していく端緒であることを諭した。

一方、金次郎は仕法の根源たる報徳金の確保を図った。韮山領の多田弥次右衛門・登り場筋（箱根山中）の山口栄三郎に、三三ヶ村仕法の意義を説き、貸付金の返還を求めたのもこのためである。

ここで金次郎が主張したのは、報徳金の運用は相互扶助（両全の儀）であらねばならないとすることであった。このように、金次郎は、報徳金を旋回させて順次極難村・極難民の救済を図ろうとしていた。

金次郎は「日光御神領仕法雛形」の作成途上であって、仕法の有効性を明確にする必要があった。そのため、報徳金を三三ヶ村仕法に集中的に投下することによって、仕法の模範村を創出しようと考えていた。

一二月二六日、報徳方役所は三三ヶ村の世話人を呼び出し、仕法発業が認可された旨を通告し、東筋三三ヶ村に対する貸付を始めた。藩の方針は取り敢えず三三ヶ村に貸付を施し、順次中筋・西筋などに広域展開することを考えていた。この段階では金次郎と同様に東筋三三ヶ村への報徳金貸与を「手始め」と認識していたことは明らかである。

郡奉行は、三三ヶ村が「自発的な縄綯い」、「報徳加入金の推譲」、「高持百姓の田地の推譲と小前の作取りの許容」など、村柄取直に向けて意欲的な取り組みを示したから、優先的に発業を許可したと説明した。これは金次郎の仕法方針「仕法に意欲を示した村から発業する」を受けたものである。

しかし期待されて発業された東筋三三ヶ村の仕法は順調な展開を見せず、大きな対立を生んだ。きっかけとなったのは男澤茂太夫・松波造酒兵衛・山崎金五右衛門が三三ヶ村に与えた通達であった。無利息五ヶ年賦という金次郎の指針に対し、男澤らの通達では「一〇ヶ年賦八朱か一割」という方針が示された。これは無利息金貸与によって窮民を救済するという報徳仕法の根幹に触れる問題であった。三三ヶ村仕法をめぐる情勢は暗転することになった。直ちに三三ヶ村世話人は金次郎側近に「山崎様にも、先生様の御法組に違い申さず候様、御心配これあり」という書簡を送った。

こうして一枚岩と見られていた金次郎支持派の間にも亀裂が生じつつあった。在地の報徳方・郡奉行と金次郎側近・農民の間に対立の構図が見えるようになった。

農民の間にあった不安は「大先生の御手を離れ、御法立の事に御座候えば、何分世話人においても、安心相成り難し」との文言に示されたように、仕法が金次郎の手から郡奉行に移ったことであった。しかも「趣意に振れ候廉御座候」と仕法の方針が無利息金貸与の原則から逸脱したことに不安を示した。

小田原藩士天沼鏡次郎が金次郎の側近吉良八郎宛に記した書簡に対立の様相が示された。五月九日の天沼の書簡には、利子付一〇ヶ年賦貸付に関し、「上下利を争い、趣法と金貸論の違いか、この辺も人気向背に拘り申すべきや」という厳しい指摘が記された。天沼は、報徳金貸与が本来の目的を失い、有利子の貸与となれば、金貸しの利争いと変わらず、報徳仕法を欣求した人々の意欲を失わせるものと理解した。

さらに、天沼は報徳仕法の是非にまで論究し「東筋御趣法の儀、重立ち候者共段々心得違いの意柄もこれあり、今更十方《〔ママ〕》に暮れ居り、相成るべくは恐れ入り奉り候得共、御止めに相願い候内存の由承り申し候」と、人心が離れつつある状況を伝えた。

東筋三三ヶ村仕法は、本来的には中筋・西筋への仕法展開の雛形であった。それにもかかわらず、仕法の根幹となる無利息金貸与の原則が崩れては報徳仕法そのものの意味を失いかねず、仕法中止との意向が仕法支持派の中から生じた。

五月中旬になると、仕法は中断の様相を呈した。この頃、懸案であった「日光御神領仕法雛形」が完成しつつあった。金次郎は「雛形」を各地の仕法に応用しようと考えていた。

一方、小田原評定を重ねてきた小田原藩も秘密裏に報徳仕法廃止を決していた。金次郎も薄々気付いていたようであり、逆転を「日光仕法雛形」完成にかけていた。

金次郎と小田原藩重役との折衝には、廃止を示す明確な証拠は示されないが、互いの心理を窺える表現が見られた。また、金次郎と親密な関係にあった鵜澤作右衛門や報徳方、あるいは亡くなった家老の子息服部清兵衛・早川茂右衛門らは微妙な態度をとらざるを得なかった。

金次郎との折衝は、江戸藩邸の重臣牟礼三郎太夫・高月六左衛門があたった。弘化三年五月二七日、牟礼は金次郎に「かねて仰せ聞かされ候儀に付、小田原表より申し越し候儀共これあり候間、御用透にも御座候わば、御苦労ながら拙宅まで、今夕御入来下され候」という書簡を送った。

しかし金次郎は「雷風雨に付相見合わせ」と夕立を理由に断った。翌日、牟礼は再度金次郎に書簡を送り、「来月朔日、二日両日の内、早朝に御出下され候様」と重ねて来訪を求めた。

金次郎は「日光御神領仕法雛形」の完成を待っていた。六月二八日、「雛形」完成と同時に金次郎は牟礼・高月に書簡を送り「御取用に相成り候わば、永久の亀鑑にも相成るべく候」と、小田原藩での採用を求めた。

小田原仕法廃止の噂を聞いていた金次郎は、逆転を「日光御神領仕法雛形」に託した。これが出頭要請に応じなかった理由であった。幕臣である金次郎が小田原藩の出頭要請に応じなければならない義務はないのだから、小田原藩もあえて強制はせずに延引していた。

翌日、牟礼の書簡には、雛形の内覧を求める金次郎の問い合わせに対して「ここ元取扱にこれなく、小田原表の取扱」とすげなかった。

金次郎は小田原藩重臣・報徳方・仕法村落の世話人・各藩の仕法担当者に「日光御神領仕法雛形」の完成を通知した。しかし小田原藩の関係者は仕法廃止を知っていたようで、金次郎への返書はなかった。親密な関係であった鵜澤からの書簡もしばらく途絶えており、仕法廃止の公表まで応接を禁じられていたと理解すべきであろう。

七月一六日、牟礼・高月は金次郎に対し三度目の出頭要請を行った。出頭に応じた金次郎に、牟礼・高月は小田原藩からの「報徳の儀故障の次第これあり候付、畳にいたし候」とする通達を伝えた。さらに小田原藩は、金次郎の領内への立ち入り、領民との接触を禁じた。金次郎は両親の菩提寺栢山村善栄寺への墓参も禁止された。小田原藩が墓参を許可したのは六年後の嘉永五年（一八五二）であった。小田原藩は、金次郎の影響の徹底的排除の動きに出た。その一方、従前の功を讃え白銀二〇〇枚を与えた。また仕法金五一〇〇両の返還を通告した。

小田原藩にとって、窮民救済は治国の要諦であり、その意味で報徳仕法は有効であった。しかし藩領村落からわき起こった報徳仕法懇請の動きは、支配体制を揺るがしかねない状況をもたらした。領民は報徳仕法に向けて村落ごとに結束し、仕法発業を求めた。仕法に向けた異様な熱気が藩領を覆い、報徳金として村方・町方・藩士から多額の推譲が行われた。藩財政は極度に悪化しているにもかかわらず、金次郎のもとには多額の報徳金が集まるといった現象は当局を脅かすものがあった。農民・町人ばかりか、藩士の間にも報徳仕法支持の動きが広がり、小田原藩も支配体制護持の動きに出ざるを得なかった。

さりとて金次郎は幕臣であり、処分に付することができず、軟着陸を迫られた。この解決のために重臣会議は小田原評定を続けざるを得なかった。秘密裏の重臣会議の結論が先の通達に示されたような内容であった。これ以上、報徳仕法を続けることは支配体制を揺るがせる恐れがあり、金次郎の藩領からの追放と領民との接触を禁止するに至った。

こうして、小田原仕法は終焉《しゅうえん》を告げた。仕法を中止しながら、報徳仕法に一定の評価を与えている。金次郎の「実意」に感謝して白銀二〇〇枚を贈るとの奇妙な形で報徳仕法は終わり、金次郎と藩領の村々との接触も禁止した。

ここに仕法反対派の意図が読みとれる。報徳仕法を有効のものと認めながらも、その背後にある報徳思想に支配体制を揺るがしかねない危険な影を見たのである。

一方、小田原藩は幕府との軋轢が生じることを憂慮し、仕法に一定の評価を与え、金次郎に功労金として白銀二〇〇枚を贈り、報徳金五一〇〇両を返還することを誓約した。

この後の金次郎の動きは素早かった。白銀二〇〇枚の受納と報徳金五一〇〇両の返還の是非について、幕府に伺い書を提出した。これに対して幕府は「報徳仕法金五〇〇〇両余、並びに白銀御受納の儀、右は御用向の金子にこれなく、素より相対ものに付、前金子並びに白銀の儀、御受納成さられ候共、御勝手次第に成さられるべし」と回答した。

金次郎は白銀の受納と報徳金の返済を公式に認められた。このあたりの手法には金次郎の老練さが感じられる。

五節　青木村仕法

・第一期仕法

青木村仕法の意義は、小田原藩以外から要請された最初の仕法であり、報徳仕法の有効性が問われた点にある。

青木村（茨城県桜川市青木）は、宝永五年（一七〇八）から旗本川副氏の領地となった。川副氏の領地は青木村のほか、武州に二村、常州に七村あった。

青木村は、北関東一帯の農村と同様に、天明の飢饉によって、深刻な打撃を受けた。最盛期には一三〇戸・高八五八石の集落であったが、天明の飢饉は二次被害をもたらした。食糧不足は働き手を逃散させ、田畑は荒地と化した。この頃のことであろうか、神主大和田氏宅を訪れた旅の僧侶が「家ありや芒《すすき》の中の夕けぶり」と詠《えい》じた。

天明七年（一七八七）、野火がおこり、青木村字北原坪三二軒中、三一軒を焼失させた。また、洪水によって青木村用水・溜井が破壊され、耕地は荒野と化し、村落は窮乏の極地に陥った。このため、戸数・人口は、三九戸・一八五人にまで減少するに至った。

ちょうどその頃、近隣の桜町仕法好調の噂が青木村にももたらされた。領主川副勝三郎は、文政一一年（一八二八）、仕法発業を求めて、西沼村丈八・島村與惣兵衛を金次郎のもとに派遣した。二人はかねてからの知り合いである物井村岸右衛門を通じて金次郎に仕法発業を依頼した。

しかし、御用繁多を理由に断られていた。金次郎は、相手の心底を確認できないうちは安易に応ずることはなかった。まして、この年、陣屋の上司豊田正作との軋轢に悩み、青木村にまで意識が及ばなかったのであろう。

それから三年後、川副領では一層窮乏が進み、金次郎に依頼するほかに道はなくなっていた。天保二年（一八三一）一一月三〇日、青木村名主勘右衛門は三七名の連署を携えて、物井村の陣屋に至った。

そこで金次郎に、青木村が窮乏に陥った歴史（用水の大破・野火による人家の焼失から人家減少・取穀減）を説明し、再建に向けての助力を依頼した。

これに対して金次郎は「親先祖より伝え受けたる家小屋修復致さず、大破罷り成り候まで捨て置き候段」、いくら困窮とは言いながら、よくよく反省しなければならないと指摘した。さらに取直仕法の発業を望むのであれば、まずは生い茂った萱《かや》を村民一致の協力の下に刈り取るように指示した。刈り取った萱を三〇駄につき一分で買い取ることを宣言した。

この方針には、金次郎の思考の特色がよく見えている。実弟友吉にも再三諭したことであるが、自己の現在は先祖から受け継いだものであり、自己のみの存在ではない。先祖を大切にするか否かが、自己の現在の有様を決定しているのである。家株を先祖から受け継ぎ、子孫へ託していくのが、仁であり、義であり、孝であると考えた。

金次郎が求めたことは、荒地回復・村柄取直に向けた村内一致の決心であり、行動であった。御殿場仕法・曽比仕法でも見られることであるが、村内での互助・自助を促した。領主が災害に際して村民に米穀を恵み与えたとしても、それだけでは村民安泰の永続性を保つことはできないと考えた。それは給付が依頼心を生み、自助努力をなくすことにつながりやすいと認識したからである。彼が貸付にこだわったのは、農民に永続的な自助を意識させ、村内互助をめざしたからでもある。

金次郎は、青木村村民の意中が「内外心底相分りかね」るので、萱刈りという「安き事」を実行させることによって、村民の決心の度合いを確認したかったのである。

勘右衛門は、村に立ち帰り、金次郎の意向を伝えた。野火の遠因となった萱が金になると知った村民三六人は、三日間で一七七八駄もの萱を刈り取った。金次郎は約束通り三〇駄を一分、計四両三分一朱で買い取った。

翌天保三年（一八三二）には、この萱で社寺・人家の屋根葺きを指示した。金次郎は屋根葺きにかかった費用（一五両三分一朱）と扶持米（一五俵一升三合二勺）も支払った。完成してみると、一面の荒野・衰村が目を見まごうばかりの変容を見せていた。荒野の萱は刈り取られ、人家はすべて新萱に葺き替えられたのである。

それからも金次郎は次々と改革の手を打った。青木村の剰余米一五〇俵を六三両二分で買い取り、田植え扶持米二五石四斗を貸し付け、村一斉の田植えを行わせた。さらに、賃銭三両を与え、水田の草取りを共同で行わせた。青木村では草取人足を雇い入れた上、村民全員が参加し、協調姿勢は徐々に高まっていった。金次郎との意思の疎通ができ始めた村民は、賃銭を貰うことに心苦しさを感じたのか、人足代としての一分のみを受領し、残金二両三分を返金した。

村民の自覚を観じた金次郎は、御褒美・御酒代として返金の半額にあたる一両一分二朱を与えた。このような往復は、知らぬ間に村民に自覚をもたせ、互助の意識さえも芽生えさせることになった。環境は人を変えるものであり、青木村村民も現実に起こった好結果を認識し、荒地復興・村柄取直に向けた意識に高まっていった。

天保四年二月、領主川副勝三郎は青木村村民から金次郎の指導を伝え聞き、用人金澤林蔵・並木柳助に直書を持たせて桜町陣屋に派遣し、公式に仕法発業を依頼した。

これに対して金次郎は、「川副様の御直書を以て、余儀なし」とし、仕法発業に応じた。その上で、「古今村柄の姿有りていに承知致したく候」として、仕法に必要な書類の提出を求めた。彼は何事も調査・計画なくしては実行に移さなかったのである。

一、村高と田畑の割合

一、耕地と荒地の面積

一、年貢米の数量・永小物成の金額

一、村の盛衰の書類

一、最盛期の戸数と人口

金澤林蔵・並木柳助は、寛永一三年（一六三六）の水帳・元禄一五年（一七〇二）の割付・天保二年の戸数と人口を写し、金次郎に示した。現在の生地（耕作地）・荒地反別は不明につき、後日報告をするということであった。これらの資料を得て、金次郎は青木村仕法を立案した。

金次郎は、青木村復興資金として報徳金を貸与し、その返済は八〇俵に設定した「分度」を越えた分から充当するというのである。もし、仕法に失敗したら返済しなくてもよいという夢のような改革案であった。つまり青木村は出資金なしに借財の返済が可能となり、領主も腹を痛めなくて済むのである。金次郎特有の資金の旋回である。

金澤林蔵・並木柳助は金次郎の方針に感銘を受け、川副氏にその旨を報告した。川副氏は「一同感服致し、その趣意家来罷り帰り申し聞き、至極もっともの理にこれあり」と、感銘を受けた旨を記した。

これによって、川副氏は自己資金を投下することなく荒地復興を果たせることになった。

「分度」設定の元となった「御収納米永平均土台帳」によれば、文政六年（一八二三）から天保三年（一八三二）の上納額は次の通りであった。

年号	上納米	畑物成	年号	上納米	畑物成
文政六	一一三俵	三四貫	一一	一〇七俵	三四貫
七	一四八俵	三三貫	一二	一四〇俵	三四貫
八	三四俵	三三貫	天保一	一五三俵	三四貫
九	三四俵	三三貫	二	六五俵	三四貫
一〇	七九俵	三三貫	三	八〇俵	三四貫

過去一〇ヶ年平均は上納米八五俵、畑物成三三・五貫であったが、桜町仕法の場合と同様に、前年を参考に上納米八〇俵・畑物成三四貫を「分度」とした。

金次郎は、仕法引き受け時の模様を「上下一致の御頼みに付」と評価し、天保四年より「荒地開発、入百姓、人別増、分家取立、用悪水普請、その外借財返済の手段、歎願の通り」引き受けた旨記している。

ここに、金次郎の方針が明確に示されている。彼が仕法発業の条件としたのは、「村民一致の決心」であり、領主の「分度」の設定であった。

金次郎は、文政一一年に「御用繁多」「内外心底相分りかね」との理由で青木村仕法発業を断っている。次いで天保二年の依頼に際しては「当座凌ぎのため、夫食種穀等のみ少々貸し遣わし相試し置き候」と、決心の度合いを確認している。天保二年の村民一致の萱刈り、天保三年の屋根替え・田植え・草取りでの村民間の協力性を確認した上で、天保四年の青木村仕法発業となっている。

金次郎は、相手の求めに簡単には応じない。彼は生涯この方針を変えなかった。服部家家政取直の依頼・桜町仕法委任・富田高慶の入門・曽比仕法発業など、即座に応じなかった例はいくらでもある。要請を受けても直ちに応じず、一旦は断ることによって相手に再考を促し、本気度を確認するのである。相手が本気なら、一度や二度断られても必ず要請し直すことを体験的に悟っていた。所詮、本人がやる気にならなければ、事は簡単には成就しないものであるとの経験則をもっていた。

・桜川堰普請

さて、青木村にとって、荒廃の根元たる桜川堰の復興は最大の難関であった。金次郎は二段階の復興策を採った。

第一段階は天保三年七月からの堰仮普請である。仮普請にあたり、必要物品・人足を用意した。明俵・縄・竹・草鞋などと酒を準備した。また、桜町領物井村から破畑《はばた》人足として一七人を集め、七日間で堰の応急処置をした。この賃金一日一人につき二四八文と米一升二合五勺を与えた。八月一日から六日間で用水堀の補修を完成させた。この時も物井村から破畑人足を集めている。同様に賃金は二四六文と米一升二合五勺であった。

ここで確認しておきたいことは、青木村仕法の段階では手伝い普請が有料であったことである。ま

図13　現在の桜川堰（桜川市）

だ、「譲」の段階が他村への推譲に至っていなかったということになる。

金次郎は栢山村時代に、酒匂川の土手普請に携わったり、農業用水路の管理や「水田の干し」作業から治水・修堤・堰造りの技術を学んでいた。用意された物品から栢山村時代の学びが窺われる。後年に至っても、栢山村から水防の専門家（弁左衛門等）を招いて用水路建設にあたった。

しかし、八月一四日から一五日にかけて、大堰仮普請という記録があり、この時には惣井村から破畑人足を呼ばず、青木村村民に任せたようである。支出は米のみで一人に付六升を与えている。こうして第一段階の堰仮普請は終わった。

第二段階において、金次郎は天保四年三月三日現地を視察し、荒地・用水堰を検分した。金次郎は自ら視察することによって、桜川用水堰の必要性を再認識し、堰造りに向けて必要物品を購入させた。堰造りに際して周到な準備がなされていたことがわかる。

蛇篭、萱一二四四駄、一束結紙八帖、柿渋九合、角笊《ざる》二〇八、元能、醤油樽七
縄五九五房、石八八七駄、竹一二駄、杭木三五一駄

その上で、三月六日から普請人足、掘人足、飯炊き人足、堰枠大工、木挽を集め、堰・用水を二四日までに完成させた。堰普請に先立ち、二月に、青木村と隣村の鍬田村との間に「用水堰普請為取替議定證文」を取り交わした。

一、堰の高さは七尺、五年に一度両村で点検・修繕をする。

一、堰の幅は六間、流し二〇間とし、洪水時、水捌けが悪ければ堰の幅を広げる。

桜川堰は青木村だけの問題ではなかった。隣村鍬田村内に長さ五七〇間の導水路を築かねばならず、鍬田村の協力は不可欠であった。

「桜川〆切用水高堰之図」によると、堰には樫・松の木枠を沈め、底部に石を置き安定させた。この工法は金次郎が青年期までを過ごした栢山村を流れる酒匂川の堤防普請と酷似している。酒匂川の堤防には多くの木枠が作られ、その枠の中に石を詰めて水流が堤防を損傷するのを防いだ。おそらく金次郎は栢山村での体験を桜川堰に応用したのであろう。さらに堤防には石を詰めた竹製の蛇篭・土俵を並べ、水漏れ防止のために萱・柿渋を塗った紙が使われた。天保三年の仮普請では水漏れを防ぐのに日数を要したが、本工事では主に萱等を有効に使い、水漏れの防止を完成させた。

こうして、長年の懸案であった桜川堰を完成させ、農業用水の確保に成功した。ほぼ同時に、本来の目的である難村旧復・荒地開発・人口増加にも着手した。次に掲げる表は、天保三年から天保一一年（一八四〇）における青木村の荒地開発の面積・賃銭・扶持米を集計したものである。

年号	開墾面積	賃銭	扶持米
天保三	四町二反七畝一〇歩	二四両　二朱一五九文	記載なし
四	一六町七反七畝二六歩	七六両　二朱九五六文	七八俵一斗一升
五	一町九反六畝二歩	八両三分二朱二四四文	八俵三斗六升
六	二町六反一畝三歩	一二両二分　三八三文	一二俵二斗二升
七	一町六反七畝一二歩	七両三分　二九二文	七俵三斗一升
八	七町六反三畝一八歩	三六両　一朱三七四文	三五俵　九升
九	三町一反六畝一二歩	一四両二分一朱二六八文	一四俵二斗三升
一〇	記載なし	記載なし	記載なし
一一	四町一反二畝一七歩	一八両三分　二八九文	一八俵三斗一升
総計	四二町　二畝一〇歩	一九九両　三朱　七九文	一七六俵　三升

開発賃銭は田一反に付二分二朱、畑一反歩に付二分三朱である。田より畑のほうが開墾は難しいようで開発賃銭が高くなっている。

金次郎は農民の勤労に対価を与えた。青木村村民は荒地開墾の利益を二重に享受できたわけである。つまり、農民は勤労に対する賃銭・食糧を保証されたのみならず、開墾した土地も結果的には自分達の所有とすることができたわけである。名主勘右衛門の例で見ると、先祖からの伝来の田畑四町七反三畝に対し、弘化元年までの起返し・購入田畑は八町八反四畝にも及び、その結果、一三町五反七畝を所有する大地主となった。

このように、仕法を通して荒地は開墾され、青木村村民の所有田畑は増大した。青木村農民の荒地開発に向けた意欲がもたらした当然の結果である。

こうして第一期仕法（天保三〜一一年）において四二町余の荒地が開墾された。天保一二年までに、金次郎が投資した仕法金総計は七七六両三分一朱と銭四貫九五二文にも及んだ。

報徳金の返済については、「分度」と設定した八〇俵・永楽銭三四貫を除外して充当せしめた。記録がはっきりしている天保六年（一八三五）を例に見ると、収穫高として二四八俵三斗余、内領主川副氏に「分度」米八〇俵を納め、残り一六八俵を冥加米として、金次郎が受け取っている。

天保八年には、「分度」米の外、西沼村丈八（五〇俵）・物井村岸右衛門（三〇俵）・同村忠治（二俵）・嶋村與惣兵衛（一〇俵）・東沼村仙右衛門（七俵）に渡した（返却？）後、二九俵を金次郎が受領した。

天保九年には、一六九俵余を受領、天保一〇年には二二七俵を受領、天保一一年には、仕法を発業した加生野村に対して年貢の立替として一〇二俵を与え、川副氏に「分度」の外に一五〇俵を上納、残米一二九俵を受領している。加生野村への援助は畑方金からも五両余支出している。記録の上からは、五年総計で七二二俵が返済されている。三〇俵替とすれば約二四〇両にあたる。このほかにも畑方金からの返済もある。史料から判断すれば、天保一一年までの第一期仕法は順調に機能し、荒地復興は十分達成できていたと言える。

簡単にまとめれば、領主に「分度」を求め、報徳金を原資とし、農民に賃銭を払って荒地を復興させ、収穫米の中から借財を返済していく青木村仕法は一定の成果を上げた。

しかし天保七年北関東一帯に広がった凶作は、青木村に食糧不足をもたらした。米麦の流通は皆無に近かったが、桜町からの救援によって青木村は飢饉を回避することができた。先に掲げた開墾の記録から、天保七年には飢饉の影響があって、荒地開墾が最も少なかったことがわかる。翌天保八年は、疫病で村民が病床に伏し、農作業ははかどらなかった。そこで金次郎は破畑人足を雇い、田植えなどの農作業を行った。

天保一〇年、川副家用人木俣豊治郎・金澤林蔵は、村民が農業に専念し、相互の助け合いによって艱難を免れるなど、村民一致の協力体制が生まれたことを高く評価している。まさに金次郎が求めた「一村一家」主義が、青木村において実現されていることが理解される。換言すれば、報徳訓に示される「君臣民」の関係が理想的に現実界に表れている。

青木村仕法での好成績は、川副領の一〇ヶ村の農民を動かした。一〇ヶ村の農民の代表は金澤林蔵と同道して、青木村同様、自村への仕法発業を川副氏に求めた。この要望を受け、川副氏は直書をもって、金次郎に全村での仕法発業を依頼した。

一方、加生野村は同年末に名主萬右衛門を先頭に、仕法発業を求めた。まず萬右衛門は青木村仕法を「年来亡所退転同様に罷り成り居り候極難村、最早荒増出来致し候」と評価し、その上で加生野村に発業してほしいと嘆願した。この願書には、加生野村農民の青木村に対する羨望とも思える気持ちが表現されていた。同時に加生野村に仕法実施を求める村民の悲痛な思いが内包されていた。

そこで、金次郎は天保一〇年に、青木村に続いて、加生野村に対して仕法を開始した。当時、小田原仕法に加えて、谷田部茂木仕法、烏山仕法に取り組んでおり、一〇ヶ村すべてに仕法を行うことは困難であった。
このような情勢から、特に意欲を示した加生野村に対してのみ仕法を行うことにし、年貢相当分の米一〇二俵と・畑方分五両余を仕法土台金として与えた。これは青木村からの報徳金返納分を加生野村に貸し付けたものである。

相馬仕法に見られる自村の余剰を他村に推譲するといった域に青木村村民は達していなかった。むしろ、金次郎にこのような仕法展開の構想がなかったと言ったほうが正確かもしれない。各地の報徳仕法においては、自村の復興に感謝し、余剰を他村に推譲するといった仕法の再生産が展開されるが、青木村仕法の段階では、この手法が採られていなかったことになる。

金次郎は、加生野村に仕法を行うことの目的を「荒地開発、用水・悪水・溜井普請、屋根替、夫食・農具・種穀等手宛をなし」としている。ここにも報徳仕法の特色が顕著に表れている。金次郎は窮村復興に向けて、何よりも優先させたのはインフラの整備であった。青木村における桜川堰改築のように、加生野村でも用水路・排水路（悪水抜き＝低温のわき水を抜き、乾田化を図る）・溜井が築かれた。村民の意欲向上を図るために、屋根替えがなされ、食糧を保障した。農業持続のために、農具・種穀などが与えられた。

このように、インフラを整備し、民生安定を図った上で荒地を開墾しようとした。「安民」がまず行われ、その上で生産の拡大を図ったわけである。あくまでも「安民」あっての「富国」であった。

この頃、村民の報徳仕法に対する理解が進み、天保一一年（一八四〇）四月に、加生野村佐右衛門は報徳加入金として三四両三分三朱余を推譲した。

こうして加生野村でも仕法が始まった。しかし、川副氏の「分度」の設定はこの二村のみで、残り八村は従来のままに置かれた。これが後年大きな過誤を生じることになる。

桜町仕法においては、領主宇津氏が終始仕法に協力し、「分度」を確立し、一六年にわたって耐乏生活をした。しかし川副氏は、奢侈な生活から脱却できなかったようであり、天保一三年の正月には青木村に対する増徴への不満が噴出し、青木村村民が江戸に押しかけるといった騒動に発展した。

一方、川副氏は、「仕法は農民や金次郎を利するだけ」という周囲の雑音を耳にして不安に陥っていた。しかし、現実には仕法による領内村落の生産量増大を評価せざるを得なかった。

天保一三年、老中水野忠邦は利根川分水路計画実現のために、金次郎を幕臣に登用した。これは青木村・加生野村の仕法を一変させた。金次郎は青木村仕法を辞退し、投入した報徳金・復興した田畑を譲渡するというのである。しかし、川副氏と村民は一致して、仕法続行を金次郎に申し入れた。金次郎は青木村に見られる君臣民一致の熱情を踏まえ、仕法続行を了承した。

しかし、この頃には領主川副氏の奢侈な生活が変わらないばかりではなく、村民にも仕法によって生活が好転したという油断が芽生えていた。これに対して金次郎は村民一同を桜町に呼び出し強く警告をした。

金次郎の説く「報徳思想」が、領民・川副家中に如何に認識されたかは注目される。川副家の用人磯山と荒川は、しだいに「報徳思想」を認識するようになった。彼らは折に触れ、青木村村民に書簡を送り、復興に至るまでの金次郎の功績を説き、村民相互の譲り合いを強調した。この説諭を見ると、金次郎の説く「報徳思想」の根幹である「推譲」にあたる部分を川副家の用人が深く理解していたことがわかる。

金次郎が求めていたことは、心得としての「報徳」であり、実践における「譲」である。この意味において、青木村仕法に関しては、君・臣・民ともに金次郎の意図するところを把握していたと言える。しかし、理念における認識は、必ずしも永続性を保てるものではなかった。

川副氏は奢侈な生活からの脱却ができずに、青木村にも献納金を課した。天保一四年（一八四三）、一三五両を青木村から「御拝借金」として納入させている。川副氏が一〇ヶ村に課した献納金の総額は、天保一三年三四一両、弘化四年（一八四七）六〇一両である。

ちなみに天保一三年の村別献納額は次の通りである。

村名	献納額	村名	献納額	村名	献納額	村名	献納額
白岡	一〇〇両	下大崎	四〇両	青木	一三五両	加生野	一八両
川俣	一七両三分	柴内	八両二分	金指	五両三分	根本	一五両
成井	一両	中根	二分				

村落の貧富の差は歴然としている。青木村は一〇ヶ年の仕法での立ち直りは著しく、一三五両もの献金をしている。また、貧窮にあえぐ中根村・成井村からも容赦なく献納させていることからも、苛酷な領主の村落支配の実態を見ることができる。

このような状況では、川副氏は一〇ヶ村すべてに「分度」を設定することができなかったわけである。また、村民も、天保前期の仕法発業時の辛苦の経験を忘れ、仕法続行に向けた謙虚な意識を保つことが難しかったようである。

青木村内にあっても、差別感情が芽生え、抜き差しならない対立を招いた。名主勘右衛門は、金次郎宛に「去卯年の儀も、衣類着用の差別を論じ、御地頭所まで御苦労を掛け奉り候」と、対立が生じたことを反省している。つまり、青木村では、天保四年発業以来順調に荒地開発をなし、村柄取直に成功していた。困窮時は村内一致の協力体制が組まれていたが、成功は村民に油断をもたらし、衣服着用をめぐって村内に差別意識がもたらされていた。

この状況を憂えた金次郎は、青木村村民一同を桜町に呼び、仕法に向けた心得を説諭し、決心の度合いを確認した。村民も自己の過ちを悔い、初心に返っての荒地復興を約束した。さらに、川副氏及び家中の領地復興に向けた意志を確認した金次郎は、仕法続行を決意した。

・第二期仕法

金次郎は、天保一四年の冥加米二一九俵余を免除した。同様に畑方金二二両二分余も免じた。天保一五年も同様の減免処置を行った。

金次郎は、青木村の状況に不安を感じ、天保一五年三月、青木村全戸の夫食米の保有高を調査させた。「村方夫食有穀取調帳」によれば、村内の貧富差は拡大しており、名主勘右衛門は二一五俵もの米穀を所有しているが、一方では貯穀0に近い戸数が八戸もあるのが注目される。青木村村内五九戸（仕法発業時三九戸であり、この時点で二〇戸増加している）の穀物所有高の分類は次の表の通りである。

穀物所有高	戸数
五一俵以上	二
三一〜五〇俵	三
二一〜三〇俵	一一
一一〜二〇俵	二三
〇〜一〇俵	二一

青木村全体の貯穀俵数は、麦類二九二俵・米二七九俵・粟一二一俵・稗二六〇俵・大豆四三俵等、総計一〇〇二俵であった。

さらに、家族の人数と貯穀米の関係を調査させ、一人の年間夫食米を四俵（三月〜）と計算し、貯穀米－家族の人数×四俵の計算式で、プラスになった家（一七軒）を「無難」とした。同様の計算式で一人あたりマイナス一俵より少ない家（二六軒）を「中難」とした。さらにマイナス一俵より多い家を「極難」とした。金次郎は夫食米が不足する「中難」・「極難」の家には穀類を給付した。

青木村仕法の中核をなしていた名主勘右衛門は、村内の格差発生に責任を感じていた。それは、一つには自家の所有地が発業時の四町七反余に比し、弘化元年（一八四四）には一三町五反七畝まで増加していたことである。二つには、青木村仕法の発願者でありながら、村内の意識改革ができなかったことに対してである。これに責任を感じた勘右衛門は、仕法によって得た田畑八町八反四畝を報徳土台金として推譲したいと金次郎に申し出た。

勘右衛門は、金次郎の説く「村内互助」を実行に移そうと決意した。勘右衛門の決意は青木村村民の報徳金推譲に広がっていった。これこそ、金次郎のめざす「一円仁」の世界である。一人の推譲が次々に連鎖していき、村内全体に行き及ぶのである。

弘化二年（一八四五）には、青木村名主新吉が免税分三三両・米二〇俵・麦一〇俵・稗二六俵・粟一俵を推譲した。新吉も勘右衛門と同様に、名主として責任を感じていた。新吉は、この間の思いを、「同人並びに村役人共、不行届の取り扱いより、自然村方人気相弛」んだと分析し、免税分を報徳善種金に推譲するとしている。

青木村では、名主勘右衛門・新吉に続いて宇兵衛・安右衛門・嘉兵衛・儀兵衛・直蔵・勇助・重右衛門らが金銭と米穀を推譲した。これは金次郎がめざす「一村一家」主義の体現であり、「一円仁」の世界の創出であった。

金次郎は青木村に萌《きざ》した村内互譲の動きに対して、桜町から一一〇両余を貸与し、仕法土台金に加えた。この仕法金は、まず生活困窮者に対する無利息金貸与に使われた。次いで、村民の勤労意欲向上を図るために、出精人を表彰し農具を与えている。また、飢饉に備え、稗を栽培させ、その肥料（粕干鰯）代を与えている。青木村の農業基盤である桜川堰改修にも一一二両余を投資している。

彼の仕法の特色は、ここにも顕著に表れている。何よりも村民の生活を保障している。取穀増加を後回しにし、村民の日々の暮らしを優先しているわけである。この方針は、勘右衛門・新吉等の推譲に典型的に現れ、上に立つ者が率先して、村民のために田畑を推譲するに至らしめている。

弘化二年はやや凶作であり、領主から減免分一五俵が返還された。これを仕法土台金に加えた。同年は、天保の飢饉から一二年にあたるため、村民に救荒作物として稗を蒔かせ、肥料として干鰯を与え、三五〇俵もの米の収穫を得ている。

また、村民は、桜川堰補修のために金次郎から与えられた一一二両のうち、人馬・賃銭を辞退し、仕法土台金として推譲している。ここにも金次郎の意図する推譲が村民に浸透していることがわかる。

弘化三年、川副邸の長屋が類焼し、その再建のため青木村は多額の出費を強いられた。臨時献納は青木村仕法に大きな影響を与えることになった。青木村から川副家に献納された総額は六〇一両にも及び、利子だけでも青木村の負担は四九両三分にも達した。このままでは報徳土台金・返納金を投入しても追いつかないと金次郎は判断した。そこで従来から貸与していた報徳金返納を棚上げにし、新たに三三五両の無利息の報徳金を貸し付け、高利を返済させ急場を凌いだ。しかし、領主の分度が立たない上、火災という非常事態ではあるが、農民に多額の負担をさせるに至った状況は金次郎を落胆させた。

弘化三年には、金次郎は、真岡代官山内総左衛門手付となり、青木村仕法に関与することが難しくなった。そこで、嘉永元年（一八四八）、金次郎は後ろ髪を引かれる思いながら、青木村仕法辞退を川副氏に伝えた。川副氏も「内々たり共押し候て頼談に及び候儀、公辺に対し、恐れ入り候儀と存じ奉り候間、その意に任せ、この度村方引取」り、青木村仕法は領主扱いに戻された。

青木村仕法は、公式な依頼を受けた天保四年から辞退した嘉永元年まで一五年間実施された。この仕法は領外における最初の仕法であり、成果が問われた。収納額・戸数・人口とも増加し、荒村復興として順調な成果を上げたと言える。仕法の特色として次の点を指摘できる。
①無利息の報徳金を貸与し、領主・領民に経済的負担を掛けない方策を採った。

②領主に「分度」を要求し、青木村の「分度」を田方八〇俵・畑方金三四貫に設定した。
③村内自治を求め、互助・自助を意識させた。名主ら、指導者の自覚を高め、推譲に至らしめた。
④桜町仕法に習い、出精人・貯穀者・無借者等を表彰し、物品を与え、無利息金を貸し付け、村民の意欲の向上を図った。

問題点は、領域全体の「分度」設定がなされず、予想外の出費を強いられたことが、青木村の借財返済を遅らせたことである。

天保一三年、加生野村「耕作出精人御褒美米被下帳」では、『古文孝経』庶人章を引用した後、「それ庶人は農業をなすより大なる事はなし、農業をなすは鍬鎌より先なるはなし、然れば鍬鎌は農を経営の重宝、民を救い国を安んずるの元、一日もなくて叶わず」と記した。

ここで金次郎は独自の農本主義を語る。「報徳訓」にも顕著に見られるが、生産の根底を農業に置いている。農具を重視する考えは『三才報徳金毛録』中の「田器勧修補の解」にもある。農業の存立は農具にあるのだから、農具を修理保全せよとの語りと同じ構図である。

金次郎は農本主義の立場に立ちながら、士農工商の立場を独自の職分論で認めている。彼は士農工商を「一円融合」の理の中に位置づけ、それぞれの立場を認め、その互助関係によって社会が成り立っていると考えた。

金次郎は『万物発言集草稿』において、武士の存在を「横道のものを懲しむ、これ則ち武門の根元なるべし」と認識し、安藤昌益による「不耕貪食《どんしょく》の徒」と、武士らを糾弾する立場とは見解を異にした。

六節　谷田部《やたべ》茂木《もてぎ》仕法

谷田部茂木藩の領主は細川興徳《おきのり》（熊本細川藩の親族）であり、常陸の国筑波郡谷田部（茨城県つくば市）四二ヶ村、下野の国那須郡茂木（栃木県芳賀郡茂木町ほか）二七ヶ村に一万六〇〇〇石の領地を所有していた。

谷田部茂木の仕法は、公式には天保六年（一八三五）に始まる。この仕法の特色は、大名の借財返済に向けた財政改革である。特に一九世紀前半には、貨幣経済浸透の中で多くの大名が多額の借財に苦しみ、各地で財政改革を行わざるを得なくなった。

藩祖は、戦国大名細川藤孝の次男興元（長男は忠興）で、大坂の役の功により六〇〇〇石加増され、一万六〇〇〇石の大名となった。代々本家筋から経済的助力を受けていたが、天保期、累積する借財に苦しむようになった。しだいに、本家も援助を拒みがちになり、本家・末家関係にひびが入っていた。加えて、当主興徳には子がおらず、有馬氏次子辰十郎（後の興建）を養子にもらいうけた。この辰十郎が養父に示した孝心

図14　細川興建が建立した石塔

が金次郎を動かした。

この仕法は、桜町仕法・青木村仕法とは異なり、農村復興以前に巨額の借財返済の問題があった。仕法の根幹に巨額の借財に苦しむ藩財政の立て直しを据えざるを得なかった。そのため藩の「分度」を設定し、余剰を借財返済に充てしめ、荒地復興・村柄取直にかかる費用は桜町の報徳金を充てようとする計画であった。

中村元順は藩医であったが、一方、桜町領では親族の岸右衛門が報徳仕法に関与しており、彼を通して金次郎の仕法好調の噂を聞いていた。これを何かの機会に藩主父子に話したのであろう。藩主父子は、藩財政に深い憂慮を抱いていた。しかし、天保五年正月の時点では、未だ財政改革に向けた藩内の意向を統一できていなかったと見え、藩主父子は「奥方妊娠に付、安産祈念のため、野州芳賀郡誕生村地蔵へ代参」との口実で、中村元順を使者として桜町に派遣し、金次郎と面会せしめた。

この時、金次郎は、辰十郎が養子に入って間もないにもかかわらず、養親に協力して藩の財政改革にあたろうとしている姿に感動した。これが仕法発業の動機の一つとなった。

その後、金次郎は、天保五年六月、中村に仕法に向けた意向を伝えた。青木村仕法と同様に、インフラを整備した上で、荒地を開発し、産出した米麦で窮民を救おうと考えた。また過去一〇ヶ年の収納高を参考に藩の「分度」を設定し、「分度」外の収益を荒地開発に投資するといった拡大再生産の論理で難村の立て直しを図ろうとした。

しかし、谷田部茂木藩の最大の難関は一三万両にも上る巨額の借財返済問題であった。「分度」外の収益を拡大再生産に投資するという本来の仕法を行う以前に、借財返済問題が焦眉《しょうび》の急であった。

同年九月一四日、君命を受けて桜町陣屋に出向いた中村に、金次郎は仕法受諾に際する条件を付けた。

一、一〇年間の収納米金の平均を「分度」とする。

一、「分度」外の米金を窮民撫育・荒地開発・難村取直に充てる。

一、農業に対する奨励を積極的に行う。

一、藩士への俸給は「分度」を設定し、豊凶にかかわらず変更しない。

金次郎は、作成した「為政鑑土台帳」を示した上で、藩の「分度」を設定し、「分度」外米金をもって窮民撫育・荒地開発・難村取直の原資とすべきであるとの考えを示した。

また、藩士への俸給は、豊凶にかかわらず変更すべきではないとした。これは、財政悪化を農民に転嫁し、重税によって不足を補う政策を禁じたものである。この政策は報徳仕法の大きな特色と言える。

彼の方針は徹底して「安民」を図ることにあった。農業を営むにあたり、必要となる物品を貸与し、農民を富ませ、やる気を起こさせる内側からの意識改革を優先すべきであると考えたものと言えよう。

同時にインフラを整備し、災害の予防を図った。もちろん、彼の施策は上からの供与ではなく、農民に資金・物品を貸し与え、自活の道を構築させようとした。農民自らの努力・工夫によって生活改善をめざさせた。

彼は、この工夫・努力を「人道」と位置づけ、「天道」の変わらぬ恵みの中に、「天道、人道を和す」

（『万物発言集草稿』）関係の構築を力説した。金次郎は「天道」を自然、「人道」を作事とし、「天道」が「人道」を和すことによって百穀の実りに結び付くと考えた。つまり、天地の恵みを農民に理解させ、その恩恵に感謝の気持ちを抱かせるとともに、農民の勤労こそが天地の恵みを結実させるものであることを諭した。

さらに、谷田部茂木藩に、当面の課題である借財返済に関し、何よりも藩の現状を借り主へ説明し、同時に借り主すべてに、今秋の収納の範囲内で借財（一部）を返済すべきであると説いた。借財返済の意思を宣明した後に、不足分については容赦を懇願すべきであると考えた。金次郎が強調しているのは、説明責任の履行《りこう》と借財返済に向けて、借り主に誠意を示すことであった。

金次郎は、藩主に率先垂範を求めた。まず藩主に「分度」を設定させ、その範囲内で生活をするように求めた。天保五年一二月、彼が藩主に求めたものは、厳しいものであった。衣装代・食事代をはじめ、日常生活全般にわたり倹約を迫るものであった。藩主が倹約の姿勢を示すことなしに、領内全域に倹約の意識を及ばせることはできないと考えた。金次郎は、家臣や民にのみ節倹を強いることなく、君臣民すべてにわたる倹約を奨励したのである。これこそが、金次郎が求める君臣民の「一円融合」の形態であったと言える。

その後、中村元順は金次郎の方針を藩主父子に伝え、重臣会議でも説明した。しかし、会議は沸騰することになった。

藩主は、仕法発業に向けた強い意志をもって会議に臨み、反対意見を封殺するつもりでいた。しかし、藩士の間には根強い抵抗があり、結局、藩主が家臣一同に文書を示す、という形で仕法発業を決めることになった。

早速、藩主は、金次郎に藩財政改革に向けての具体策を求め、中村元順に藩の諸帳簿の写しを持たせて桜町に派遣した。その帳簿から金次郎が門弟たちにはじき出させた数字は次の通りであった。

（文政元年〔一八一八〕～文政五年の平均収納高）

米　七六五九俵　永　一五六六両

一方、天保五年（一八三四）の藩借財は一三万三四六〇両にも上っていた。このままでは、収納額すべてを返済に充てたとしても完済には二五年余かかり、財政再建は容易なことではないと中村に伝えた。

中村は、この計算結果を藩主に報告した。彼は、藩主・列座重臣の驚きの様子を「上下挙げて驚き入り、この上立直るべき手段もこれあるべきものやと打寄り評議」した旨伝えた。

金次郎が示した厳しい現実に、谷田部茂木藩は驚愕《きょうがく》するばかりで、解決策を見出せなかった。そこで藩主は、中村を再び桜町に派遣し、打開策を求めた。

その後、金次郎が示した案は次のようであった。

過去五ヶ年平均収納額　五一六七両（米一石一両替）

幕方定用米金高　三三八一両　借財返済高　一七八五両

藩の財政支出を三三八一両と定め、残額を借財返済に回すという案である。藩財政が苦しいからといって、農民に対して加重な負担を求めることを禁じた。金次郎は、あくまでも藩主側に節約を求めた。さらに平均収納額の五一六七両を上回った分を荒地開発・廃村取直・人口増加に投資すべきであるという。この投資を継続すれば、やがて収納額の増加につながり、借財は減額されることを説明した。

中村は、早速藩主父子に対し金次郎案を示した。これに対して、谷田部茂木藩は、緊縮財政の厳しさを知りつつも、金次郎が示した案に同意した。増借に苦しんだ谷田部茂木藩はやっとほのかな光明を見出した思いがしたのであろう。「安堵致され候」との文言に藩主・重臣の切なる思いが記されている。これは報徳仕法での、大名領における「分度」設定としての最初の記録である。

しかし、谷田部茂木藩には、金銭的ゆとりがなかった。本家からのさらなる借入も見込み薄であり、用達からの調達は一層難事である。困り果てた藩主は、中村にこの旨を金次郎に伝えさせた。

金次郎は、藩主父子の財政改革に向けた強い意志と、君臣一致の協力体制を評価し、報徳金一〇〇〇両を荒地開発資金として提供すると語る。さらに仕法が成果を上げなければ報徳金の返済の必要はないというのである。この頃の金次郎の自信の度合いが示されている。

谷田部茂木藩では、家臣を財政再建に向けて結束させ、掛役人を選定し、荒田畑の調査に入った。この動きに対して、金次郎は一〇月二〇日に報徳金八〇両を貸与した。早速藩ではこの資金を、茂木藤縄村の荒地開発に投資した。

藩は財政再建に向けて積極的に動き始めた。天保六年（一八三五）正月、藩主父子・重臣は報徳仕法導入を正式に決定し、公式に金次郎に仕法発業を依頼する運びとなった。そこで、専属の仕方担当者が必要と考え、藩医中村元順を還俗《げんぞく》させ、中村勧農衛《かのえ》と改名させた上で趣法方に取り立てた。

二月、中村に仕法発業を求めた直書を持たせ、桜町に派遣した。これに対して金次郎は「国の元は民にて、民安かれば即ち国固し」と「安民富国」論を展開した。つまり、「安民」が達成されてこそ、「富国」があると金次郎は考えた。谷田部茂木藩の財政再建にあたっても、金次郎は「安民」を優先させた。

財政の悪化を増税に転嫁している内は根本的な改善を図ることはできない。増税は一時的な効果をもたらしても、民を枯渇《こかつ》させるだけであり、民の枯渇はやがて領主の困窮につながることになる。金次郎は、これをザルに喩えた。底に穴があいている限り、水はたまらない。「分度」の定まらない仕法はザルに水を注ぐが如くであって、民がいくら開墾に努めても領主に税を取られるだけで、民は豊かにはならないと考えた。

報徳仕法に藩士すべてが賛成したわけではなかった。天保六年六月、金次郎が谷田部に赴き、藩重役・勝手掛に「興国窮民」を説話している折、支配掛であった志賀平兵衛が、「大勢を倡《とな》え、趣法筋不帰依の旨、数ヶ条相認め、重役共へ讒言《ざんげん》の奸書、数ヶ条相認め、私儀迷惑の筋引き起」した。長門守も当惑した旨、記されている。

金次郎は、谷田部茂木藩との接触の中で、本家である熊本細川藩との関係改善を図ることが借財返済問題の優先課題であると考えた。彼の「一族観」からすれば、本家末家の疎遠な関係は容認されるべきことではなかった。

谷田部茂木藩は、過去、藩財政の逼迫《ひっぱく》を本家からの援助で凌いできた。しかるに、藩財政を立て直すことはできなかった。近年では、このような状況に対して、本家は半ばあきれ、谷田部茂木藩からの助成要請も「協議中」との口実で断っていた。

その細川本家に対して、谷田部茂木藩は感謝の気持ちを抱くどころではなく、怨みに似た気持ちを懐いていた。巷間、大坂の陣に際する家康の褒賞に細川本家が横やりを入れたことが両者の疎遠の因とされるが真偽は定かではない。

金次郎は、谷田部茂木藩の本家に対する態度は礼を失する行為と考えた。そこで、本家末家関係を「信義相欠かざるよう」に修正することを求めた。谷田部茂木藩から礼を尽くし、関係修復を図るべきであると進言した。これを受けて谷田部茂木藩は、細川本家に対して従来の助成に謝意を表し、さらに、仕法関係書類を示し財政改革に向けた方針を説明した。

屋敷名	借財額	借米俵数
江戸	四万六八三六両	六七六俵
谷田部	五五六九両	二七俵
茂木	六二七七両	
総計	五万八六八三両	七〇三俵

*借財一三万両の内、本家筋からの借財を除いたもの。

この説明は「本家役人共存外に呑み込よく、先方にても感心仕候」と、予想外に高く評価され、谷田部茂木藩の憂いを一掃することになった。結果、熊本細川藩に負っていた六万両余の借財は免じられることになった。熊本細川藩にとって、分家の借財累積は頭痛の種であり、金次郎による返済計画に分家立て直しの曙光《しょこう》を見たのであろう。

熊本細川藩による棄捐《きえん》（借財の免除）は、影響下にある商人にも及び、借財の一部を返済するのみで、他は容赦という破格の形で決着をみた。

天保七年九月二一日付の藩主細川興建から金次郎に宛てた書状には「この程は兼々趣法の規則相立ち候廉目、本家へも相通じ、年々助成もこれある様に相成り、正しく骨折呉候故と忝く存じ候」と強い感謝の意が記された。

しかし、残りの借財の大半は商人・神社仏閣からのものである。これは容赦というわけにはいかなかった。この内、江戸での借財の返済計画を掲げる。

利息	借財額	返済方法	初年度返済額	主な貸し主
無利	二万一二三五両	一〇〇年賦	二三五両	松倉重左衛門、油屋、松塚屋
無利	一万五〇九七両	五〇年賦	三〇一両	馬喰町御貸付御役所
無利	八〇〇両	一〇年賦	八〇両	辰ノ口様、赤羽根様
一割五分	一一五両	五ヶ年賦	三九両	伝通院
一割二分	九五〇両	五ヶ年賦	三〇五両	紀州熊野御貸付方、芝御山
一割	二四一四両	五ヶ年賦	七二三両	駿府町御役所、上野御府庫金 芝御山内大衆方年番所
五分	一〇〇両	五ヶ年賦	二五両	芝御山
その他	三二六九両	日限等	記載なし	

総額	四万六八三六両

※右以外の借財を含む

借財の大半を占める御用商人との交渉は、無利息の一〇〇年賦・五〇年賦支払いとして収拾が図られ、負担は軽減されたが、神社仏閣や公役所からの借財は利子軽減が認められず、五ヶ年賦として返済を急いだことがわかる。有利子負債の早期返還がなされた。

計画された初年度返済額は一七〇八両で、返済可能額である年一七八五両を考慮して計画されたといえる（その他の部分は不明）。累積借財高の推移は次の表の通りである。

年号	累積借財高　両
天保五年	一三万一二九七
六年	一二万五一五五
七年	一二万五八七二
八年	五万四五五八
九年	四万六一七八
一〇年	四万八八六〇
一一年	四万八七二五
天保一二	四万七九三二
一三	四万六五三七
一四	四万〇九〇七
弘化元年	三万九四六八
二年	三万八〇〇八
三年	三万七一二四

＊天保一〇年の借財の増加は大坂城番赴任のため。

天保五年の借財高は一三万両余であった。金次郎の基本方針である「分度」外の収納米金をもって借財返済を行った。ちなみにこの年は一七五四両を収納米金で返済した。この方針は継続され、年々借財は減っていったが、大借を減ずるには棄捐《きえん》を求めるほかはなかった。

その後、金次郎の借財返済計画は有効に機能し、さらにこの方針に理解を示す金主が現れた。「分度」外米金による返済は遅々たる歩みであったが、棄捐は順調に進み、天保五年五〇八両、六年四四四九両、七年一八八二両、八年六万六五二四両（細川本家）、九年七四七九両、一〇年一七両、一一年九五両、一四年四二一八両が棄捐された。

年号	分度外米金の返済額	棄捐による減借額	備考
天保五年	一七五四両	五〇八両	
六年	一五九三	四四四九	
七年	九九一	一八八二	天保の飢饉
八年	九二八	六万六五二四	細川本家の棄捐
九年	一六七九	七四七九	
一〇年	八三五	一七	
一一年	四九九	九五	
一二年	一三七五		
一三年	一三九四		
一四年	一四一三	四二一八	馬喰町御貸付所の棄捐
弘化元年	一四三六		
二年	一四五九		
三年	八八三		
総額	一万六二三九両	八万五一七二両	一〇万一四一一両

一三年間の仕法で、「分度」外米金による返済総額は一万六二三九両、棄捐による減借は八万五一七二

両、総額一〇万一四一一両であった。このことから細川本家の支援なしには成就しがたい仕法であったことがわかる。借財は天保五年の一三万両余から三万七〇〇〇両余に減少し、仕法は順調であった。懸案であった借財返済の目処《めど》が立ち、残るは、報徳金を投入して行う荒地開発である。金次郎は、荒地開発によって収納を増し、増加する余剰分を借財返済に充てようとした。

それでは金次郎が、天保の飢饉に際し如何なる思惟に立ち、如何に行動したかを追ってみたい。まず、天保七年九月二日、中村勧農衛に対して、仕法に向けた方針を「御領内御取直し御趣法の根元、本を本と仕候外御座ある間敷、その本は民を撫育するの外御座ある間敷候」という「安民優先」の見解を示した。金次郎は、飢饉下にあって、藩財政再建より、民の生活を保障することを優先すべきであると考えた。

一〇月には茂木二七ヶ村の人口・必要夫食米穀・反別を綿密に調査している。その調査結果を見ると、人口は六三三二人であり、夫食米穀は一万一三九七石(一人一日五合の一年分)が必要となる。これに対して、取穀と貯雑穀を合わせても一万〇八〇五石しかないので、五九二石が不足すると金次郎は考えた。

この調査を踏まえて金次郎は「身命を保つの要道、食物の尊き事は、およそそれ金銀珠玉を尊むに勝れり」と、食糧の大切さは金銀に優るものと考えた。米穀は天地から与えられたものであり、その恩徳に報いる行為をなすべきであると理解した。

つまり金次郎は、農業こそが人間界存立の根源であり、その恩徳は経済界全体を潤し、ひいては倫理道徳につながるものと考えた。その天地の恩徳に報いるためには、親族内互助は言うまでもなく、村内互助に努めるべきであることを示した。

また、金次郎は食糧不足を予測し、物井村喜左衛門・横田村久蔵に米麦の買い付けを指示した。一一月までに米二〇六俵を二七九両三分余（一両あたり三斗替）という高値で購入した。小麦二〇四俵も一七三両で購入し、直ちに米麦を茂木領に送付した。

谷田部の調査も同時に行っている。天保七年一二月一六日から、無住の寺である新町一条院に御救小屋を建築し、男女の飢民を別々に収容し、「夫食一人に付一日二合宛の米三日分、菜の物三日分、薪三日分」を給付した。

なお、御救い米の施与は天保七年八月一八日から領内各地で始まった。金次郎は、優先的になすべきは窮民の救済であると考えた。彼は主著『三才報徳金毛録』で示したように、農本主義の立場から、富の根源である農業存続を優先させた。借財返済も農業生産よりなすほかはないと考えた。この結果、借財返却は一時棚上げにされた。

谷田部茂木藩の財政改革は順調に機能し、天保の飢饉下においても頓挫することなく、藩の借財は減少し、天保八年（一八三七）五万四五五七両、天保九年四万六一七八両となった。ところが、天保九年末、藩主興建は大坂城番を命じられると仕法に困難が生じた。金次郎は荒地開発によって得た収納を、大坂城番費用に振り向けざるを得なくなった。

細川長門守は大坂城番受命にあたる苦悩を金次郎宛書簡で「公務の儀故如何様にも相勤めたき存意に候得共、多分の入箇《いりか》にて、心配の事に候、右に付いては尚趣法の規則を以て、崩れざる様、中村勧農衛へ申し付け置き候」と伝えた。

これに対して、金次郎は荒地開発によって得た収納を、大坂城番費用に振り替えるので、御役に専念されるようにと、細川長門守に進言した。

細川本家も仕法の見通しが立ったことから、谷田部茂木藩への援助を再開した。天保八年以降、江戸御屋敷・谷田部・茂木三ヶ所での定用米・定用金を代替した。しかし、大坂での費用増加のため、借財返済は停滞し、天保一一年（一八四〇）には累積借財は四万八七二五両に増加した。

このような状況下にあって、藩主興建は仕法中断を決意し、金次郎宛に「残念ながら暫くの間、趣法畳み置き、その上再興の時節、またぞろ頼談に及びたし」とする書簡を送った。当然のように、仕法中断後、谷田部茂木藩では緊張が弛《ゆる》み、再び仕法以前の状態に戻った。

天保一二年（一八四二）一〇月、藩主興建は、金次郎への書簡で「近年人気相弛み、旧弊に流れ、未だ熟さず、安心見渡し難し、残念この事に候」と、事態を憂慮している旨を伝え、さらに「追々趣法に押し移り候様致したし」と、仕法再開を求めた。金次郎は「旧情に泥《なず》み、御請申し上げ候」と、仕法再開を了承した。

しかし、天保一三年、金次郎は水野越前守から幕臣に取り立てられ、御用繁多となり、各地の仕法を辞退せざるを得なくなった。そこで金次郎は、行ってきた仕法を谷田部茂木藩が独自に行うことを求めた。

金次郎が求めたことは二点である。一つは士農工商の枠を越えて、忠孝に励む奇特人、職分に励む出精人を表彰すること。二つは報徳金一五〇〇両の返還は一年三〇〇両ずつ五ヶ年賦、かつ一五〇両を報徳元恕金として納入することであった。

ここで注目すべきは「士農工商尊卑に限らず」という表現である。烏山仕法において顕著に見られることであるが、「一円融合」の理の下に身分秩序を乗り越えようとした試みが、ここでも行われようとしていることである。

一方、谷田部茂木藩は仕法続行を望んだが、金次郎の幕臣という立場に配慮して、藩自らが仕法続行に向けた計画を立案し、金次郎に「御閑隙《かんげき》のみぎり、役人共罷り出、御教示御頼み申したく存じ奉り候」と助言を依頼した。

谷田部茂木藩は「分度」外米金で借財返済をなし、報徳金で興国窮民仕法を行うとする案を表明した。その上で、金次郎に公務余暇の折の助言を望んだ。これに対して金次郎は、御用繁多を理由に断った。あきらめきれない谷田部茂木藩は老中水野越前守に藩主名をもって仕法続行に向けた伺い書を提出した。

しかし、幕府は「書面の趣きは相成り難く候事」との下げ札を付けて却下した。他領では仕法続行が認められる中、谷田部茂木藩の仕法続行願いは却下された。

さらに、谷田部茂木藩は、投資された報徳金を桜町領主宇津氏へ返還されたしとの勧告を受け、窮地に陥ったのである。そこで谷田部茂木藩は、宇津氏に使者を送り善処を求めた。しかし、宇津氏の反応は予想外に厳しいものであった。宇津氏は仕法金の返却を拒んだ。宇津氏の言い分は谷田部茂木藩に投じた仕法金は「金次郎方格別の勤功を以て産出候米金」であるとして、受け取りを拒んだ。やむなく谷田部茂木藩は、宇津氏の本家である小田原藩に話を持ち込んだ。しかし、小田原藩も返却の申し出を断った。

こうして投下された一五〇〇両に及ぶ報徳金は宙に浮くことになった。報徳金返却を勧告され、これを放置したならば御上の意向にも背くことになり、谷田部茂木藩は金次郎に相談せざるを得なくなった。

そこで金次郎が提案したことは次のようである。金次郎に桜町仕法を命じ、報徳仕法の発端となった前小田原藩主大久保忠真の菩提を弔うため「麻布教学院御墳墓霊前」へ三〇〇両、残りは嘉永五年から年一〇〇両ずつ五年間日光御神領仕法に納入するということであった。こうして金次郎による谷田部茂木仕法は終結を遂げた。

七節　烏山仕法

烏山藩は、享保一〇年（一七二五）大久保常春が二万石で封ぜられたのに始まる。烏山地方（栃木県那須烏山市ほか）に二万六〇〇〇石、相州愛甲郡（神奈川県厚木市ほか）に一万三〇〇〇石の領地を持つ。当時の藩主は大久保佐渡守忠保であり、小田原藩主大久保忠真と親族関係にあった。

烏山仕法の特色は、一つは天保の飢饉に対する救急仕法である。二つは「一円融合」の理の下に、身分を超越した協力関係が構築され、農民は言うに及ばず、町人や武士をも巻き込んだ荒地開墾が行われたことである。近世後期にあって、四民を問わず、一藩挙げて荒地復興に向けて協働するなどということは極めて稀な例である。近世後期に顕著に現れた百姓一揆、打ち壊しに見られる抵抗・反抗とは異なったベクトルをもつものとして注目すべきであろう。

飢饉に対する救急対策が如何に行われ、四民一致の協働が何故行われたのか。また、仕法の賛否をめぐる対立が如何なる経緯を辿《たど》るのかを、烏山仕法の検証を通して明らかにしたい。

この藩も北関東一帯の諸藩と同様に人口減に伴う土地荒廃は深刻であった。「烏山人別三箇度平均帳」で人口動態を検証する（百分率は享保一一年を基準として）。

享保一一年（一七二六）　一万八七七四人（一〇〇・〇％）藩発足時
安永六年（一七七七）　一万四四一八人（七六・八％）
天明六年（一七八六）　一万三四九一人（七一・九％）
文政一〇年（一八二七）　一万〇六二四人（五六・六％）
天保七年（一八三六）　一万〇〇三一人（五三・四％）

この史料から、烏山地方の人口減が特に大きかったのは享保から安永にかけてと、天明から文政にかけてであることがわかる。人口減少は、当然の如く耕作者減をもたらし、多くの田畑は荒地と化した。このような状況の上に天保の飢饉が襲ったのである。

烏山仕法は、天保七年烏山天性寺住職円応の懇請がきっかけとなって始まった。飢饉の様相が濃くなった九月二日、円応は仕法発業を求めて桜町陣屋に至り、桜町仕法の実相を見聞した。円応は金次郎から桜町仕法の概要の説明を受けるとともに、谷田部茂木仕法の為政鑑を借り受けた。帰宅後、為政鑑をつぶさに調べ、報徳仕法の実体を知り、その有効性を確信した。そこで、家老菅谷《すげのや》八郎右衛門に為政鑑を示して、金次郎による仕法を説明し、烏山藩領への仕法導入を求めた。

円応は、従前より自らも荒地開発に乗り出し、その困難さを熟知していただけに、桜町領の復興の様子、特に農作業に励む民の姿は、彼にとって驚異の存在であった。菅谷も天保五年に家老職に就き、新田方を設置するなど荒地開墾に向けた積極的な対策を採っていた。その菅谷だからこそ、為政鑑に示された仕法の実効性には深く感動するものがあり、自ら桜町に赴き仕法発業を求める決心をするに至った。

一〇月に入ると、飢饉の様相は一層顕著となり、凶荒準備が十分ではなかった烏山藩は窮地に陥った。藩の重臣は領民の飢餓を救うために、金次郎に余剰米の売却を求めた。

一〇月一四日、円応は金次郎宛書簡で、茂木の米価を二斗八升（一両あたり）としながらも、もっと「高直《こうじき》にても」購入したいという切実な米不足の様子を記した。

然るに、桜町領は天保三年（一八三二）冬、雑穀蒔き付けを指導して以降、凶荒対策は万全であり、青木村、谷田部茂木領を救援するほどの貯穀量を保有していた。小田原藩士横澤雄蔵の金次郎宛書簡に「関東凶作諸国宜しからざる中、御知行所の儀は無難に相続いたし、その上御収納もかなり御取箇にも相成り、全く御趣法故の儀（中略）人気もよろしく、且御上の御苦労これなき段は、全く貴所様数年御丹精これあり候故と一同申合せ罷り在り申し候」と桜町領安泰の様子が示された。

このように、関東一帯が飢饉で窮迫に陥っているのに、桜町領は安泰であった。横澤は、これも仕法の成果であると小田原藩では評価している旨、書簡に記した。

飢饉の様相が明らかとなると、金次郎は親交のある宇都宮をはじめ各地の米商人・小田原藩・谷田部茂木藩・烏山藩・宇津家を介して各地の米相場・保有米数を問い合わせた。

一〇月九日付の小田原藩士豊田正作の書簡によると、江戸相場一〇〇文に付四合（一両七〇〇〇文替えとして二斗八升）、小田原相場五合（同三斗五升）であった。産米の不足している烏山の相場は回米の不足している江戸とほぼ同水準であり、飢饉による打撃の少ない小田原城下は比較的米相場が落ち着いていることがわかる。各地の相場の様子は次々と金次郎のもとに寄せられた。金次郎が注目したのは各地の相場差であり、時間による相場差であった。興味深い史料はいくつかあるが、米穀商桐屋吉兵衛と釜屋次郎兵衛が、金次郎宛書簡に記した旅行記にある宿駅ごとの米相場は特に注目されるものである。次の史料は天保七年七月から八月にかけての東海道の宿駅ごとの米相場である（一両につき）。

七月二一日　三斗二升（江戸）
二三日　四斗一升（程ヶ谷）
二五日　四斗二升〜四斗三升（小田原）
二六日　四斗六升〜五斗（沼津）
二七日　四斗六升〜四斗七升（江尻）
二八日　四斗五升（金谷）
二九日　四斗一升（浜松）
三〇日　四斗（赤坂）
八月　一日　五斗（桑名）
三日　四斗八升〜九升（亀山）
四日　四斗八升（水口）

駿河までは江戸から遠ざかるごとに米価は下落している。しかし遠江から尾張までは再び上昇に転じ、尾張を去って、伊勢以降となるとさほど変化が見られなくなる。

次の史料は同日（九月三・五日）における江戸での産地別米価である（一両あたり）。

野州米	三斗六升～三斗七升	美濃中印米・金太米	三斗三升～三斗六升
肥後米	三斗二升	三河挙母米	三斗三升～三斗五升
岡崎米	三斗二升	越後米	三斗五升
伊勢米	三斗四升～三斗六升	薩摩米	三斗四升
尾張米	三斗六升	安芸米	三斗四升

右記の史料では江戸で売買される限り、産地による大きな米価差は見られない。この二つの史料から米価の地域差は、地域ごとの需要と供給の差であることがわかる。

次の史料は金次郎の往復書簡に記載された、天保七年（一八三六）から八年の米価の時間差と地域差を表したものである。参考までに文政五年（一八二二）から文政一一年の桜町での米価の平均は一一斗九升であった。文政一二年から天保三年までは七斗三升から八斗の間を推移していたが、天保四年に飢饉の第一波が到来すると四斗まで上昇した。天保五年は七斗八升まで下り、翌六年の米価は六斗台で推移した。

金次郎の往復書簡に示された各地の米価である。

年月	小田原の米価	野州の米価	江戸の米価
天保七年五月	六斗二升	七斗四～五升	
六月	六斗二升		
七月	五斗六升	四斗七升～五斗八升	
八月	四斗八升	四斗五升	三斗八升～四斗三升
九月	三斗二升～四斗	三斗四升～四斗	三斗四～六升
一〇月	三斗三升	三斗～三斗五升	三斗二～三升
一一月	三斗		二斗八升～三斗
一二月		三斗二升	
天保八年一月		三斗一～二升	
二月		三斗一～三升	
三月	二斗三～四升	三斗二～三升	
五月	二斗八升		
六月	二斗三～五升		
七月	二斗四～六升		
八月	二斗九升～三斗二升	五斗四～五升	
一〇月		五斗三～六升	
一二月		六斗	

＊野州の米価は、桜町領・谷田部茂木領でのもの。

金次郎は情報網を駆使し、徹底的に米価の地域差・時間差を調べ、安値で購入し高値で販売した。例を挙げるならば、天保七年九月、小田原藩士横澤雄蔵が野州米を四斗一升で購入したいとしたのに対し、金次郎は「その価格では桜町村民の意欲を欠く」からとして、「三斗で購入してほしい」と回答する。その上、小田原藩から支給される桜町仕法米二〇〇俵を小田原で一両＝三斗二升の価格で売却し、その資金をもとに米安の地で一両＝四斗の価格で新米を購入するというのである。このような価格差を活用し、金次郎は仕法に必要な資金と米穀を確保した。

また、金次郎は烏山藩の求めに応じて緊急救援米一〇〇俵（一一月二六日五〇俵、二八日五〇俵）を送るとともに、烏山藩窮民対策として総額一〇〇〇両に相当する米穀を貸し与えた。

烏山藩が「窮民撫育、荒田帰発」について、金次郎の方針を理解したので、金次郎は烏山藩救援の米穀を送った。こうして金次郎は一〇〇〇両相当の米穀を貸し付けた。「烏山窮民撫育米付送帳」によれば、細目は次の通りである。

米　　五七四俵一斗四升（七八六両一朱）但し一両三斗替

種籾　一七一俵三斗（一三五両二分二朱）一両三斗替

稗　　二三四俵（一七八両一分）一両八斗替

右の史料から、米価は三斗替（一両に付）と、文政期の三倍～四倍に高騰していることがわかる（円応が示す烏山での相場二斗八升替よりは米安で売却している）。米不足の中、金次郎は救援米の大半・種籾・稗のすべてを桜町領から調達して送っている。このことからも桜町領の貯穀の豊富さを見てとることができる。また、貯穀を高値で売却したことによって、桜町領民に莫大な利益をもたらせた。このことは桜町領民の仕法に対する信頼を一層集めることになった。

円応の金次郎宛書簡で注目される記述がある。円応は藩の勝手方を「万民潤助の沙汰はこれなく、人々利潤計り申す事にて、大道の外物に御座候」と批判している。

烏山藩の財政担当者は窮民救助の方策をもたず、もっぱら藩財政のやりくりのみを考え、政治の大道から外れていると、円応は非難している。この何気ない表現だが、やがて飢饉が一段落すると、藩財政の悪化は、報徳仕法の是非論に発展し、仕法支持派と反対派の争論が生じることになる。

さて、円応は一一月、天性寺に御救い小屋一一棟（一二棟説もある）を建築し、一二月一日以降、桜町からの救援米穀で窮民に一日一人米二合ずつを給付した。炊き出し用として購入した物品（穀類を除く）の記録がある。

＊食品類

小豆一升、するめ二抱、大豆一駄、小麦粉三斗五升、稗粉

＊調味料類

塩三駄、醤油、油、粕

＊用具類

釜石六、十能三、斧、やすり、箒、松板、釘、柄杓四八、手桶二〇、麻、たらい、火縄、蝋燭《ろうそく》、炭一俵、火鉢、土瓶、杓子《しゃくし》、半紙、西之内（常陸産の紙）

この記録から、穀類は桜町からの救援に頼り、購入物品には食品類が少なく、調味料・お救い小屋の用具類が大半を占めていることがわかる。野菜も記載されておらず、無償で現地調達が可能であったの

であろう。

「御救焚出頂戴人別帳」には、村ごとに人口・御救頂戴者数が記載されている。ちなみに藩領の当時の人口は一万〇〇三二人、御救頂戴者数は八七九人（八・七六％）であった。

炊き出しは天保七年一二月一日から天保八年五月六日まで行われた。五月六日御救い小屋撤去の折、飢民一人に対して、おおむね銭一〇〇文・白米・稗・味噌を配布している。

図15　天性寺の御救い小屋跡

こうして緊急対策がなされた烏山領では一人の餓死者も出さなかったのである。しかし問題がなかったわけではなかった。出産した直後の婦人には白米五合を特別配当していた。ところが夫がこの白米を奪うという事件が発生した。民の窮迫がここまで進んでいることに驚いた金次郎は、救済の手を拡大せざるを得なくなった。緊急の極難飢民対策のほかに、中難の農民に対しても荒地開発という失業対策的な施策を講じた。金次郎は冬場の農閑期を無為に過ごさせることなく、農民を仕事に従事させ、賃銭を与え、日常生活を保障しようと考えた。

そこで、中難（緊急の食糧には困らないが日常生活に差し障りがある者）の一一六人に三〇〇両を渡し、荒地復興を行わせた。

この際、農民に出精人の入札をさせ、一番札の者に荒田三反歩、二番札の者に荒田二反歩、三番札の者に荒田一反歩の起き返しをさせた。仕事を与え、賃銭を保証することによって農民の意欲向上を図ろうとした。ただ、誰にでも荒田開発をさせたわけではなかった。あくまでも「農業意欲」があり、「村為」になる模範的人物に荒田開発料を与えたわけである。

この荒地復興策は烏山藩の総力を挙げた大規模なものとなった。すべての村・郷・組で入札（投票）を行い、一番札から三番札（村によっては八番札まで）の者を選び、それを「窮民撫育世話方取調帳」に記載した。一四七〇人の農民を対象として実質上の選挙を行うということは行政の協力なしにはでき得ないことである。金次郎は藩庁の行政機構を使い、農民に対して仕法への自主的参加を促すとともに実利を与えた。

金次郎が考えていたことは、仕事のない農民に、農閑期を利用して荒地復興という仕事を与え、労働の対価として、賃銭を支払うことによって、彼らの日常生活を保障しようとしたことである。農民は賃銭をもらった上に、復興させた田地から作徳米を鍬下期間（通常は五年）だけ手にすることができた。返済は荒地復興の翌年から、収穫の一部を五ヶ年賦で返却すればよいという好条件であった。もちろん、鍬下期間は免税であり、収穫した米穀は返済部分を除いて自己のものとすることができたわけである。

具体的に示せば、一反歩の開発賃として二分二朱、草取りや耕作料として二分二朱、総額一両一分を受け取り、年末に一反歩に付、約三俵（二四俵替えとして三俵は一両一分に相当）と予想される収穫の中から五分の一にあたる二斗四升を五年間返却し、六年目に収穫の六分の一にあたる二斗を推譲すればよいのである。農民も潤い、領主も鍬下期間の五年が終われば貢納米が入り、金次郎も資金が回収でき、かつ推譲米も得ることができるのである。つまり、誰もが利を得ることができることになる。こうして一年目には二四町歩の田畑が開発された。反収三俵として、二四町歩の開墾地から七二〇俵の収穫を得ることになった。

金次郎は、仕法成就のために、藩主には決意を求め、藩庁の役人には自覚を促し、実行者たる農民には仕法への理解と協力を求めた。

このように「君臣民」の融合をめざしていたことは天保八年正月の「村々申渡手控」で明らかである。まず農民に対して、「農業出精、奢を省き、富める者は貧を恵み、才覚ある者は無智成る者を諭し、一人宛も飢渇の愁いこれなき様、世話人共は申すに及ばず、村役人においても、心を合せ、実意を以て取り計らい申すべく候」と、農業への専心努力・倹約・相互扶助を求めた。

すなわち、彼が求めたことは、第一に農民は天道の恵みを生かし、農業に専心努力すべきであるとしたことである。これは彼の唱える「職分論」に基づくものであった。第二は倹約とし、第三に「一円融合」の理の下に村内互助を求めた。

彼は、村落の立て直しを図るには、自らの力に依らなければならないと考えた。すなわち、「荒地は荒地の力で起こす」「荒村は荒村の力で起こす」という自力復興をめざしたわけである。

その一方、藩主・藩士に対しては窮状に対する認識と仁政を要求した。金次郎は、藩主・藩士に対しても耐乏生活を求めた。「民は国の本である」という従前からの認識を改めて示し、その民に尊敬されるような治世を藩主に求めた。その上、藩主には「御手元を始め、朝夕召し上がられ物等に至るまで、厳敷御省略遊ばせられる」ように自覚を求め、「多分の御救い金」を差し出すように促した。藩士には、現状が「御収納相減じ候故、御家中の儀は、年来面扶持にて、漸く飢餓を忍び候までの御宛行」であるから、一層の倹約と、藩主に協力して仁政を行うことを求めた。

金次郎は、「村々申渡」で藩内一致の協力体制の創設を促したのであるが、彼が求めたことは君臣民の「一円融合」であり、そこには対立の論理は存在しなかった。この君臣民の「一円融合」論は、近世後期に顕著に現れた一揆・打ちこわしとは別のベクトルをもち、支配階級対被支配階級の対立を前提とした階級論では理解できないものであろう。これこそ、近代幕開けへの序章と言える。

天保八年末には、桜町領復興が完成し、領地は宇津氏に返還される運びとなった。そこで烏山藩主大久保佐渡守は、仕法の徹底を図るため、小田原藩主大久保忠愨に対して「御家来一人、在所へ御借り受け申したく候」と、金次郎を借り受けたいと願った。

烏山藩では、理想的な君臣民関係が構築されたように見えるが、現実には飢饉での打撃は深刻であった。そのために、一年間の荒地復興だけでは十分な成果を上げたとは言えなかった。

興野《きょうの》村上郷から御趣法方役人宛の証文には天保八年一二月の村方の様子が記されていた。興野村上郷では、昨年来の仕法に対して感謝を表明しているが、村の実情を「未だに食糧・農具代・馬代などが不足している」と訴えた。この状況から、金次郎は天保八年一二月、入札数の多い者に五ヶ年賦の勧農料を貸し付けている。勧農料は総額三〇〇両に上り、毎年（五ヶ年）一〇月二〇日に五分の一ずつの返却を義務づけている。

金次郎は「窮民勧農料証文帳」の冒頭に尚書から「民は惟《こ》れ邦《くに》の本、本固ければ邦寧《やす》し」、貝原益軒から「富ましめて後これを教える也」を引用している。

これらの引用は、報徳訓にも示されたように、民は生産の原点であり、民あってこその政治であり、民の生活の安定なくして民政は行われがたいことを表明したものである。

金次郎がめざしていたことは、天保の飢饉に対する飢餓対策のみではなかった。彼は飢餓の根源が飢饉にあるとは考えていなかった。飢餓の根源は富を生み出す田畑の不足であり、田畑の増加のためには、荒地開墾を繰り返し行わなければならないと考えた。荒地を復興することによって、烏山領民の生活基盤を確固たるものとしたかったのである。

そのために、天保七年冬には三〇〇両を投じ二四町の田畑を開墾させ、天保八年冬には開墾地からの収入をさらなる開墾に投資した。この拡大再生産の論理で一〇年間の荒地開発計画を立てた。開墾費は一反につき一両一分。反収を三俵とすれば、秋には二八八石（七二〇俵）の収納を得ることができる。この内から一反に付二斗を推譲させ、それを再生産に投資するのである。これを一〇年間繰り返すことによって、荒地一一九九町を開墾し成田に変えようと考えたわけである。

この案は荒地面積・不慮の災害・農民の労働力の限界等を考慮に入れない机上の計算ではあるが、金次郎の拡大再生産の論理を垣間見ることができる史料である。

烏山仕法に顕著に見られることは、武士・農民を問わず、仕法に多くの推譲者が現れたことである。仕法の目的を理解し、有効性をも悟った上での協力の申し出である。地域共同体の一体化こそ金次郎が求めていた「一円融合」の世界である。

烏山藩では、桜町で行われていた報徳仕法の好調ぶりが広く知られていた。その中で天保七年の飢饉に際し、金次郎から救援米が届けられた。窮迫下にあった烏山では、この救援を目の当たりにし、身分にかかわらず、仕法への協力意識が高まった。

一一月、藩士五五人・領民一六三人が二五七両一分を推譲した。これが金次郎のめざす「仁」の増殖（「一円仁」）の端緒となった言えるのではなかろうか。

金次郎による救援米送付という行為は、烏山藩士・領民を推譲という行為に発展させた。彼らは農民救済のために五ヶ年賦で報徳金を納入するというのである。各人が納める報徳金は資力に応じたもので二〇〇文から一五両まで様々であった。飢饉に対して、お上の施与を待ち望むのではなく、藩士・領民が互助の姿勢を示した。この協力体制は仕法が進むに連れて一層顕著なものとなっていった。

極難者（その日の食糧に窮する者）への施粥・中難者への荒地帰発料配布が行われると、烏山領内の仕法に向けた一体感が醸成された。天保八年一〇月には御趣法土台金の加入が領内を覆うまでに至り、同月には烏山町方九一人が報徳土台金三一両二朱を推譲した。また、村民一一三二人が五四両一分一朱を推譲し、藩士二一四人が五四両二分一朱を推譲した。

このように金次郎による仕法は藩領に深く浸透していった。当時の烏山藩の人口は一万〇〇三一人であることからして、推譲者の比率（一四・三％）が高いことがわかる。特に藩士に関しては、総数二五五人に対して推譲者二一四人、八三・九％もの高率に達し、仕法に対する藩士の理解が著しく浸透していたことがわかる。

しかし天保八年末、烏山仕法の担い手であった天性寺住職円応と家老菅谷八郎右衛門が相州厚木で罹《り》病《びょう》し、円応は本復せずに死去した。菅谷も翌年末まで病床に臥さざるを得なくなり、年末には隠居を余儀なくされ、仕法の前途に暗雲が漂うことになった。

天保九年一月には、金銭の推譲から、荒地開発への勤労奉仕にまで発展していった。中難者を中心に進められていった荒地開発に対して、藩士・領民が無償の労力提供を申し出た。荒地を開発することが烏山領復興につながるものとする理解が身分の枠を越えて進んだということである。

烏山藩士は、「御番間見計らい、月々左の日数御手伝い仕たく申し合せ候、何れの向成共御指図次第罷り出申すべく候」と、勤労奉仕の意思を示した。つまり、烏山藩士一一六人が荒地復興のため、勤務の余暇に月二日から五日間、勤労奉仕をするというのである。

このような身分の枠を越えた協調体制は領外の者にとって極めて奇異に映ったのであろう。桜町陣屋に寄宿していた京都の書家倉田耕之進は金次郎宛書簡で、「一家中隠居の面々まで、役用の閑日、城付四十八ヶ村へ手分け致し、開墾罷り出候様相成り候」と報告している。

城代家老菅谷八郎右衛門をはじめ藩士らは、勤務の余暇を利用して城下四八ヶ村に赴き、農民とともに鍬や鋤を手にして荒地開発作業に取り組んだ。このような姿は町方や農民を驚かせるものがあった。

従来、武士は己の支配地の開墾を手助けすることはあっても、農民のために開墾作業をするなどのことは考えられることではなかった。藩を挙げて仕法に取り組む様子を目撃した倉田耕之進には衝撃的な光景であった。

烏山藩に展開された四民一体となった仕法への取り組みは、金次郎が「報徳訓」二八で説く「君臣民三を以て一円と為す也」という「一円融合」の実現とも言えよう。

藩一致の荒地開発の様子は、天保九年三月烏山藩士大久保金吾の書簡にも「御家中の者共この節は堤道橋普請の方へ手伝いに罷り出、日々大勢の事故、奥野村、上境村堰普請等も、半分は御家中の手に出来仕候」と記されている。

村落の復興に向けて、藩士が積極的に荒地開墾に参加し、藩領一体となって仕法に取り組む姿は参加者を感激させ、ますます仕法への意欲を高めていった。家老惣頭大久保金吾の金次郎宛書簡には、藩領の身分を越えた一体感が示されるとともに、仕法を指導している金次郎への感謝の気持ちが記されていた。

仕法が藩領全体に展開されると、烏山藩では荒地開発の必要性がますます実感されてきた。天保九年一月に藩士が勤労奉仕を申し出たが、五月には各人の勤労日数が不統一という問題が生じ、協議の結果、一〇八人の同意を得て、月六日奉仕することに決まった。この文面には「御減し方これなし」と藩財政悪化への不安が示されていた。

また、家老菅谷八郎右衛門らは藩財政改善の一助として、御役料三ヶ年分を報徳土台金に推譲した。

この推譲行為が後、対立の要因となることは彼らも知る由がなかった。この後、藩士・領民は藩財政悪化を憂え、役料・俸禄・余剰金を報徳土台金に推譲した。

しかし、この行為は藩首脳から見れば容易ならないものに映った。彼らにしてみれば、財が藩から金次郎に移るように思えたのである。これが後に、江戸詰めの藩主側近と在地藩士との対立となり、菅谷八郎右衛門の追放や報徳仕法廃止の遠因となった。

烏山藩士の多数が何故これほどまでに仕法に傾倒していったのか、その契機を藩士小野六兵衛・小野安蔵は「御旧復の手段に心志仁慈を尽くされ、厚意の趣き備《つぶさ》に承知仕、誠に感服流涕仕候」と、金次郎に感謝を示し、さらに「御家中一同和合仕、合力廃地相闢《ひら》き、身分相応に窮民相助け候わば、御領中農民耕作相励み候一助にも相成り、且つ又御旧復の基本にも相成るべく申すやと存じ奉り候」と、藩財政再建に向けた方向性を見出している。

また、「御家中一同和合」「合力」という表現の中に「君臣民」の協力関係が窺われる。君主は飢饉下にあって、臣下・民の困窮を察し、自ら倹約生活を送る。これを臣が観じ、民の荒地開発に勤労奉仕をするという形で協力することになった。これを見た民は荒地を開発し、農業に専念することによって領中の経済生活を支えるという循環につながった。これは『三才報徳金毛録』に示された「天命治世輪廻之図」にあるように、徳を中心に世の中が循環されるとき、「一円仁」の世界がもたらされると考えた実相がここに示されたと言えよう。

金次郎は自らの意思を示すかの如く、天保八年「報徳元恕金貸付帳」に『論語』から次のような引用をする。

哀公、有若に問いて曰く、年饑《う》えて用足らず、これを如何、有若対えて曰く、なんぞ徹せざるや。曰く、二にして吾猶足らず、これを如何ぞそれ徹せんや。対えて曰く、百姓足らば、君孰と与にか足らざらん。百姓足らずんば、君孰と与にか足らん

再三にわたって金次郎はこの文言を書簡や仕法書に引用している。金次郎の思いは常に「安民」あっての「興国」であり、民が安寧に至るまで増税は徹底的に避ける姿勢を貫いた。

藩士による勤労奉仕は農民に大きな影響を与えた。天保八年、帰発料年賦六〇両、新田帰発料年賦四〇両余等報徳金の返納は順調に進んだ。この年は予想外の豊作であったようで、各地から寄せられた金次郎宛の書簡には「存外熟作」「相場下値」といった豊作・米相場安定を示す表現が多く見られた。

このような烏山仕法に示された一体感は、近世後期社会を支配・被支配の対立の構図でのみ捉える階級論理で分析できるのだろうか。報徳仕法下の大名領・旗本領の農村に見られる支配・被支配間の関係は、百姓一揆の分析に見られるような関係、すなわち「農民は被支配者として、武士は支配者として階級的対立関係」にあったと必ずしも言えない。金次郎が『三才報徳金毛録』『万物発言集』等で説く人倫関係は「一円融合」の論理で語られ、支配・被支配を前提に語られていないのである。

しかし、順調に行われていた烏山仕法は天保一〇年、藩主の命によって突然停止されることになった。天保一〇年一二月「烏山御趣法替風聞記」（烏山藩の記録）に、日記風に仕法廃止の事情が示されている。

江戸から直書を携えた家老大石総兵衛・用人大塚孫八郎が烏山に派遣された。一二月七日から一五日にかけて重役会議が開催され、報徳仕法をめぐって激しい論議が展開された。この対立は「分度」をめぐるものであった。大石は君命を受けて、江戸表の財政が苦しいので烏山の「分度」を撤廃し、収納米・小物成を江戸に送るように求めた。「分度」外の余剰米は荒地復興に投資する約束であったが、江戸表の重臣達はこれを日常経費の不足に充当したかったわけである。日常的な財政苦・緊縮生活に耐えきれない江戸表の重臣達は、秘かに報徳仕法の廃止を画策していた。

この動きを知らない城代家老大久保次郎左衛門は、財政苦は今に始まったわけではなく、報徳仕法によって好転しているのであるから、今後も「一致の御覚悟」で「金次郎方の指図」に従うべきであると応じた。

しかし、大石は「来年は来年の事」であり、まず「当暮三千両の御不足」を解消するため、烏山領での収納米永を残らず江戸表へ回送することを求めた。しかし、会議は紛糾し、結論は翌日に持ち越された。

八日、大石は仕法推進派を沈黙させるために、藩主の直書を一同に示した。直書の趣旨は、報徳仕法の廃止と収納米の江戸回送を求めるものであった。

これを見た烏山の重臣達は「誠に驚入り閉口いたし」、困惑の極致に達した。城代家老大久保次郎左衛門は、藩主の直書が示されたにもかかわらず、報徳仕法廃止に「御上御決心の上、重き御下知書とは申しながら、この儀恐れながら甚だ思召し違い、御不実千万これまで中年以来、金次郎方の丹精を以て、御領分古えに復し申すべし、この上もなき趣法、則ち聖人の道、そのままに相行れ候ところ、今更何故に御断りなされ候や」と強く反論した。

一方、江戸家老大石の主張は財政のフリーハンドを確保することであった。財政の一時的な好転を機に、領内で人気の高い報徳仕法の推進派を排除しようとした。彼らにとって「分度」は藩の財政を束縛するものと映り、豊作を機に仕法中止を実現せんとした。

それに対して大久保ら仕法支持派の主張は、報徳仕法の効果は明らかであり、断る理由がない。さらに断ることは飢饉救援に誠意を示した金次郎に対して不実であるとするものであった。

ここに対立の一つの構図が見える。農民の生活苦・荒廃した土地の実情を知る在地の藩士対烏山の実情を知らない江戸藩邸の藩士という対立である。在地の藩士は、烏山領における「一円融合」を藩財政再建に向けた理想的状況と判断していたのに対し、江戸藩邸の藩士は、四民を越えた協力関係を苦々しい思いで見ていた。

大石は大久保に対して、金次郎に断りを入れるのは「江戸表にて取計らい」、大久保の手には「懸ヶ申さず」とした上で、「次郎左衛門殿は、二宮方故耳には入り申す間敷く候得共、江戸表へは、兼てより委敷相響き、当御家中始め、御領分一統、七分通りは御趣法に相背《そむ》き」と、江戸藩邸では報徳仕法に反対する藩士が多いという実情を示した上で、小田原藩をはじめ親族一統の同意を得ている旨を示した。

藩主の威光を笠に着た勢いに押され、仕法支持派は口を噤《つむ》がざるを得なくなった。憤懣《ふんまん》やるかたない大久保はこの日を最後に重臣会議に出席をしなくなった。

九日、大石は家中諸士に趣法替の旨を書付で示した。これに対して帰発方一同「必至の覚悟相究」め、用人吉田勘四郎宅へ集まった。特に、郡奉行・代官は「退役相願い申すべき旨評議」した。彼らは領民と直に接し、仕法の効果を熟知しており、思い入れは深いものがあった。さらに報徳仕法廃止後の財政に自信が持てず、「御受け仕るまじき段、尚委敷口上書に相認」め、年寄若林助太夫に提出したが、彼も反対派に接近しており、口上書は黙殺された。

五〇石取の中村勝四郎は仕法停止に納得せず、新たに口上書を提出した。しかし何の音沙汰もなかった。この日は仕法支持派と反対派が全面衝突した日であった。

一〇日、大石は仕法支持派の切り崩しを図った。代官江口定蔵が別の用件で用人若林宅を訪れた折、江口の支配下である大桶村・片平村の村役人に仕法廃止を説得する旨依頼された。しかし、江口は即答せずに引き上げ、同役三人に若林から依頼された件を打ち明けた。一同は驚き、あきれたが、捨て置くこともできず、若林宅へ江口と同道し、「右様の相発し候事相成りかね候趣き御断り」と仕法中止に反対との意思を明確にした。結局仕法推進者である代官らへのこの日の工作は失敗に終わった。

一一日、大石らは秘密裏に各村の村役人一二人を若林宅に招き、君命を伝え仕法廃止に同意するように説得を試みた。大石は「勝手向米金出金もこれなく、殊に此たび小田原様御趣法に付、彼地に引取りに相成り候間、諸家様方一同御趣法筋御断の趣き再三申し聞かされ候に付、よんどころなくこれまでの御趣法向、金次郎方へ御断りに相成り」という事情であるから仕法を中止すると説明した。

しかし、家老からの説得にもかかわらず、神長《かなが》村大野恕助が反対の口火を切り、他の一一人も「御請け申し上げず引き退」り、話し合いは決裂した。大石らは城代家老大久保・代官・各村の村方役人の反対に直面し、打開策に苦慮した。大石総兵衛・若林助太夫・大塚孫八郎は協議の結果、自宅引き籠もりを続ける、仕法支持派の中心である大久保次郎左衛門を明朝に訪ねて説得にあたることに決した。

一一日、用人大塚孫八郎が病気見舞いと称して大久保宅を訪ね説得を試みたが、大久保は同意しなかった。

一二日、大久保は江戸藩邸の藩主に反対の意志を認めた書状を提出した上で家老職を辞すことを明らかにした。

一方、大石らは領内の村々の動向を探るため「隠密のもの」を派遣し、各村の動向を調査させた。大石等にとって、何よりも恐ろしいのは各村の報徳仕法支持派の動向である。報徳仕法支持を訴える農民の一揆だけは何としても防がねばならなかった。

一三日、大石らは各村の村役人を若林宅に呼び出した。しかし一昨日反対を表明した神長村恕助・大桶村久吉・戸田村三郎兵衛ら一二名は病気を口実に呼び出しに応じなかった。この日参加した村役人に対して、大石は殿様の「御下知書」を示した上で、仕法中断を伝えた。これに対して、村役人は「一同閉口」し、しばらくしてから、熊田村松田孫兵衛は、飢饉時金次郎からの救援で救われたのに、未だその恩に報いていないと仕法中止に反対を表明した。続いて、野上村孫兵衛が同様の趣旨で反対の意思を明らかにした。他の村役人も同調し、参加した村役人はすべて反対の旨を伝えた。

しかし、大石らは「御上よりきっと仰出され候」と伝え、高圧的な説得を試みた。これに対し、村役人はその場を去り、御役所に集まり善後策を協議することになったが、意見の一致を見ることはなかった。村役人は報徳仕法を支持しながらも、家老らの強硬姿勢に対して現実的な対応をも模索していた。

一四日、村役人は宿屋に集まり協議を続けた。西郷地区一七村の代表は、報徳仕法の続行を条件に、西郷地区のみで藩の経常費を上納するという案を示した。この案に対して他村も同調し、「願書」を藩当局に提出することになった。

しかし、仕法反対派にとって、西郷地区の提案は容認できるものではなかった。報徳仕法が浸透した烏山藩の現状を、江戸藩邸は藩領支配を危うくしかねないものと認識していた。単に財政逼迫の問題だけではなかった。そこで早期の決着を図るため、報徳仕法の実務を担当している帰発方役人に対して、明日登城すべしとの通達を出すことになった。

一五日、登城した帰発方役人に対し、これまでの出精の功を賞した上で、役職罷免《ひめん》を申し渡した。仕法支持派であった郡奉行岡儀左衛門・若林兵橘は周囲の状況から報徳仕法の一時停止やむなしと判断し、大石らに同意した。

こうして大石らは烏山在地の藩士・領民の反対を押し切り、報徳仕法を中断した。烏山での対立は、「安民」と「富国」、いずれを優先するかをめぐる対立でもあった。

金次郎は、富の根源は農業からもたらされるものであり、農民生活の安定なしに、農業生産力を確保することはできないと考えた。金次郎はあくまで「安民」あっての「富国」をめざしていた。当然、金次郎が投じた報徳金の大半は窮民対策と荒地復興に向けられ、農業生産力を高めた上で、税収を確保しようと図ったわけである。

これに対して、反対派は藩財政を「分度」によって束縛されたのでは、財政逼迫の折、定用金の調達に支障が出ると考えた。

また、農民が強く主張したのは、飢饉の折、金次郎から莫大な米穀を救援され、領民は恩恵を被ったのに、今仕法を中断するのはその恩義に反するということであった。このことは農民の間に報徳思想が浸透していたことを示すものでもあった。

しかし、反対派は藩財政の悪化は深刻であり、このままでは年末の窮迫を凌ぐことができないと認識した。そこで報徳仕法支持派が多い状況に配慮し、藩士が抵抗できないように君命をもって報徳仕法を中断したわけである。

仕法中断が金次郎に伝えられたのは一二月一七日であった。大久保次郎左衛門は書簡で、仕法中断は「全く佐渡守様御内心より発し候事には決してこれなし」と、殿様の意思ではないと伝えた。この表現には、大久保の藩内権力闘争に敗れた無念さが偲ばれる。その上、藩主に「諫書《かんしょ》差出し候上、退役願」を提出した旨を記した。

この書簡から、仕法の中断は突然もたらされたことがわかる。仕法反対派は江戸を拠点として小田原藩にも根回しした上で、烏山の仕法支持派を直書を盾に一挙に追い落とそうと図った。江戸藩邸側近らによる仕法中断の動きに対して、大久保はそのクーデターとも思える動きを察知できなかったのである。

一二月二六日、大石総兵衛・米田右膳（家老）・若林助太夫は金次郎に書簡を送り、「効験も相見え候みぎり、かたがた御残念に思し召し候えども、前文の通り隔国に相成り、御断りの趣きもこれあり候間、止むをえざる事一先ず御手切りを以て、御取扱なさられ候」と、仕法中断を伝え、さらに大久保次郎左衛門の罷免を「この節持病気に引き込み罷り在り候間、除名致し候」と伝えた。

金次郎は、小田原藩の動向や烏山藩内の動きなど周囲の状況を確認するためか、即答を避けて「篤と熟読の上追って是より御報申し上ぐべく候」と、慎重な態度を示した。不用意な言動は避け、打つべき手を模索していた。

家老惣頭大久保金吾の金次郎宛書簡（一二月二三日付）には、小田原藩に川俣嘉内・多賀又助を使者として派遣したことを記載した後、烏山の事情を報告している。一つは帰発方の解任はともかく、この度の処置は金次郎が示した恩沢に対し不実であるが、しかし「乱心讒諛《ざんゆ》の徒相企て候事」であるから、「何れ恢復《かいふく》仕るべしと決心覚悟罷り在り候」と仕法再開に向けた決意を示した。

一方、烏山藩から小田原に派遣された二人に対して、小田原藩は「江戸表重役共御印付、御書付以て罷り下り、御領中へ申し渡し候事故、こちらにては取り極め候事は相成らず」として関与しない旨を回答した。

川俣・多賀は小田原・江戸・烏山と廻り、仕法中断の収拾を図ろうとするが、事は容易に進展しなかった。両者とも小田原藩・烏山領内の動向に注意を払い、事態収拾を図っていた。

仕法の円満終結を図りたい烏山藩首脳は桜町に金次郎を訪ねて、正式に中断を申し入れることを企図したが、担当者が辞退するなどがあって実現しなかった。烏山藩の複雑な状況が垣間見られる。八月、業を煮やした金次郎は大久保・若林に書簡を送り、その後の状況を尋ねた。九月にもたらされた返書にも「程なく御挨拶に及ぶべく候間かたがた御猶豫下さるべく候」と引きのばしを図るだけで明確な返答はなかった。

この後、大石は大久保と和解したのか、大石・大久保・若林・大塚四人の連名で金次郎に書簡を送っている。書面の内容は飢饉時の救済に対する感謝の表明と、貸与された報徳金返済を主君佐渡守がことのほか気にかけているので、年賦で返済したいとのことであった。

これに対して金次郎は「筆談にては相わかり申すまじく候」として、会談を求めた。金次郎が烏山に伺ってもよいし、おいでいただければなおありがたい。いずれかご返事をいただきたいと返書に認めた。追伸には「とても筆紙に顕《あらわ》れ難く」と、重ねて会談を要請した。

負い目のない金次郎にはゆとりが観じられ、一方、大石には面会もできないほどの引け目が見られる。背景には、藩主大久保佐渡守と金次郎の主である小田原藩主大久保忠愨との姻戚関係がある。このことから大久保佐渡守には遠慮があったのであろう。

金次郎が求めた会談について、大石は返答に窮し、江戸表へ伺いを立て、藩主から指示を受けたいと書簡で伝えた。

一ヶ月後、大石は藩主からの指示として「帰発し候田畑より取立て候、御収納にて御立替金へ御返済方御掛合に及び候様仰付け越され候」と、開発田からの貢租を返済に充てると言い、会談の件には触れない。

しかし、烏山仕法の実態を熟知する金次郎は、「昨年御収納二万三千俵も相増し候やに承知仕（中略）何れにも拝顔を得、御示談仕たく存じ奉り候」と、御収納も十分あるはずと指摘した上で、重ねて会談を求めた。

しかし、大石は桜町に寄宿する菅谷八郎右衛門を迎えに行くとの口実で子息菅谷半蔵を桜町に派遣し、金次郎に対する書簡は大久保次郎左衛門に任せ、自らは相模国に出張して金次郎の求めに応じなかった。

隠居を余儀なくされていた、元家老菅谷八郎右衛門は、大石らの措置を「此上もこれなき虐政」と弾じながらも「先時待ち候方と、諸親類共一向差し留め」として、後日の仕法再開に期待して忍耐の日を送るという書簡を金次郎に送った。菅谷の一族にも、金次郎に心酔する菅谷に慎重な行動を求める動きが見られた。

隠居後も、菅谷の金次郎への傾倒は一層深まり、桜町陣屋で仕法仲間と語り合い、さらに小田原に赴き、塔ノ沢で温泉治療をしながら、曽比村・竹松村・鴨宮新田村の仕法を見聞した。この行為は烏山藩の怒りを買い、領内からの追放処分を受けることになった。やむなく、菅谷は、仕法支持派の大野村恕助の紹介で塩谷郡鴻野山に居を構えた。

この後、仕法支持派はおおむね大久保金吾と同様に、仕法復活に希望を託さざるを得なくなった。当然の如く、仕法中断後、開墾地は荒地と化し、藩財政は再び悪化し極度の衰貧に陥いることになった。

このような状況の中で、藩士・領民の間には仕法再開への待望が日増しに高まっていった。藩首脳部は、財政が苦境に陥る中で、金次郎を慕う藩士・農民の意向を汲まなければならなくなった。

一方、藩内各村の村役は、仕法の再開を条件に、藩の借財五六八両・定用米金を引き受けると重臣に申し入れた。烏山藩の苦悩は財政の悪化と領内にくすぶる仕法中断への不満であったから、この申し入れは渡りに船といったところであった。

天保一三年（一八四二）、烏山藩は重臣会議で仕法再開を決定し、金次郎に再び仕法を依頼することになった。

藩主大久保佐渡守は、金次郎に直書を送り、公式に仕法再開を依頼した。藩主は「中廃の儀、まったく後悔され」と反省し、「烏山は人気相すすむ」状況であるが、「相州は趣法の意味未だわかりかね、疑惑異論致し候者これあり」と中廃に至る原因が相州領にあると説明した。さらに大石ら重臣六人は「拙者共の過ち申し訳もこれなく、汗顔の仕合」と金次郎に謝罪した。

こうして仕法は再開され、一時失脚していた報徳仕法推進派の元家老菅谷八郎右衛門は復職し、菅谷を中心とした第二期仕法が試みられた。

この時、金次郎と烏山藩との往復が興味深い。烏山藩では仕法再開にあたり、仕法発業の牽引者であった菅谷の復職を容認した。家老大久保次郎左衛門が「高十人扶持」で菅谷を復職させるとの下案をもって金次郎に打診した。

しかし金次郎は、これに同意しなかった。金次郎は、報徳仕法再開に向けて烏山藩に強硬姿勢を見せた。仕法の功労者である菅谷を復職させるにあたり、高十人扶持（一八石相当）の待遇は金次郎の容認するところではなかった。むしろ、飢饉の折、身命を抛《なげう》って窮民救助に奔走した菅谷への加増があってしかるべきではないかと伝えた（罷免前の菅谷は一五〇石取りの家老であった）。

烏山藩首脳にとって、金次郎に心酔する菅谷の存在は、支配体制を揺るがしかねないものと映っていた。しかし、烏山藩の財政危機の克服、加重な負担に苦しむ農民に対する慰撫、藩士に根深く残る仕法復活への渇望の充足のためには、報徳仕法の復活は喫緊の課題であった。そこで烏山藩は菅谷に対して二〇〇石の待遇と家老職への復職を通告した。金次郎の要求を呑まざるを得なかったわけである。

こうして烏山仕法は再興されたが、領内の結束は既になく、天保の飢饉時に見られた「一円融合」に向けた高揚も儚《はかな》いものとなっていた。その上、同年には金次郎の幕臣への転進もあって、実質的には停滞状態となった。

八節　下館仕法

下館藩は享保一七年（一七三二）、石川総茂《ふさしげ》が入封したのに始まる。常陸国《ひたちのくに》真壁郡（茨城県筑西市）三〇ヶ村に一万三〇〇〇石（ほかに河内に飛び地一万石）を領していた。四代藩主総弾《ふさただ》の頃から財政が破《は》綻《たん》し始め、八代総貨《ふさとみ》の頃には越年資金にも事欠き、藩は存亡の危機を迎えていた。この頃、藩主は、家老牧甚五太夫から報徳仕法の噂を聞き、直書をもって金次郎に仕法発業を依頼した。下館藩の課題も荒地復興と財政再建にあった。仕法を依頼した天保九年一〇月の下館藩の借財は三万三九〇〇両にも及んでおり、収納だけでは利子の償還のみがやっとの有様であった。

金次郎による仕法は、弘化三年（一八四六）の「日光仕法雛形」の完成によって定型化されるが、天保一〇年当時は各仕法の特殊状況に合わせて立案されていた。仕法の基本は藩財政に「分度」を設定させることにあった。「分度」外の余剰を荒地復興に投資することによって、農民を富ませ、生産性を上げ、その収納増を返済に回し、借財の減額を図ろうとするものであった。

下館仕法の特色の一つは、天保一四年に報徳社の前身と言える「信友講」を結成したことである（小田原藩でも報徳社が同年に結成されている）。二つは、藩士の減俸をめぐっての攻防である。

下館藩は天保八年八月に高田尉右衛門を金次郎のもとに派遣し、仕法発業を依頼した。しかし金次郎は「御用繁多」として依頼を断った。一〇月には衣笠兵太夫が桜町を訪れ仕法発業を依頼した。もちろんこの時も金次郎は依頼を断った。衣笠は仕法発業を断られたものの、金次郎の仕法に対する熱情と斬新な趣法に感動した旨を書簡に記した。

衣笠は報徳仕法の要諦《ようてい》の一端である因果を「茄子《なす》の種を蒔き、茄子の木を生じ、なすの花を発し、なすの実を結び候事、これほど明らか成る道を、一向に弁《わきま》えず、これまで無益な労勤仕候段、残念至極に存じ奉り候」と、自らの至らなさを悟るとともに、下館藩の前途に光明を見出す思いがした。そこで衣笠は、下館藩の財政改革は報徳仕法導入をもってするほかはないと確信し、家老牧甚五太夫に報告した。牧も衣笠の話に感銘を受け、直ちに桜町に赴き、重ねて仕法発業を依頼した。

しかし金次郎は年末に迫った桜町領引き渡しに忙殺され、下館仕法に着手するゆとりはなかった。その上、小田原仕法の発業を小田原藩主から要請されていた。これらの事情から下館仕法発業は遅れることになった。

天保九年九月、小田原から帰陣した金次郎を訪ねた衣笠は再度仕法発業を依頼した。しかし、金次郎は衣笠に対して、下館藩の「分度」の設定がなされなければ仕法に着手できないことを伝え、その覚悟を藩主に求めた。

これに対して下館藩主石川総貨は金次郎への直書で「多年の流弊一洗致し、家中領民安堵の道に趣き、上下徳に報ゆるの志し専らに相成り候」と決意を示し仕法発業を依頼した。

金次郎は領主の直書に下館藩一致の姿勢を観じ、仕法発業に前向きの姿勢を見せ、諸帳簿の提出を求めた。他の仕法と同様に、過去一〇ヶ年の収納額・入用額（藩の経常経費）の平均を調べ、これを「天命自然の分限」と定めようと考えたわけである。

金次郎は大嶋ら計算に明るい門弟を使い、下館藩の財政を調べさせた。調査の結果、財政の悪化は深刻で、越年が苦しいほど追い込まれていることがわかった。この状況から、まず入用額を節約させ、借財の利子分は経常経費の節約分で賄うことが先決であると考えた。つまり利子分にあたる約一六〇〇両を「分度」内に入れようとしたわけである。

九年末には、借財が三万五〇六六両に増加していた。利子だけでも年一五九七両にも及んだ。主な借入先・金額・利子は次のようである（元金のみ）。

日光御貸付金　二六五六両余（利一割〜一割五分）

水戸様御貸付金　五四〇両（利一割）

駿府御貸付金　金額不明（一ヶ年八〇両返済）

馬喰町御貸付金　五五一三両余（一ヶ年一一五両二分返済）

紀州様御貸付金　四一六両二分二朱（利一割四厘）

このように棄捐されにくい権力的な機関からの借財に下館藩は窮していたことがわかる。日光金・水戸金などは「地獄針」（川崎屋孫右衛門が『報徳見聞録』で指摘）とも言われ、孫右衛門はその苛酷《かこく》な取り立てぶりを記している。

天保九年に金次郎が作成した「御暮御土台帳」によれば、一〇ヶ年平均の収納は次のような状態であった。

一〇ヶ年平均収納　九〇九〇俵（うち支出扶持米　六五一四俵）

残　二五七六俵（この代金一〇八一両三分二朱）

一〇ヶ年畑方高　八五八両二朱

大豆石代金（御定用を除く）　二五両一分

田畑総計高　一九六五両一分

必要経費　一二四六両

差引残　　　　　　　七一九両二朱

下館藩の一〇ヶ年の平均収納・畑方金の総額から必要経費を支払うと残額は七一九両二朱しか残らない。つまり利子すら支払いきれないわけである。そこで金次郎は下館藩に一割九分三厘の財政緊縮をさせ、一四九〇両の残額を生み出す案を作成した。

やがて、この削減案も借財の増大に追いつかず、新たな計算から、この赤字を解消するには二割八分の削減が必要であることがわかった。

金次郎は、当面の解決策として、天保九年の収納をすべて借財返済に廻すことによって、下館藩の返済意思を金主に了解してもらうことが肝要であると考えた。そのためには、天保一〇年の夏成（畑物）・秋成（田物）の収納があるまでの期間の経費を一月から二月分（五五八両）は桜町（金次郎）、三月から六月分（一三七七両）は御用達、七月から八月分は石川本家から借用して補おうと考えた。

借財返済の意思と方策が示されたことによって、御用達・本家からの新たな借財については曲折を経ながらも、認められることになった。

これらの善意に対して、藩士からも仕法に向けた推譲が行われた。無利子の貸与に感動した家老牧甚五太夫、藩士小島半吾、大嶋儀左衛門らが俸禄を返上した。これを見た他の藩士も追随し、次々に俸禄が返納された。

しかし、金次郎が「分度」の根本と捉えた藩財政全体の二割八分削減は、藩主の大坂加番もあって、天保一三年まで決定が延期された。

下館仕法の特色の一つは、この減俸策をめぐる藩内の攻防がある。生活苦にもかかわらず、藩財政が改善されるまで減俸を続けるべしと考える藩士と、減俸に反対を唱える藩士が存在した。この確執が藩主をも巻き込んで長く展開されることになった。

この仕法をめぐって、金次郎がどのように考えていたのかを追ってみたい。

金次郎は「養育の恩に報い候外御座あるまじく候」と弟に教え諭したように、ここでも父母の養育の恩に報いるのと同様に、諸恩沢に報いることが肝要であることを示した。金次郎の思考の中では、父母への報恩が、君への報恩に優先していることを確認しておく必要がある。

また金次郎は、農民が年貢を納める理由付けを「平安無事に今日を相助り居り候恩沢を報ぜんがため」と説明する。これは「万物発言集草稿」にも同様の趣旨が示されている。

田畑開きて五穀熟し、食物足りて人道定まる、人道定まりて父を知り父子の大道立つ、兄弟夫婦に及び朋友の四倫の道行わる、終に横道のもの出来人倫の道を破る、よって君臣の大道立つ、耕作農業をなして五穀を作り出す者を守護し、横道のものを懲しむ、これ武門の根元なるべし

金次郎は、「一円融合」の認識のもとに、士農工商を位置づけた。士農の関係を上下関係と捉えずに職掌として把握する。「横道のもの出来人倫の道を破る、よって君臣の大道立つ」と考え、君の役割を秩序の維持に見ている。

また、金融資本の弊害を指摘すると同時にその役割を認めている。借り主は必要に迫られて借りたのであり、返済にあたっては金主に対して感謝の気持ちを以て返却すべしとしている。この姿勢が金主で

ある御用達の理解・協力につながり、下館仕法での借財返済を容易ならしめるものとなった。

中村兵左衛門ら御用達八人は、重役・藩士の推譲、金次郎の無利息貸付を見て、下館仕法の方針に理解を示し、藩の経費立替に同意した。しかし、藩士は面扶持《めんぶち》で極端な耐乏生活を強いられており、さらなる減俸に躊躇せざるを得なかった。

下館藩では面扶持が強いられ、禄高に関係なく、一人当たり一斗四升（一日五合×二八日分）を支給していた。

金次郎は、藩挙げての「分度」確立がなされていないことから、仕法への積極的な介入は控えざるを得なかった。

家老牧甚五太夫が藩財政再建のため、俸禄を推譲したことに対して、金次郎は牧宛書簡で「天道の恩義を謝せられ、身命の果を顧みず、残らず俸禄を差し上げられ候儀は、昔祖先の戦場に出立の如く」であると評価し、この推譲が藩内に多大な好影響を与えていることに仕法成功への光明を見出している。

しかし、金次郎が示した改革案通りには実行されなかった。一つは、藩主が大坂詰となって、下館藩として財政緊縮策を決定できなかったことである。二つは、金次郎が小田原仕法に重点を置かざるを得なかったことである。これらのことから、挙藩一致の改革には進まなかった。

天保一二年、二割八分の減俸策に対して藩内で論議が進んだ。さすがに二割八分の減俸には抵抗も大きく、容易に一致を見なかった。

金次郎が求めた藩一致の決意に対して、一一月、減俸を承諾する旨を記した「口上の覚」を藩士一二人が提出した。これには藩士の複雑な心情が表現されていた。独り身の者、多くの家族を抱える者、病人・老人を世話する者、様々な事情が文面に表れている。不満とも思える永井半治の「口上の覚」には、減俸策に苦しむ藩士の姿がよく表現されている。永井は、減俸によって「家内扶助」も充分にできず、「御奉公筋も粗略」になりかねないと、面扶持で耐乏生活を強いられているのに、さらなる減俸策に苦慮する心情を率直に伝えた。しかし藩の現状を考えると二割八分の減俸は容認せざるを得ないと結んでいた。

仕法推進派にあっても、「行き立ち難き節は、御救い下し置かれ候段有難き仕合せに存じ奉り候」（永嶋定人）とか「来寅一ヶ年差し上げ申し候」（牧志楽）など条件を付していた。

これらの「口上之覚」は公式なものではなかったが、減俸への賛意と理解され、一二月には「下館議定書下案」が作成された。この案の要旨の一つは来年の経常経費を金次郎・御用達・本家からの無利息貸付金で賄い、収納は全額借財返済に廻すこと。二つは二割八分削減を目途《もくと》とする緊縮財政は、藩主が大坂加番から帰府後に正式決定するというものであった。

天保一三年正月一九日、衣笠は金次郎に「口上の覚」と「下館議定書下案」を示して説明したが、金次郎は「甚だ不承知」であった。

金次郎は二割八分削減の請け書を「一藩承服」すなわち藩士全員分の提出を求めた。かつ仕法の根拠となる藩の緊縮財政に向けた二割八分削減の「分度」設定を強く要求した。これがなければ下館には赴かないとの様子を感じ取った衣笠と柴田佐左衛門は、目付に指示して前年末の「口上の覚」から公式な

「封書」への差し替えを図った。金次郎は仕法発業の前提として、挙藩一致の姿勢と俸禄を含む経常経費の二割八分削減は欠かすことができないと考えた。

重役・仕法方は三万四〇〇〇両余の借財処理のためには、金次郎に仕法引き受けを依頼するほかはないと理解していたが、藩士は「衆評区々にて一決これなき」状況であり、衣笠は会議の席上、仕法発業に向けて前提となる俸禄・経常経費の二割八分削減を求めて、熱弁を振るわざるを得なかった。

正月晦日、衣笠兵太夫の金次郎宛書簡には仕法に対する下館藩士を「この期に至り候ても、口服〔ママ〕の足不足のみを計り、報徳の心露程もこれなきは浅ましく恥入り候儀に御座候」と、藩士の姿勢を批判した。衣笠にとって、自己の生活のみを考える藩士の言動は容認できるものではなかった。同様に、牧志摩（家老牧甚五太夫の兄）の金次郎宛書簡にも「人々次第もこれあり候故、急に一致の程覚束《おぼつか》なし」と、仕法実施に向けて藩士の意思が統一されていない様が記されていた。

二月六日から一九日にかけて、「下館議定書下案」を受けて藩士から二割八分の減俸に同意する旨を記した公式の「口上の覚」が提出された。前年には多くの藩士の心中に、厳しい禄借り上げ策に対する不満がくすぶっていた。しかし、金次郎によって借財返済の手段が明確化されたことから、期間限定の減俸やむなしとの風潮に変わった。

さらに仕法発業に向けて、積極的に自己の俸禄を献納する藩士が出現した。そこには「貧の一燈とか申し候諺もこれあり、又大海に小石一つ打ち込み候類に等しく候得共、百町歩の田地を開き候も、一鍬より始まり候、寸志の吉兆に御座候」などと記された。この史料は、仕法への理解が進んだことの反面、旧態依然たる保守的ムードに対して「大海に小石」を投じる手段として献納が行われたことを示している。

二月二〇日に衣笠は藩士の「封書」（請け書）を持参して桜町を訪れた。その折、灰塚村の田方五町四反歩が荒地と化した旨、金次郎に報告したところ、「目には見え申さず候得共、桐の一葉落葉の躰にて、所詮御趣法の時節にこれなし」と仕法発業の機は熟していないと指摘された。

衣笠は困惑しながらも、本件である「封書」を差し出した。すると金次郎は「日付の順に、多仲十兵衛まで六人一覧され、跡一覧これなし」とすげなく、衣笠もとりつく島がない有様であった。金次郎とすれば、たとえ藩士全員の「封書」が差し出されたとしても挙藩体制が確立されていない現状では仕法発業はできないと考えていた。

衣笠も金次郎から藩不一致の事実を指摘され、弁解の余地はなかった。そこで、藩領すべてにわたる仕法発業は時期尚早と考え、灰塚村のみの一村式仕法を依頼し、金次郎から同意を取り付けた。

五月、灰塚村の取り直し指導が始まった。仕法方役人と金次郎の間に検討されてきた「達書」が、ようやく日の目を見た。金次郎名で灰塚村年寄・名主・組頭・惣百姓に出した「申達」書がある。この書では「先ず米を得んと欲する時は、米の種を蒔き、麦を得んと欲する時は、麦の種を蒔き」と因果を論した。さらに、一軒に付、趣法米一俵・干鰯一俵と鍬・鎌を与え、村民の生活の安寧を図った。その上で一円融合論を展開し、「貧たる者は窮迫を補い」、「富たる者は冥加をおもい」と、村民一致の村柄再興を促した。

金次郎は、この「申達」書で、灰塚村村民に貧富の因果を説き、村柄取直は挙げて村民の出精にあることを諭している。

下館仕法においては、報徳仕法に理解を示す家老以下重臣の協力が顕著に示されたことが際立っているが、日常生活に苦しむ藩士には減俸策が極めて厳しいものとなり、秘かな抵抗が後日の反対表明につながることになる。

一一月、藩主石川総貨は大坂加番を終え帰府すると、一二月七日に直書で、金次郎に仕法発業を公式に依頼した。

石川総貨は、金次郎が示した借財返済方法、すなわち、三万四〇〇〇両余の借財を無利子に借り換えて、年間利子一六〇〇両余を浮かせ、これを借財返済に回すこと。さらに下館三〇ヶ村の内、二〇ヶ村の収納で藩の経常費を賄い、残り一〇ヶ村の収納を借財返済に回すといった借財返済の方策を、「古今珍しき良法」と称賛した。その上で、御用達が無利子貸付に応じたことや藩士が面扶持の中でさらに二割八分の減俸に同意したのも「そこもとの誠心に感じ」たものと評価し、金次郎に本格的な仕法発業を依頼した。

これに対し金次郎は「平均の度堅く御守り成され候得ば」という条件を付して仕法発業に同意した。

こうした過程を経て、下館仕法は、やっと軌道に乗ったかのようにも見えたが、天保一三年には金次郎が幕臣に抜擢され、各地の仕法を指導するゆとりがなくなった。金次郎は小田原仕法を除き各地の仕法を辞退したが、報徳仕法実施下の藩主・旗本は幕府に嘆願書を提出し、仕法続行を求めた。

幕府は各地の報徳仕法取り扱いに関し、金次郎の身分は幕臣ながら、「相対」で協議してよいと回答した。これは事実上の黙認を意味するものと言える。

金次郎が幕臣に抜擢されると、各地から依頼された仕法に関与する物理的時間が減った。これによって下館仕法にも弛みが生じることになった。

弘化元年（一八四四）高木権兵衛が藩士の耐乏生活は限度にきており、今回の豊作を機に二割八分減俸の解除を求めた。さらに年末、中村兵左衛門ら御用達商人八人は、藩士の強い要望を受け、金次郎に書簡を送り減俸策撤回を要請した。

それに対し、金次郎は「素より野拙より御進み申し候筋にはこれなし」と藩の自主性を強調しながらも「右様の御談にては如何とも当惑」と、この申し出を危ういものと疑問視した。

しかし石川総貨は「被仰出書」で藩士・御用達の減俸策撤回に同意した。藩主は、金次郎の仕法に配慮を見せつつも、藩士の忠節と面扶持、さらなる減俸からもたらされる窮迫に対処せざるを得なかった。

一方、金次郎は、藩主の立場と藩士の苦衷を理解しつつも、今後の藩財政を憂慮し減俸策を続行すべき旨を伝えた。しかし藩主からの明確な回答はなかった。

金次郎は、仕法の行く末に不安を感じるものの、生活苦からの藩士の減俸棚上げ要求、藩士の長年の忠節に対する藩主の憐れみに同情を禁じ得ない。しかるに、減俸策を中断することの危険性を充分に認識していた。これを金次郎は「御気の毒」と表現した。ここに藩財政改革は中断せざるを得なくなった。

この後、金次郎は藩政に「分度」の設定がなされるまでは仕法への協力を控えるようになった。石川総貨も再三出頭を求めるが、金次郎は「御調向も相流れ」とか「何分繁多中に付」との口実の下に面会要請に応じなかった。「分度」が定まらない内は仕法に応じない方針を明確にした。

この頃、最も苦境に陥ったのは熱烈な仕法推進者衣笠兵太夫であった。彼は金次郎が示した二割八分削減策を強く支持し、率先して俸禄を返上していた。その衣笠に藩士から生活苦や仕法の制度上の問題点が指摘された。

衣笠は、藩士の窮状を知る立場と仕法推進者としての立場の板挟みに窮し、三月一〇日から持病と称し自宅に引き籠もった。窮状を察した重臣牧志摩らが衣笠宅を訪れ、出勤すべき旨を説得した。

衣笠は、この時の心境を細川藩の中村勧農衛宛書簡に「表向きは美しく申し居り候得共、一円相分り申さず候、右の仕合い故、殆ど当惑気分差塞がり、持病差し発り、よんどころなく三月十日より引き籠り候」と記した。

衣笠は純粋に下館藩の財政改革に寄与したいと考え、仕法の正当性に確信を抱き、これに異議を唱える藩士の言い分には納得していない。それが「表向きは美しく申し居り」との認識につながっている。

衣笠は、財政の二割八分削減に対する同意が得られなかったこと、勝手掛が俸禄削減部分を支給したこと、減俸撤回の書付が提出されたことなどから、うつ状態に陥っていた。

天保一五年正月、同役と五人で桜町陣屋を訪れ金次郎に窮状を訴えたとき、「私儀発言仕見候ところ、四人の内より一人も跡を申続き候ものこれなく、空敷夕方に相成り候」と、同役から同調する旨の発言がなかったことに孤立感を覚え、これが衣笠の引き籠もりに結びついた。

幕臣となった金次郎は、天保一三年利根川分水路目論見御用を命ぜられ、見込み書二巻を献上したが、彼の案は長大なもので、水野越前守ら幕閣が望むような即効性のある企画ではなかったため採用に至らなかった。

天保一四年には小名浜・東郷・真岡の陣屋付手付を命じられ、弘化元年（一八四四）には日光神領荒地開拓調査見込を命じられた。以後二年にわたって、金次郎は永安仕法としての「日光仕法雛形」の作成に没頭することになり、下館仕法への関わりは薄れていった。

嘉永二年（一八四九）、金次郎は衣笠兵太夫宛書簡で「引続き御世話申し上げ候わば、諸家様手本にも相成り申すべく候」と、下館仕法に向けた積極的見解を示した。

金次郎は、下館仕法・烏山仕法などの仕法実績を雛形として各地の仕法に応用しようと考えていた。したがって、この仕法での失敗は許されないということであった。同様に一村指導を行っていた灰塚村について、模範村として積極的に位置づける見解を持っていた。

このように、嘉永二年の段階では、金次郎は下館仕法に積極的な意識を持っていた。この金次郎の姿勢が下館藩士に伝わり、嘉永三年には藩の借財返済のため役人全員が知行高・宛行《あてがい》分を返上する旨申し出た。

仕法続行に暗雲を投げ掛けていた藩士の俸禄問題が決着し、下館藩は借財返済に向けて大きく前進することになった。雨森頼母・柴田理兵衛・奥山小一兵衛・牧志摩ら四人は金次郎宛書簡で、「一カ年分知行高宛行向残らず差出し候」と俸禄を返上した旨伝えた。

俸禄返上を受けて、金次郎と下館藩との話し合いは進展し、下館藩全領への仕法が始められた。下館藩は嘉永五年正月、領内三〇ヶ村へ仕法発業を通達した。

嘉永五年以降、下館仕法の内、村落復興仕法は、金次郎の門弟筆頭である富田久助（高慶）が担当することになった。

下館仕法の最大の懸案は、俸禄二割八分削減に対する藩士の対応の問題であった。金次郎は、下館仕法遂行のため、すなわち藩財政再建には俸禄削減は必須の問題であると捉えていた。これは彼にとっては妥協できない点であり、一藩挙げての財政緊縮は仕法発業の前提であった。

藩士の生活苦は喫緊の課題であり、ゆるがせにできないことであるが、金次郎は永安の繁栄のためには辛抱のしどころであると認識していた。ここが藩主と見解が相違したポイントであった。

この頃、下館藩では面扶持の生活苦に対する藩士の不満は鬱積しており、その上二割八分削減を提示する仕法には抵抗が大きかった。現状の安楽を求めるか、永安の安楽を求めるか、藩士の見解は下館藩を二分した。その間に立ったのが衣笠兵太夫であり、他の仕法推進者でもあった。彼らは仕法推進に向けて緊縮財政を主張する金次郎に強く傾倒しつつも、同僚の生活苦を見過ごすことはできなかった。この葛藤が下館仕法に表れた顕著な特色であった。

・下館信友講

天保一四年、下館信友講が組織された。近代に至って「報徳社」運動は地方改良運動に乗って広く展開された。この運動は農民が自主的に展開したケースも多いが、官主導によって展開されたケースも少なくない。この「報徳社」の原点が、天保一四年に創設された下館信友講と小田原報徳社であった。

この下館信友講は下館と江戸において別個に組織されたもので、藩士のみによる生活互助組織とも言える。下館では藩士四七人（江戸は一八人で始まる）によって「報徳信友講議定書」が作成された。目的は「上下貧福相和」することによって下館藩の安穏を図ることであった。

「議定書」では、富貴貧賤は各人の心にあって、自己の勤労と節倹によって、財を後世に譲り、他に譲り、積小為大の原則の下に生活することを申し合わせた。

さらに講組織の有効性について「大勢一致の精力にてはわずかの積み立てにても往々一藩の備えに罷り成り候わば、寸忠にも相当り申すべし」と、個人の力は僅少でも集団となると偉大な力を発揮することを示している。

江戸勤番の藩士による「申合議定書の事」には、講設立について、さらに具体的な契機が記されていた。「極難のもの御座候ても、銘々窮迫にては助け合遣し候儀も相成り申さず」と、藩士相互の助け合いを目的に創設されたことが記された。

さらに、面扶持の上、二割八分の減俸という苦境にも屈せずに互いの協力のもとに、財政再建に取り組みたいとする藩士の意向が記された。

信友講では、一人が一日四文ずつ積み立て、それを加入者の入札によって貸付該当者を決め、無利息七ヶ年賦で貸し付けた。貸与された藩士は七ヶ年分割で借財を返済し、返済し終わった後、冥加金として返済すべき金額の一ヶ年分（貸与された金額の七分の一）を信友講に推譲するというものであった。なお、後継者が幼年など特別な事情がある場合は一ヶ年分の推譲は免除された。

貸与金は、高利の借財を無利子の借財に切り替えることや、困窮生活の立て直しを目途に利用されることがめざされていた。

入札の基準は「常々心掛け宜しく、常時困窮と申す者より挙揚致し候に付、一統の見競べを以て入札致し」とあって、藩士として仕法に協力し、かつ生活困難と思われる者が選ばれた。

その後、下館信友講がどのように展開されたのか。まず一年目（天保一四年）の様子を見てみる。

天保一四年（一八四三）

正月朔日　衣笠兵助以下四七名×一日四文＝一日計一八八文

年末　　一年計七〇貫五〇〇文（六貫四四八文替で一〇両三分二朱と四三六文）

金次郎の加入金二〇両　　　　　　収入計　　三〇両三分二朱

年末に講加入者四七人（内二名は日光登山で不参加）で入札を行った。その結果高木権兵衛が六票を獲得し一番札に選出された。以下五番札までの者に七ヶ年賦で総額三〇両三分二朱の貸与がなされた。日掛け金・金次郎からの加入金のほぼ全額が貸与された。

一番札高木権兵衛　八両　　二番札小濱貞平　七両　　三番札衣笠兵助　六両

四番札郡甚五左衛門　五両一分　　五番札鈴木　四両二分二朱

また、三年後の弘化三年の記録を見ると、

収入　　日掛分一年計一七両二分（加入者が七〇人に増加）

金次郎の加入金　二〇両

年賦返済（天保一四年貸付分）四両一分二朱

同　（弘化元年分）　五両一分二朱

同　（弘化二年分）　五両

計五二両一分

信友講に見られる資金運用の特色は、毎年日掛金が入金され、貸付金の返済分も毎年入金され、それをまた貸付に廻すといった循環性にあった。信義の下に貸借が行われれば、永久に資金運用が滞ることはないということである。

江戸信友講では、講に対する理解が十分ではなく「一統にもいまだ趣法の意味合分りかね」、入札の多い者に多額の貸付をなす意味が理解できなかった。

烏山藩と並んで下館藩でも、在地の藩士と江戸詰の藩士の間には懸隔が生じていた。下館藩の場合には、仕法の中心となった衣笠が江戸の実情を把握していたこともあって大事には至らなかった。

活動の進展とともに信友講に対する理解が進み、諸徳に感謝するために推譲金が信友講に納入されてきた。

江戸信友講における報徳加入金納入の理由を見ると、「炭真木並びに菜代下直に付」とか「金二分用立候ところ、忝なく存じ」などが見られる。つまり、信友講の加入者は諸恩徳を感じ、その都度感謝を込めて浄財を報徳金として推譲した。

この信友講では、臨時の出費があるときは緊急貸与が行われた。弘化三年（一八四六）には疱瘡が流行し、緊急貸与として一二人に二分から一両が貸し出された。

このように災害や病難といった臨時の出費にも対応できたわけである。臨時の貸与の規定は「不時臨時これある連中にて、差し支えの節は、申談の上相互に助け合い」とある。疱瘡といった流行病の外にも、「養母大病」「家内大病」「娘縁付」「拝借屋鋪に引移り物入り」「二男養子に差し遣し物入り」といった理由で貸与された。この臨時貸付は保証人二名の加印が義務づけられ、一ヶ年限りのものであった。病難でも贈与ではなく、貸付であったことが信友講、すなわち報徳仕法に見られる特色と言える。

信友講によって、藩士の困窮は一時的とは言いながら改善された。これを裏付ける史料として、弘化二年（一八四五）正月、柏文字兵衛らの衣笠兵太夫宛書簡には「私共落札に相成り、御蔭を以て相助り有難き仕合せに存じ奉り候」など感謝の表現が見られ、「落札人計りにこれなく、一統の助けにも相当り、御厚志の程呉々も有難き仕合せに存じ奉り候」と借用者の周辺にも好影響が広がっていた。

この書簡から、信友講の貸付が本人のみならず、信友講加入者全体の助けにもなっていると理解されていたことがわかる。それだけ講加入者の互助意識が高まっていたと考えるべきであろう。

しかし思わぬところから問題が生じた。信友講から六両を借り受けた藩士が急死し、その負債を兄弟と加印（保証）した者が引き受けざるを得なくなったという制度上の問題である。信友講には、このような事態（貸与された者の死亡）に対して明確な規定はなかった。森川群司は信友講から貸与を受けた藩士の死亡に伴う連帯保証人の弁償に賛意を示すも、自らはこれを救うに至らない。そのような自己の有様を嘆きつつ、制度上の問題点を暗に指摘している。衣笠も度重なる書状に戸惑うのみであった。

嘉永二年（一八四九）、金次郎は信友講に対して「年々相助り候者多く、扨《さて》又返納筋も滞りなく、右故にか世並の講会一切相止め申し候」と歴然たる効果があることを指摘した。

金次郎の書簡から、信友講が藩士互助の役割を果たし、所期の目標通りに機能していることがわかる。

信友講の記録は安政二年（一八五五）分までが残存する。しかし、これ以降明治二九年（一八九六）に報徳社が創立されるまでの期間の信友講の文献は見当たらない。

四章　幕臣時代

一節　幕臣任用と利根川分水路目論見御用

その日は不意にやってきた。天保一三年七月九日付の小田原藩士園城寺貫次郎の書簡「水野越前守様より御達これあり候間、その旨相心得、御為宜しく御談致さるべく候」が金次郎にもたらされた。

この書簡が意味することを金次郎は解しがたかった。老中水野越前守よりの「御達」とのことに幾分緊張感をもった。青木村の舘野勘右衛門宛書簡に「御用の儀は、何様の御事に候や相分り申さず候」と不安を示す一方、衣笠兵太夫宛書簡には「御同慶成し下さるべく候」と期待感をも記す。金次郎は小田原藩・烏山藩・谷田部茂木藩をはじめとする仕法関係者に書簡を送り、水野越前守からの通達を伝えた。

七月一七日付の篠田藤四郎からの書簡によれば、代官所支配の村々は水害が多く、民の困窮は甚だしい。そこで、かねてから評判の金次郎に白羽の矢を立てたということであった。この書簡によって、金次郎は召し出しの理由を下総の排水工事と推定できた。

いずれにしろ金次郎は、今回の召し出しを報徳仕法普遍化の好機と捉えていた。大名・旗本の私領への仕法から、公領の仕法への発展と期待が膨らんでいた。

また、仕法について「御尋《おたずね》」があれば説明をしなければならないので「御含み」くだされたいと、烏山藩・下館藩などの仕法方担当者に書簡を送って要請した。

七月二六日、金次郎は二七人（陣屋役人の豊田・小路、門弟富田久助と多数の農民）を帯同して、境河岸から船を貸切にして江戸深川に至った。これだけの多勢で出府したのは金次郎の意気込みの表れであろう。

その後、江戸では水野越前守から連絡があるまで待機するように命じられた。各地から金次郎の元に寄せられた書簡はいずれも報徳仕法が評価されたことに対する讃辞であった。

七月晦日の鵜澤作右衛門からの書簡には「惜しいかな、小田原表の儀は、仕懸りに相成り、物事前後仕候事、さぞさぞ御心掛り、御心配のほど察し奉り候」と小田原仕法の行く末に不安が示された。これらの書簡では、仕法が幕府によって理解されたことに対して祝意を表するとともに、各地の仕法の行く末に不安が生じるという仕法担当者の偽らざる心境が記された。

金次郎の幕臣登用について諸説ある。報徳仕法の成果が評価されたと理解する穏当な指摘、あるいは小田原藩が報徳仕法を敬遠して幕臣へ追いやったとする指摘がある。なかなか真実の解明が難しいところで、容易に結論を出せるものではないが、その中でも小田原藩士脇山喜藤太は、「先君公御在世」ならば、「今頃は御領分一円相開け、他領までも押移り候」と、前藩主忠真の死去に伴う仕法の停滞を憂えた。その上で、脇山は、金次郎の幕臣登用を契機として、小田原仕法も発展に向かうことに期待を寄せていた。

一方、金次郎の幕臣登用にあたり、事前面接に当たった勘定所役人から礼儀・服装・言動などに疑問が提示された。小田原藩重役の日下部春右衛門は「金次郎儀、年中木綿の外着用致さず、多分野州表に

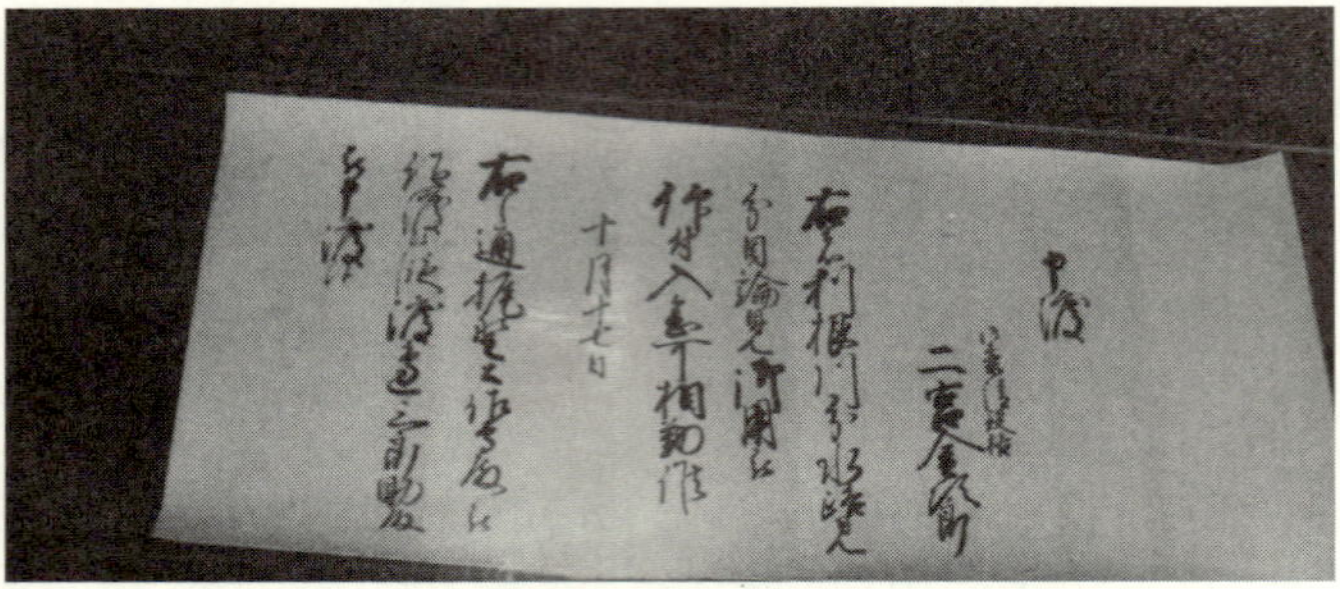

図16　利根川分水路見分目論見御用の申渡

罷り在り候に付、すべて礼儀等相心得申さず、窮民撫育、報徳元恕金と唱え候貸付等の外、他事なく取り扱わせ罷り在り候に付、これ等の儀甚だ以て御掛念成され候間、よろしく御含み成し下され候」と、弁解に追われている様が窺われる。ここであらためて金次郎の日常生活を確認することができる。彼は木綿の服しか着用せず、粗野な言動など、まさに小田原在の農民そのままの姿で仕法にあたっていたことが理解される。

一〇月二日に水野越前守から再度出頭を命じられ、御普請役格として召し抱えられることになった。切米二〇俵・二人扶持を与えられた。しかし、職務に触れた話はなかった。

小田原藩家老杉浦平太夫は、金次郎を別間に招き、藩主から託された引き出物として、裃と小袖を授与するとともに、今後の小田原仕法への協力を重ねて要請した。

一〇月二〇日、いよいよ金次郎は印旛《いんば》沼出役（利根川分水路見分目論見御用）を命じられた。翌日に下総馬加《まくはり》村（現千葉市）に到着し、月末まで印旛沼周辺を検分した。

この御用の背景には、利根川による水害、印旛沼の干拓、房総沖の難破の問題が複雑に絡んでいた。

利根川の水害については、江戸でも深刻な問題と認識され、家康は文禄三年（一五九四）に河道改修に取り組み、利根川を犬吠埼《いぬぼうさき》まで東流させようとした。この工事は一七世紀に至ってようやく完成するが、問題はそれだけでは終わらなかった。平常時は印旛沼の排水は利根川に流れていたが、増水時には利根川の濁流が逆に印旛沼に流入して沼畔の村落を水没させた。

また、奥州米を運搬する船が房総半島沖で難破し、毎年輸送量の一割近い損失を蒙っていた（金次郎は仙台米二〇万石の内二万石、南部米三万石の内三、四〇〇〇石の損失と見込む）。

印旛沼については、享保年間に平戸村の源右衛門が干拓事業に取り組み、天明年間には田沼意次が巨額の資金を投入して干拓に取り組んだが、いずれも水泡に帰した。

このように享保年間以来、排水工事と干拓（水田化）、利根川の逆流防止工事が再三企てられた。特に享保年間には八代将軍吉宗による米増収策の一環として、各地で新田開発が試みられた。印旛沼もその一環と言える。これらの計画は、印旛沼の水を江戸湾に落とし、干拓地を水田と化し、利根川の洪水防止も合わせた開発がめざされたわけである。

その上、利根川下流に新たな水路を造り、奥州からの物資を房総半島沖の難路を経由せずに、利根川・隅田川・江戸湾経由で運ばせようとした。しかし、過去の失敗事例から、印旛沼をめぐる工事は難事とされた。

一一月二日、金次郎は取り急ぎ「利根川分水路堀割御普請見込之趣申上候書付」を勘定所に提出した。金次郎は過去の印旛沼干拓工事の失敗を近村農民の理解を得られていなかったことにあると認識した。すなわち、幕府は新堀を開削することによって、洪水と無関係であった農村にも、水害がもたらされる可能性が生じることに認識が及ばなかったのである。近村の農民は、堰開削によって賃銭を得ることができても、水害がもたらされる恐れが強くなると認識し、理解を示さなかったのである。

金次郎はこれを踏まえて、「先ず財宝を以て、貧苦艱難を余荷い、人の和を得候外御座あるまじく候」と窮民への報徳金貸付によって借財を返済させるといった安民優先策を主張した。さらに「下賤の人情を得るに道あり、内に誠ならずんば得がたく候間、願わくば水路に相拘わらず、極難の貧苦を救う」べきであるとした。

金次郎は天明年間の事例を「利根川東筋村々難渋申立候趣き、風評承りに及び候」と考慮に入れ、利害関係村のみならず、救済対象の拡大を進言している。

このように、民の同意を得ることを優先するならば、民衆は「御趣意を感服奉」り、「その勢力に任せ、堀立て申し候わば、早速御普請成就仕申すべく候」と、金次郎は民衆の支持がなければ、この難工事を成し遂げることは難しいと判断した。

彼が考えていたことは、この工事によって関係村落の民衆を富ませ、分水路を利用する商人を喜ばせ、計画した幕府にも利がもたらされるような「一円融合」策であった。

金次郎は、前回までの資金投入は永続性をもたず、一回限りの捨て金であったと認識し、永続性のある資金運用策を考案した。

分水路堀割御普請見込では、開発資金一四万両を使い、民生向上を優先した二〇年にも及ぶ長大な計画を策定したが、具体的工事計画にも触れている。印旛沼から江戸湾にかけて長さ四里半余・幅一〇間の新堀を造る。同様に同じ幅の水路を利根川落口（安食村）から印旛沼まで造れば、出水時にも利根川からの入水量と印旛沼からの排水量が同じになると考えた。

また利根川下流域の洪水防止のため、下流に二つの分水路を掘り割ることを提案している。一つは「常州鹿嶋郡、鉾田、当ヶ崎より、同国大谷川へ掘り通し、中湊に到り、海に入り候新川」、二つには「鹿嶋郡加村石神より、砂山を掘り通し、海に入り候新川」に分水することによって水位を下げようと考えた。新たな水路掘削の費用として、この掘り割を利用する諸藩は難破から免れ利益を受けるわけであるから、応分の負担を求めるとしている。

それでは金次郎の「利根川分水路堀割御普請見込趣申上候書付」における「安民」策とは如何なるものであったのか。

金次郎は永続性のある開発をめざし、周辺農民の安寧を図ることを優先すべきであると考えた。民の生活を保障することによって、民が、幕府の「利根川分水路開発計画」に理解を示すことは必然であると考えたわけである。

これは彼が常に主張する「一円融合」に基づいた開発である。すなわち、幕府の意向と農民の希望が合致することによってこそ、この開発が成就できることを示したものである。

さらに金次郎は、「若しここに米種一粒有る時、そのまま施せば、一粒だけの国用一ヶ年延し、その一粒を蒔き、天地の恵みをこうむらば、おおよそ百粒余の実法りを得、九十九粒施して、残る一粒を蒔けば、財用米種年々歳々尽きる事なし」という譬えを示して、農民に施すことが如何に大切であるかを示した。

金次郎の狙いは資金の循環性の確保と、開発に向けた農民の意欲を得ることにあった。過去の印旛沼開発が莫大な投資をしたにもかかわらず失敗したのは、この二点が欠如していたためと考えたからである。

そこで、開発費用一四万両、開発期間二〇年と見込み、計画書を作成した。利根川分水路掘削・印旛沼開発とは直接関係のない地域（人夫調達地域ではあるが）まで含めて窮民撫育を図ろうとした。

「無利足金貸付雛形」によると、一年目の荒地開発資金として六六六七両余を支払い、残額の内一〇万両を窮民撫育のため無利息五ヶ年賦で貸し付ける。

二年目、残金三万三〇〇〇両余と五ヶ年賦の返納金二万両の計五万三〇〇〇両を基として、荒地開発資金として六六六七両余を支払い、二万両を無利息五ヶ年賦で貸し付ける。同様に資金運用を繰り返していくと、七年目には礼金に当たる報徳冥加金の加入が始まる。

このような資金運用は、利息返済に苦しむ農民の借財を無利息金に借り換えさせ、無駄に利息を払っていた分を元金の返済に充てしめることになる。

また、徴発した農民に、荒地開発費用としての賃銭を支払い、工事の恩恵を享受できる仕組みを整えた。こうして投下される一四万両の資金は農民の困窮を救い、かつ開発資金として永続性を保証できたわけである。

金次郎による利根川分水路開発計画は遠大なものであり、理解することは容易ではない。彼が恐れていたことは民意を失った開発は永続性を保てないということである。彼の開発資金の運用（二〇年間）計画を左に示す。

	開発資金	返納金	報徳加入金	貸付金
一年目	六六六七両	〇	〇	一〇万両
二	六六六七両	二万両	〇	二万両
三	六六六七両	二万四〇〇〇両	〇	二万四〇〇〇両
四	六六六七両	二万八八〇〇両	〇	二万八八〇〇両
五	六六六七両	三万四五六〇両	〇	三万四五六〇両
六	六六六七両	四万一四七二両	〇	四万一四七二両
七	二万両	二万九七六六両	二万両	二万九七六六両
八	四〇〇〇両	三万一七一九両	四〇〇〇両	三万一七一九両
九	四八〇〇両	三万四〇六三両	四八〇〇両	三万三二六三両
一〇	五七六〇両	三万四一五四両	五七六〇両	三万四一五六両
一一	六九一二両	三万四〇七三両	六九一二両	三万四〇七五両
一二	八二九四両	三万二五九四両	八二九四両	三万二五九六両
一三	五九五三両	三万三一六〇両	五九五三両	三万九一一五両
一四	六三四三両	三万三四四九両	六三四三両	三万三四五〇両
一五	六六五二両	三万三四八七両	六六五二両	三万三四八八両
一六	六八三一両	三万三三二六両	六八三一両	三万三三五四両
一七	六八一五両	三万三二〇八両	六八一五両	三万三二一〇両

一八	六五一九両	三万三三三一両	六五一九両	三万三三三三両
一九	六六三二両	三万三三六五両	六六三二両	三万三三六七両
二〇	六六九〇両	三万三三四八両	六六九〇両	三万三三五〇両

右の表のように、金次郎は開発資金を永続的に保てる案を作成した。六年間の開発資金を一定額とし、七年目以降の開発資金に報徳加入金を充てようとした。彼は報徳金を貸し付けることによって、高利の借財に苦しむ農民を救い、質地として取られていた農地を取り戻させ、農事に専念させ、農民の生活の安寧を図ろうとした。

このように借財に苦しむ農民を、生活基盤の農地を保証することによって、利根川分水路開発にも積極的に関与せしめようとしたのである。

ところが、金次郎が求めていた永安の安定策に比し、水野は幕閣の勢力争いの深刻さもあって、即効的対策を求めていた。そのような状況下に、水野が二〇年もの長大な計画を採用するはずはなかった。為政観の違いは顕著であった。

金次郎は下の安寧を優先した仕法をめざしており、何よりも、農民の暮らしを豊かにすることを優先的目標としていた。また、従来の改修工事の失敗を民意が得られなかったことに起因すると位置づけ、近郊の民衆が望む形での改修策を立案した。

それに対し、水野は改修が先であると考えた。彼も農民の安寧を考えなかったはずはないが、改修さえできれば、結果として農民の安寧は確保できると考えた。ここが金次郎と決定的に異なる点であった。この結果、水野忠邦は金次郎案を採用しなかった。

二節　幕府直領の仕法と「日光仕法雛形」の作成

金次郎の「利根川分水路堀割御普請見込」案は採用されなかったが、幕臣に登用されたことは大きな意味をもっていた。仕法の有効性に確信を抱いた金次郎は、報徳仕法の幅広い展開を期待するようになった。それを示すのが小田原藩勘定奉行鵜澤作右衛門宛書簡である。この書簡で、報徳仕法が幕府に認められ、幕府領一帯に展開されれば、やがて、小田原藩も含めた大名・旗本領にまで拡大され、結果的に諸民救済につながるものと期待した。小田原仕法の行き先に不安を抱く鵜澤に「御楽しみ下されべく候」と、自信を示したのもそのためである。

しかし、彼の案は採用されないばかりか、幕臣登用後、彼を満足せしめる仕事が与えられることはなかった。

一二月二〇日、悶々《もんもん》としていた金次郎に幕府勘定所からの呼び出しがあり、勘定組頭増田金五郎から、下総岡田郡大生郷村手余荒地反別三一町六反歩余の検分と村柄立て直し計画の提出命令を受けた。日記によると、天保一四年正月、江戸を出発し、翌日大生郷村の名主九馬宅に着き、翌日から廻村した。廻村は提出された絵図・人別帳・割付（年貢貢納帳）をもとに三日間行われた。残りの四日間は村民からの聞き取りと帳簿調べに充てられた。

金次郎は大生郷村農民の意思を確認すべく、「嘆願書」の提出を求めた。提出された嘆願書には、村が困窮に至った経緯と農民の要求が示された。村が困窮に至った三つの原因とは、文化一四年(一八一七)の疱瘡・疫痢の流行、文政元年(一八一八)の野木宿の代助郷を命じられたこと、そして天保の飢饉であった。

さらに、村から再三救済を申し入れたにもかかわらず、御上で取り上げられることはなかったとし、その上で、このままの状態が続けば、「御駕籠訴」「心得違いも計り難し」など、村の窮状を脅迫にも似た文言で訴え、税の減免を要求した。

村が示す要求は減税であった。金次郎が各地の仕法でめざした改革は、荒村の自力復興であり、御上による施与ではなかった。彼は永続性をもたない施与に期待をしていなかったのである。

金次郎は、村が自力復興の姿勢を示すことを要求した。何故、大生郷村が苦境に陥ったのかを考えると、「勤むべきに怠り候」か、「入金の外を出候」かである。しかも不足だからといって「救い用捨願立て候儀」は、一旦の補いに過ぎない。「桶底の破漏を改めずして水を汲み、その満るを願うが如し」であり、永続性を保てることではない。「永久百姓相続の根元」は、「土地と民力」のほかにはない。己の農地に依拠した生活をすべきであると諭した。

彼は一時的な施与を「破桶に水を入れるが如し」と、効果がないものと否定したわけである。単に御上からの施与を期待するのではなく、村民に村柄復興と自家立て直しに向けた主体的努力を求めた。

鴨宮三新田仕法以来、各地の仕法に取り入れられた「日掛縄索」をここでも説明し、村民に自覚を求めた。一軒に付、一日三縄ずつを綯《な》えば、大生郷村全体では一年間に六七両三分余（九八軒分）になることを示し、自力復興による成果を説明した。その上で農民の永久安寧を確保するための方策を示した。

彼は従来の仕法と同様に、「分度」を設定し、余剰を仕法に投資し、出精人の表彰・窮民の救助・無利息金を貸与することによって荒村・貧家を立て直そうとした。また村内で相互扶助を行えば、村民間に人情が芽生え、自然と報恩の気持ちを抱くようになると村民に説明した。

二月二日に江戸に戻り、報告書を提出したが、その後、勘定所からは何の沙汰もなかった。幕府が財政的に苦境に陥り、仕法金二五四両の捻出が難しかったことも指摘されるが、金次郎が求めたことは村民が示す主体的改革であって、大生郷村村民が示す「御上の施与を求める」姿勢に納得できないものがあったと思える。それが仕法発業が嘉永四年（一八五二）まで延引された理由であろう。

金次郎による仕法において、農民の自覚が高まらないうちは発業しなかったケースはいくつもある。大生郷村仕法もその典型であって、金次郎の救済が施与による一時的なものではなく、永安の安寧をめざしていたことは明らかである。村民が自力復興をめざさない限り、仕法の成果は期待できないと考えた。

七月、金次郎は御勘定所附御料所陣屋附手付を命じられた。担当は幕府直領である真岡・東郷・小名浜の三ヶ所であったが、荒村旧復・家柄取直をめざす金次郎にとって、単に陣屋役人の職務を務めることは、彼本来の仕事の場はないものに等しかった。ここに金次郎の不満は募った。

一二月一〇日、遂に「勤方住居奉窺候書付」を御勘定所附御料所御取扱の山内総左衛門・鈴木源内・筒井銑蔵に提出するに至った。

この文面には、金次郎の「仕法」に対する強い思いが込められていた。金次郎は、自己の生い立ちから書き始め、各地の仕法での実績をアピールし、老中水野忠邦に抜擢されたいきさつまでを縷々《るる》記述した。

その後本論に入り、現状は、住居さえ宙に浮いた状態であり、希望する仕法の機会が与えられないのは遺憾であるとした。その上で、報徳金を用いて荒地開発・窮民撫育・借財返済・暮方取直旧復の趣法を展開したいと強く訴えた。

幕臣である金次郎に、私領での仕法が認められないのなら、幕府直領である御勘定所附御料所村々の荒地開発・入百姓取立に関する仕法の下命を求めた。

もし幕府が資金不足と言うのならば、仕法で貯えた報徳金を馬喰町御貸付所に預け、その利子で賄いたいと資金の調達についても説明した。

金次郎は、「無勤にして禄位を頂戴奉り居り候儀」がたまらなく不満であった。この世に貧者がいる限り報徳金を貸し付けて救済し、荒地がある限り報徳金を用いて開墾し、農民が安楽に生活できる世の創設を願った。彼はあくまでも農民の救済をめざす仕法家であり、禄位が望みではないことをここに明確に示している。

さらに、この書においても、金次郎は「一円融合」を語る。金次郎は一円の中にすべての事象を捉えた。天地・男女・鳥獣虫魚・貧富に至るまで、その与えられた役割を担うことによって、それぞれの徳性が発揮され、一円の内を照耀《しょうよう》させ得るものと把捉した。

つまり、富者には富者の役割（資金の投与・貸与）があり、貧者には貧者の役割（生産・労働）があり、両者が対応することによって財を生み出すことができると考えた。

金次郎の心の叫びにも似た訴えが功を奏したのか、翌天保一五年（一八四四）四月五日、「日光御神領目論見御用」を仰せつかった。この下命に金次郎は驚喜し、各地に書簡を送り、受命を知らせた。

この受命を幕領全体への仕法展開の糸口と理解していた。しかし弥太郎宛書簡には「出立の儀は、当月中旬」とあるように、受命当初は従来の仕法と同様に調査↓計画↓実行の手順を考えていたようである。

雲行きが変わったのは四月一〇日の渡辺棠之助からの出頭要請であった。渡辺から「心組みの次第、委敷書取り差出すべし」との命を受け、現地調査の方針が変わり、普遍的仕法案作成に向かうことになった。

四月二四日には弥太郎に書簡を送り「案外御用多の儀に付、御陣屋内御知行所差支えの儀これなく候わば、早々出府致さるべく候」と江戸への出府を求めている。

金次郎が、受命を機に報徳仕法の幅広い展開を考えていたことは、菅谷八郎右衛門の書簡によって明らかである。菅谷は、金次郎の意図を理解していた。彼は、日光御神領の仕法案を「模範」と把握し、烏山領も含めた報徳仕法の発展に期待を表明している。

幕府が、日光御神領の状況をいかに把握していたのかを、御勘定所附御料所御取扱の鈴木源内の金次郎宛書簡に見ることができる。

四月二一日の書簡には「御神領村々はいずれも薄地多の場所と存じ候、定めて畑荒にて、日光奉行にて手を束《つか》ね候難村、格別御骨折と存じ候」と多難である旨が記されていた。

現地を知る鈴木源内には、日光御神領の荒地拡大の深刻さが理解できた。その荒地を開発することは「国益」、つまり皆が見放した荒地の開発に成功すれば、他の御神領内の仕法の範となるとして、金次郎を激励している。

受命から約二週間後の四月二一日、御普請役元締渡辺棠之助から金次郎に「日光村々趣法存慮出来候わば、明日差出すべし」との要望があった。渡辺の狙いは明日にでも作成可能な方向性の提示に過ぎなかった。

しかし普遍的仕法案をめざす金次郎は、渡辺に対して明確な返事を示さなかった。渡辺は五月六日にも「御出来次第御差出し御座候様存じ候」と催促をした。

一方、金次郎は明らかに普遍的仕法雛形の作成をめざしており、それは短日にできるものではなかった。

こうして金次郎の求める普遍的永安仕法と、幕府勘定所が求める「日光御神領仕法見込」とではしだいに乖離が生じるようになった。金次郎は、渡辺棠之助の申し入れにも動揺することなく、永安仕法案作成に取りかかった。

金次郎は江戸に門弟を集め、普遍仕法案としての「日光御神領仕法雛形」の作成に没頭することになった。

従来、金次郎による仕法は、「調査」→「計画」→「実行」の手順を踏み、該当仕法地の土壌・民情・人口・戸数・生産高・貢租高・借財額等を綿密に調査してから、その地にふさわしい仕法案を作成し、実行に移してきた。

しかし、幕臣登用を機に報徳仕法の幅広い展開を模索するようになった。公領・私領いずれにも適用できる普遍的仕法案の作成をめざした。

こうして、「日光御神領仕法雛形」に関しては現地調査を経ることなく、どこにでも展開可能な普遍的仕法案がめざされた。まさに一門総力を挙げての計画書作りとなった。

受命当初、金次郎と行を共にしていたのは側近の富田久助ほか二名に過ぎなかった。金次郎は長男弥太郎をはじめ門弟、さらに相馬藩・小田原藩・下館藩・烏山藩・谷田部茂木藩・宇津家の家臣を集め、面会謝絶の札を掲げ、二年二ヶ月にわたる苦心の末、八四巻にも上る「日光御神領仕法雛形」を作成した。

「無利足年賦貸付雛形」に過半数の巻数を割いている。これも金次郎の仕法の特色を明確に示したものと言える。無利息の報徳金を貸し付けて高利の借財を返済させ、農民の耕作意欲の増大を図り、開墾地の田畑から産出される米麦をもって復興を成し遂げようと考えたわけである。

しかし、これは幕府の求めるものではなく、簡略要請もあって二〇冊減らして六四冊にまとめた。

「日光御神領村々荒地起返方仕法附見込之趣申上候書付」を添付した。ここでは、この書付を中心に「日光御神領雛形」を見ていきたい。

金次郎は「雛形」のできに自信をもっていた。それを示すかのように、小田原藩重臣牟礼三郎太夫・高月六左衛門に「万一御取用に相成り候わば、永久の亀鑑にも相成べく候間、願わくは御内覧下し置かれるべきや」という書簡を送り、小田原藩での採用を暗に求めている。

しかし、金次郎の期待も虚しく、小田原藩では「報徳仕法」そのものの廃止を決断していた。この直後、金次郎は小田原藩からの絶縁を知らされることになった。

金次郎にとって、「日光御神領仕法雛形」は報徳仕法の公領展開への布石であって、仕法実施に目的があったことは言うまでもない。

さて、「日光御神領村々荒地起返方仕法附見込之趣申上候書付」の内容を見てみる。まず方法論の概略について、過去一〇年間の米永小物成を平均し、それを「分度」と定め、出精によってそれを上回った分を毎年繰り返して荒地開発に投資し、そこで産出する米麦雑穀で窮民を救い、孝行人・奇特人・出精人を表彰して農民の耕作意欲を増大させれば自然と盛時の収穫高に回復することができると説いた。

金次郎は、自助・互助（推譲）を一家興復・村柄取直の柱と考えた。このことは各地の仕法での実績を見れば明らかであるが、農民の自覚を試す手段として「日掛縄索」の実行を求めた。

金次郎は、農民に報徳仕法の中心概念である「推譲」への決意を求めた。勤労（勤）によって得た財を、倹約（倹）した生活で後世に譲る（譲）。このことを繰り返すことによって貧窮農民は自ら窮地を脱することができると考え、これを自助と称した。

また、村内のことは村内で解決を図る村内互助を促した。特に名主等村役人層に田畑・米銭を推譲させ、これを原資として下層農民に耕作させ、作徳米を得させた。村内の窮民は村内で扶助（他譲）することであり、これはとりもなおさず、封建体制下の経済的自治をめざしていたと言える。

「日掛縄索手段」は小田原藩領の鴨宮三新田仕法が「雛形」となり、各地の仕法に適用された。一戸につき、一日一房綯えば、一日で村落の戸数分となり、一年ではその三六〇倍となる。さらに一戸あたりの縄綯いの数を増やせば、村の総生産数はその倍数だけ増加することになる。

金次郎は「一円融合」の論理で村落内の結束を図った。この応用は農民に限らず、下館信友講のように武士階級でも実施され、やがて近代に至って報徳社運動として広範に展開されるようになった。

荒地起返しに関する出精奇特人入札は、報徳仕法に見られる意欲喚起を図る手段である。被表彰者の入札は農民の互選という民主的方策が採られ、被表彰者には荒地開墾の権利が保証され、開墾費が貸与された。

開墾地は荒地の中でも地味がよく、用水・排水の便のよい、開墾しやすい土地が選ばれた。

さらに、新たに開墾された田畑から産出される米麦によって開墾者の暮らしが豊かになることの理を理解させ、一層の開墾意欲を促した。

結果、農地からの産物によって年々生活が向上し、一村の興復・各戸の生活安寧につながった。これこそが金次郎が意図する拡大再生産であり、荒地復興・村柄取直・窮民撫育につながるものであった。

嘆願↓貸付↓起返し↓産出米麦の増加↓生活改善という順序で仕法が行われ、農民はその生活改善ぶりを認識し、自己の財を、後人のために報徳金を納めるという形で推譲していった。この循環によって、順次農民は救済されると説いた。

各地の仕法で見られた報徳仕法参加者の異常なまでの昂揚感は、士農工商の枠を越えて広がった。推譲を実践することによって、自らが改革の主体者となり、救世に当たるという認識が、参加者の中に等しく存在することになった。これが、金次郎の説く人道論であり、仕法参加者に昂揚感をもたらす因であった。

金次郎は、天道の変わらぬ恵みを生かすのが人道であると説いた。人道を体現する仕法従事者の高ぶりは御陰参りを思わせるようでもあった。

彼は、田畑に不適格な土地に林業を奨めた。三〇年から五〇年計画で杉の苗木を植え、良木に成長させた上で伐採することを繰り返す計画であった。これは「日光仕法」でも実施されることになった。金次郎は米作にこだわらず、適地適作を追求した。

喫緊の課題であった借財返済に関しては、もっとも紙数を割き、暮し方立て直しの根幹と捉えた。

個人の借財の返済手段に関して、まず借財の総額・利子を把握させた。その上で、借り主の保有田畑山林の面積・生産力・年貢・諸役や生活費を調べさせた。産米麦から必要経費を差し引き、借財返済能力を確認し、それに相応するだけの報徳金を無利息年賦で貸し付けた。

彼は、報徳金で高利の借財すべてを返済させた。つまり、毎年支払っていた利子分は捨て金に等しいものであったから、その分を報徳金の返済に充てれば、自然に借財は減り、暮らしも立て直すことができると、農民に説明した。

高利の借財返済に苦しむ農民は、報徳金貸与を渇望し、積極的に仕法に協力した。こうして窮民は戸ごとに救済されていった。

村の累積借財の返済手段については、個人の借財返済と同じ方策を採った。すなわち、村の負う借財も報徳金によって返済し、従来の利子分を報徳金返納に充て、田畑から産出する米麦を、荒地開発に再投資するといった拡大再生産を続ければ、自然と村柄復興を成し遂げることができると説いた。

無利息年賦金貸付に際しては、一〇ヶ年・七ヶ年・五ヶ年賦いずれの場合も過去一〇ヶ年の収支を調べて「分度」を設定している。その上で「分度」外を借財返済に回すというわけである。

金次郎は無利息金貸付に関する心がけをいくつか指摘している。恩沢に感謝し「飲食物土産物等持参致」した者には「眼前の借財相増し、志願に齟齬《そご》致」すと諭して、断るように指示している。例外として「初穂の儀は、多少に限らず、報徳金に差加える」べきであるとする。天保の飢饉の際にも桜町には各地から初穂が届けられている。受納のやむを得ざる場合には「利子」として受領するか、「報徳金」として受領し、この陰徳を他の仕法に振り向けるように説いている。

金次郎は「一円融合」の理の下に、「報徳仕法」を展開しており、富者・貧者、士農工商、それぞれの役割を把捉して「一円」の内に捉え、それらの共助のもとに「富国安民」の実現をめざしていた。

貧富の根元を辿れば、因果当然の理が見えてくる。彼は「約富奢貧輪廻之図」（『天命七元図』）におい

図 17　『天命七元図』中の「約富奢貧輪廻之図」

て、現在の貧富は、過去の奢約《じゃやく》の結果であるという。しかも貧富奢約は輪廻循環しているのであって、現在の状況はその一時の姿に過ぎない(節約した生活は裕福につながるが、奢り・贅沢はやがて貧困に陥る)。故に現在の節倹が必要であると考えたわけである。

金次郎は、「日光御神領仕法雛形」の提出によって、幕府直領での「報徳仕法」の発業に期待を抱いた。しかし、幕府から仕法発業を命じる声はかからなかった。金次郎にとって虚しい日々が続いた。彼にしてみれば、「雛形」を作成した以上、これを実行に移したい気持ちが湧き起こるのは当然のことであった。

しかるに幕府からの下命はなく、見かねた鈴木源内・山内総左衛門は、一旦真岡への帰陣を勧めている。しかし一縷《いちる》の期待を抱いていたのか、山内総左衛門に「一日一日と御沙汰相待ち居り申し候」と記し、ついに弘化三年は江戸で過ごすことになった。

弘化四年五月二日、渡辺棠之助から「御談し申したき御用向これあり候間、明三日下拙宅へ御出成さるべく候」との召し出しがあった。

五月一一日には、山内総左衛門手付とする旨の申し渡しがあり、「荒地起返し難村旧復の儀取扱仕法等の儀は、見込の趣き追て申立てらるべく候」との命を受け、金次郎は御料所内、特に真岡、東郷での仕法発業に光明を見出した。

金次郎は幕府からの命を各地の仕法関係者に通知した。返書には一様に慶賀の言葉が並んだが、小田原藩士だけは微妙な表現となった。金次郎との接触は禁じられているだけに、藩士は慎重に言葉を選んで返書を認めた。金次郎が勉学に付き添った小田原藩重役服部清兵衛は言葉を選び「何れか時を得候期を相待ち候外御座なし」と、小田原藩の状況が好転するまで待つほかはないと記し、一方、幕領での仕法展開をたたえた。この表現は、金次郎に好意を持つ服部の精いっぱいの表現であろう。

一方、金次郎は山内総左衛門との関わりに数年間苦慮することになる。五月一三日付の、山内総左衛門宛書簡に、仕法場所を特定するように依頼した。仕法場所さえ与えられれば報徳仕法を展開し、荒地復興・窮民救済が成就できると訴えた。仕事師金次郎は、仕法を展開することに無上の喜びを感じていたのであろう。ただ、金次郎の住居の問題があった。これに関して、門弟の著作には、山内の仕打ちに憤った表現が見られる。

金次郎一家と門人の住居の問題が存在していたことは、山内宛の書面で明らかである。金次郎は五月二四日、江戸を出立し、二六日下野の東郷《ひがしごう》に赴任した。翌日、金次郎の宿舎が問題の大前《おおさき》神社別当神宮寺に決まった。

この頃、金次郎は小田原藩との間に五一〇〇両余の報徳金返納問題を抱えていた。小田原藩との報徳金返納と仕法中廃の問題は金次郎の家族をも悩ませていた。娘ふみの弥太郎（兄）宛書簡「小田原報徳金白銀とも、御伺いの儀、父上様思召し次第取計うべく仰せ蒙られ候由、有難き次第に御座候、しかし小田原の表の儀いかがものや存じ候」と、心配している様子が記された。

金次郎一家にとって、小田原仕法中廃は故郷を奪われたも同然の深刻な問題であった。その後、代官山内が真岡に移り、金次郎は東郷陣屋に居住することになった。九月には妻子も東郷陣屋に移り住むことになり、金次郎一家の居住地の問題は解決された。

嘉永元年（一八四八）から、幕府直領最初の仕法地たる掉ヶ嶋《そうかじま》仕法に着手することになった。その隣村花田村への仕法も嘉永三年から始まった。この二村への仕法は、「日光御神領仕法雛形」完成以後の最初の一村式仕法であり、嘉永六年「日光仕法」の命を受けるまでの実験的仕法として注目される。

掉ヶ嶋仕法は、嘉永元年七月に掉ヶ嶋村名主卯兵衛・同新右衛門と百姓代善兵衛が、潰百姓屋敷相続の助力を願い出たのに始まる。これを受けて金次郎は、下館藩の衣笠に書簡を送り、灰塚村仕法の破畑人足とその扶持米二俵の調達、新家作の材木の送付を依頼し、三〇日に村田與平治とともに掉ヶ嶋村を廻村した。

このように報徳仕法は一村あるいは一藩の仕法に終わらず、仕法で受けた恩徳を他の仕法に推譲する試みが各地で展開された。これが農民に仕法の主体者としての自覚をもたらせた要因であろう。農民は仕法によって改善された生活の恩恵を歓喜して他村に譲り渡し、自らが仕法の主体者となっていった。

天保一四年の「宗門人別改書上帳」によると、掉ヶ嶋村は戸数一〇軒、人口五五人の小村であった。貢納額は年によって多少の変動はあるが、文政一二年から弘化四年の平均は四七石三斗、永一五貫余であった。また盛時に四三軒あった戸数が激減し、天保五年には八丈島から入百姓を迎え入れるに及んだ。

嘉永元年七月には、荒田畑の起返しのために村内人足のほかに破畑人足を雇い入れた。翌年に掛けて四七日間にわたって起返し作業を進め、三町四畝余を開墾した。この間、六七八人の人足に賃金一三両余と扶持米一三俵余を与えた。

荒地開発と平行して、用悪水堀浚いが水の少ない冬季に行われた。これによって二〇六四間が掘り立てられた。この作業には掉ヶ嶋村はもちろん、灰塚村・小林村・物井村・横田村・東沼村による手伝い普請が行われた。この他、往還道と作場道（一五八七間）の普請が行われ、開発田地への往来の至便化が図られた。

掉ヶ嶋村仕法の段階では、近隣の仕法村からの手伝い普請が意欲的に行われるなど、推譲の意識をもった農民が仕法に主体的に参加していたことがわかる。

また、民意の向上を図るため、若宮八幡宮の屋根普請・観音堂の建て替えが行われた。このような神社仏閣の保護策は桜町仕法以来各地の仕法で行われた人心安定策であった。

青木村仕法で行われた萱による屋根の葺き替えは、萎えた人心を一変させた。屋根修理・居宅修理から始まって、灰小屋・便所の修理など、各戸の住環境を整備し、食糧を保障することから仕法を始めた。民の生活の保障を前提に荒地開墾・収納増を図ったのである。

さらに、荒地増大は労働力の不足が原因と捉え、人口増加策を採るが、家ごとの労働力の多寡にも注意を払い、不足する家に村内の労働力を提供した。

これは彼が常日頃から唱える村内互助である。麦作から稲作に移る農繁期の労働力不足を補ったときには、耕作の手後れは荒地増大につながるものと理解し、助成策を講じた。村内と仕法村である灰塚村の人足は冥加人足として扱った。

一年目の仕法では、各戸の環境整備・道路普請・用悪水堀浚い・神社仏閣の修理・農事手後れに対する労働力の提供が行われた。他村からの手伝い普請（推譲）の恩恵を理解させるとともに、村内互助の必要性を認識させた。

掉ヶ嶋村仕法は順調に進んだが、経費は金次郎の資財を投入して行われた。彼は直接の上司山内総左衛門に掉ヶ嶋村の復興計画書を提出し、「分度」の設定・三〇年間の定免・御下げ金を要求した。その上、仕法が行われれば、周辺農村の開発の範となると訴えた。金次郎は、掉ヶ嶋村仕法を端緒として、幕領への広域展開を考えていたことがわかる。

この頃には、荒地開発によって産出された米麦を他村の開発に推譲するという、仕法金の循環救済が考案されていた。この金次郎の上申書を受けた山内は、幕府に仕法金四〇〇両の下賜を要請した。山内は従来の仕法金は下賜しただけの施与金であるのに対し、金次郎に与える仕法金は循環性をもっており、やがて回収することができる有益なものと上申した。

幕府は、報徳仕法の効用と資金の循環性を認識し、掉ヶ嶋村仕法を範として幕領に広域展開できると理解し、四〇〇両の仕法金を下賜した。

こうして金次郎は四〇〇両の仕法金を得、一層、棹ヶ嶋村仕法に力を注いでいった。金次郎は自己資金を回収し、残額の一五四両余を仕法金とした。この資金は借財返済・荒地開発等に活用された。

二年目の仕法（嘉永二年一〇月〜三年一一月）は、おおむね前年の仕法を踏襲するものであった。下賜された資金を利用して、借財返済のための無利五ヶ年賦の貸付・肥料代としての粕・干鰯の無利貸付が行われた。

嘉永三年（一八五〇）、金次郎は荒地開墾の順序を記した。荒地開墾は、「地味よき土地」や「手軽の場所」から起返すことがめざされた。金次郎による仕法が易→難の方向性をもっていたことが理解できる。相馬仕法にも見られるように開発しやすい土地・村から仕法を始め、そこから産出する米麦を再開発に投資したり、各地に推譲し、仕法地を拡大していった。

これは仕法金の旋回だけでなく、農民の内面にまで及んでいた。すなわち、荒地開発に成功した村の農民が、恩徳に感謝して、他村の手伝い普請をするといった「心田」の開発にまで及んでいたのである。

従来の仕法では、廻村→入札→表彰の順で行われていたが、棹ヶ嶋村仕法では既述したように救急仕法として窮民救済が優先され、入札表彰は遅れることになった。

嘉永二年九月、一三軒による出精奇特人の入札が行われた。選考の基準は従来と変わらずに「孝行奇特人はもちろん、かねがね耕作出精心掛け宜敷く、村内手本」になる人物が選考された。

荒村立て直しの根幹として生活基盤たる田畑の復興がめざされた。そのための社会資本の充実が図られた。さらに荒地開発の主体者としての労働力確保が図られ、分家を奨励することによって人口増加が

図18　若宮八幡宮（筑西市）

めざされた。また、民心の安定のために居宅・小屋・屋根の修理がなされた。こうして仕法三年目にあたる嘉永三年をもって掉ヶ嶋村の復興は達成された。

金次郎は各地の仕法で社寺の永久護持策を図るが、掉ヶ嶋村仕法でも永安策として、社堂永代修復の議定書を策定した。概要は境内の雑木売払い代金・推譲金の一八両を原資として五ヶ年賦で貸し付け、その返納金で永久に社堂護持費用を賄おうとするものであった。

金次郎は、資金の永久運用・旋回を考え、各地の仕法の効率化を図った。掉ヶ嶋村仕法金は花田村仕法に活用されることになった。

やがて、この旋回は単に資金運用だけでなく、労働力の提供にも及び、推譲者をしだいに増やしていくことになった。

金次郎も、幕府も、掉ヶ嶋村仕法を幕領仕法の範と認識していた。嘉永四年、金次郎は掉ヶ嶋村仕法を模範とし、幕領である桑野川村・花田村・板橋村見取新田への仕法発業を幕府に申し入れた。

嘉永四年、花田村の農民は、報徳仕法の手段・目的を正確に捉えていた。つまり、報徳金で高利の借財を返済し、農業に専念し、家柄・村落の復興を考えていた。また、報徳仕法の恩沢に感謝するため、勤労に励み、節約に勤め、生活改善を図るとしている。

現実的な方策として日掛け縄綯いを実行し、積み立てられた金銭を仕法金として推譲するというものであった。ここに金次郎がめざす「自助」「互助」が明確に示された。金次郎が仕法でめざしたことは「自力復興」であるだけに、花田村の嘆願は評価されるに価するものであった。

花田村の自力復興の姿勢は、金次郎に積極的に評価され、花田村仕法が展開されることになった。ほぼ同時に隣村である板橋村見取新田でも仕法が発業された。

三節　相馬仕法

相馬仕法は、数ある報徳仕法の中でも際立った特色を示す仕法である。特筆すべき一点目は、仕法に対する理解が君臣民（藩主・藩士・領民）の間に進み、金次郎没後も、廃藩置県に至るまで仕法が継続されたことである。

二点目は、金次郎の指導・助言の下に、門弟筆頭たる富田高慶が中心となって仕法を展開したことである。金次郎は相馬藩領に一度も入ったことはなかった。

三点目は、「日光仕法雛形」が初めて仕法に活用されたことである。報徳思想が『三才報徳金毛録』

等によって体系化され、その仕法への応用が烏山・谷田部茂木・下館仕法で試され、弘化三年（一八四六）の「日光仕法雛形」に結実した。この雛形を実行に移したのが相馬仕法である。普遍仕法雛形として全国展開をめざして案出されただけに、その成果は問われなければならなかった。

相馬氏は、文治五年（一一八九）奥州藤原氏征伐の功によって、頼朝から相馬の地を与えられて以来この地方に盤踞《ばんきょ》した名家である。藩領は奥州相馬地方二二六ヶ村（福島県相馬市・南相馬市）の六万石である。人口は弘化二年四月の「御達書」によると、三万八三〇〇人であった。

相馬藩が衰廃に陥ったのも、北関東の諸藩と同様に飢饉による収穫減・人口減が大きな要因であった。この「御達書」には衰廃に至る様子が示されている。それによると、最盛期には収納米一七万俵、人口九万人であったが、天明三年（一七八三）の飢饉時には収納米二万〇三〇一俵、人口三万人にまで減少した。

文化一三年（一八一六）には藩の借財が一〇万両以上にも至った。そこで相馬益胤は財政の緊縮を図るとともに、農民に対して養育料の交付・住居新築の補助・分家取立などの仁政を行い、ようやく藩財政も立ち直りかけた。その矢先に起こったのが天保四年（一八三三）・七年の飢饉であった。特に天保七年の飢饉は深刻で、文政八年（一八二五）から天保五年までの平均収納高が五万八六八〇俵であったのに対し、天保七年には四二五六俵（平均収納の七・三％）にまで激減した。緊縮財政によって益胤が貯えた米穀すべてを貧民救済に充当したが追いつかず、藩当局は米麦を各地から購入してようやく窮地を凌いだ。しかし人口減に伴う各村落の衰廃は顕著であり、相馬藩は新たな財政改革と村落立て直し策を求めざるを得なくなった。

相馬仕法は、富田高慶を抜きに論じることはできないほど彼の関わりは深い。そこでまず富田高慶（一八一四～一八九〇）について確認しておきたい。

富田は、文化一一年に相馬藩士斎藤嘉隆の次男として生まれ、江戸に遊学し、屋代弘賢《やしろひろかた》の門下となった。依田源太左衛門にも学んだ。しかし彼は経典の学びだけでは満足せず、藩政改革に向けた実学を求めていた。天保一〇年、金次郎門下となり、やがて金次郎に心酔し、各地の仕法に関わるようになった。

富田は相馬仕法において、金次郎の意を受け仕法の中心者となった。彼は誠実無比の人であったようで、藩主・藩士は言うに及ばず、領民からも強い信頼を得ていた。金次郎が富田に強い期待を寄せていたことも明らかである。嘉永四年（一八五一）、金次郎は富田の著作『報徳論』を、報徳思想を宣明するものとして、真岡代官山内総左衛門に提出した。同五年には長女ふみを富田に嫁せしめた。翌六年不幸にも、ふみは肥立ちが悪く急逝《きゅうせい》した。

ふみが富田に嫁いだ理由ははっきりしない。一方、栢山村の二宮一族は二宮総本家の後継者増五郎の嫁にふみを求めた。仲介にあたったのは小田原藩士豊田正作であった。豊田は金次郎に書簡を送り、栢山村の二宮一族の意向を伝えた。

しかし、この話はまとまらなかった。金次郎は、一族を「同根同体」と認識し、強い祖先崇拝の気持ちを抱いていた。自家の復興すら成らないうちに本家再興に取り組み、「一族一家主義」を唱えていた金次郎が、この二宮一族の申し出をどのように捉えていたのかは極めて注目される。金次郎の返書は見当たらないが、結果として栢山村の二宮一族の総意を断り、ふみを富田に嫁がせることになった。

この二宮一族の申し出は富田も当然承知していたはずであり、複雑な思いがあったであろうことは想像に難くない。金次郎が一族の求めを無視したとも思えない。それ以上に富田に深い情愛の気持ちがあったと理解するほかはない。富田との師弟関係はその後も続き、富田は金次郎死没まで近侍することになった。

金次郎没後、富田は師の記録を残すため『報徳記』を著すが、「其記ノ誤ランコトヲ恐ル」と語るように、師の意思の正確な伝達に不安を感じ、その刊行は二七年後となった。

相馬仕法は『報徳記』に詳しく示されるが、本書はあくまでも金次郎の思惟を探ることを目的とするのであり、近世に記された史料（金次郎の往復書簡・日記・仕法書等）を中心に検証していく。

富田は、天保一〇年九月二七日に金次郎門下となるが、彼は自己の一存で入門したのではないようである。金次郎は「勤方住居奉窺候書付」で「亥年（天保一〇年　二宮補）家老共添翰を以て、相頼み」と記した。相馬藩家老草野正辰は、天保一〇年一一月八日の金次郎宛書簡で、「富田久助雲水執業中、御膝下に随い、かねて行れ候御徳化を、片端をも相伺い、御教諭にも預り候て（中略）何卒久助方才を以て、高徳の十が一にも至り候わば、私も厚く大慶致すべく候」と記した。これらのことから富田の入門は相馬藩の意向に沿ったものであることが理解される。

この年の一二月、富田は烏山藩の菅谷、谷田部茂木藩の大嶋らと共に小田原に出張し、鴨宮三新田・

曽比仕法をつぶさに検証した。ここで富田は各村落の仕法に向けた情熱を感じとることになった。しかし富田は発病し、天保一一年正月九日に療養のため浦賀へ向かった。富田の病気は思いのほか長引き、七月七日の記録でも「いまだ病気聢《しか》と致されず」と記されている。

その後、家老草野は富田に書簡を送り、報徳仕法発業を金次郎に依頼した。しかし富田は報徳仕法の実情に接し、「中々以て容易に御許容これある事にこれなし」と、相馬の状況が発業すべき段階に至っていないと理解し、仕法発業を求めることに難色を示した。やむなく草野は、同年一一月二二日、金次郎に仕法発業を求める書簡を送った。

草野の必死の思いも、この段階で金次郎を動かすことはなかった。翌天保一二年草野は再び金次郎に書簡を送り、郡代一條七郎右衛門の派遣を伝えた。草野は、金次郎の招請は無理と考え、相馬藩の窮村の実情を知る郡代一條を桜町に派遣し、直接に金次郎から荒村立て直しに向けた指導を求めることにした。

しかし金次郎は求めに応じず、一條との面会すらしなかった。この間の事情を金次郎は、小田原藩士入江万五郎・男澤茂太夫・山崎金五右衛門宛書簡に「何分引取りかね、十日余止宿致され、厚く御頼み御座候得共、面会仕らず、ぜひなく引き取り申され候」と記した。

間に入った富田は窮した。その後、相馬藩から富田に禄米の給付が内示された。富田は辞退したが、「役威を以て厳重に違背は相成り難し」と迫られ、やむなく禄米を受納した。これが金次郎の琴線に触れ、富田への叱責となった。富田は一言も弁解しなかったようであるが、噂が洩れ伝わり、草野は金次郎側近の豊田正作に「今生に得難き先生の膝下に随従仕候事、人倫の大幸この上なき事と存じ込み候体に御座候」という書簡を送り、富田の心情を訴えた。

この文面からも、老臣草野が、富田に示す情愛が感じられる。富田の態度も誠実そのものであったようで、頂戴した禄米は窮民撫育のために推譲していた。

草野は金次郎との往返の中で、しだいに金次郎の仕法に対する意識を知ることになった。つまり、金次郎がめざしていたのは藩政の財政改革・農村復興・窮民撫育だけではないことを悟った。金次郎が永安の安寧策を求め、挙藩一致の覚悟を求めていることを草野は理解した。そこで天保一三年から弘化元年にかけて再三金次郎を訪問することになった。

天保一三年、金次郎は幕臣に登用されると、大名領の仕法を辞退した。各藩は老中水野忠邦に仕法継続を求めた。相馬藩は仕法を発業していないにもかかわらず、老中宛に充胤名の「願書」を提出した。天保一四年八月二八日老中から「御書付」による指示がなされた。「書面の趣き教示、一通りの儀は相対を以て相頼み苦しからず候」と、幕府は相対で決してよいと返事した。

これによって、相馬藩が金次郎に仕法発業を依頼することは事実上幕府から公認され、積極的に仕法発業を要請することになった。金次郎は相馬藩に「分度」の設定を求めるため、諸帳簿の提出を促した。

これに対して、家老池田図書から金次郎に宛てた書簡には「明暦以来出入の大略、追々調べ置き候高出米等、御覧に入れ、御指図蒙りたく願い奉り候」と記され、金次郎の要求に同意した。

相馬藩には明暦（一六五五年）以来の記録が残されていた。しかし直接の担当者俊助が持病の疝癪《せんしゃく》で引き籠もり、富田も母の病状が悪化し出勤できない状態が続いた。この頃の富田の苦悩を草野は「大小便の取抱えも余人へ相懸け申さず候体の看病」と、金次郎に伝えた。

草野は富田の窮地を理解しつつも「師恩を重しと仕候時は、忠義も相立ち、孝道も相立つの基いに御座候」と、富田を激励し諸帳簿の写しを持たせて金次郎の元に赴かせた。この諸帳簿の提出を受けて金次郎は「為政鑑土台帳」を作成することになった。

相馬藩の収納額など一八〇年に渡る史料を調べ、最終的に、

後半の九〇年の平均収納高（宝暦五年〜天保一五年）　七万六三四七俵
近接の一〇年の平均収納高（天保六年〜天保一五年）　五万七二〇五俵

これをさらに平均した六万六七七六俵を相馬藩の「分度」と決定した。しかし、これを永久「分度」とせずに、仕法の成果に応じて一〇年ごとに改定することにした。つまり一〇年後、「分度」額と仕法実績額（仕法一〇年間の平均収納）をさらに平均したものを新「分度」と定めることになった。仕法の成果を示せる仕組みとすることにしたわけである。

金次郎が示した計画書によると、「分度」外の余剰米を、年々窮民の撫育・人口増加・田畑開発に繰り返し投資することであった。六〇年目には、ほぼ全盛期の収納高にあたる一七万五九一〇俵の収穫をめざして計画は立案された。まさに拡大再生産の論理であった。

この土台帳の中で、金次郎は天保五年に記された『三才報徳金毛録』や『万物発言集』に見られた

「天道人道」観と、ほぼ同じ認識を示した。ここでも金次郎は、変わらぬ天道の恵みの中に存在する人を見出し、その恵みを生かすのが人道であると考える。天道の中に人道の存在を見ているのである。

弘化元年（一八四四）一〇月、金次郎は池田図書への書簡で「分度」を策定した「為政鑑土台帳」について、「富国安民、万代不朽の御土台」とし、「御一覧下さるべく候」と記した。

弘化元年一二月、「為政鑑土台帳」を相馬藩家老池田図書に渡した。池田の金次郎に宛てた礼状には「何れも感動仕、一言の異論これなく、本望の至りに存じ奉り候」と喜びを示した。池田をはじめ報徳仕法欣求者にとって、この「為政鑑土台帳」は藩政改革に向けた宝典にも思えたのであろう。しかし「一本に治定仕候までには至りかね」の文言が示すように、相馬藩においても、報徳仕法採用をめぐる是非論があった。報徳仕法を採用した藩の中で、相馬藩は藩主充胤をはじめ重臣・家臣、農民に至るまで幅広く、継続的に仕法を支持した。その相馬藩ですら、容易には藩論を統一できなかったようである。

翌弘化二年にようやく藩論を統一し、二月一一日には、池田は藩の「分度」を決定した旨、金次郎に書簡を送った。

相馬藩は、「分度」を設定したものの、荒地開発に対する手法や収納増に不安を覚え、家老以下二一名の連署をもって金次郎に仕法発業を依頼し、その手始めとして、大井村・塚原村への仕法金として二〇〇両を報徳善種金に推譲するというのである。さらに、報徳仕法の指導を受けるために郡代一條七郎右衛門を派遣するという。

この返書は見られないが、その後の展開から、金次郎はこの二村発業には同意しなかったようである。

相馬藩が大井・塚原村への仕法発業を求めたのは、藩領の中心である小高郷二村に発業させることによって、順次周辺村落へ波及させようと考えたからである。しかし金次郎は、これを否定して「村方誠意を持出し候より早きはこれなき趣き」と、従来の仕法のように、村民が意欲を示した村から発業すべきであると伝えた。

金次郎が、右のような見解を示したのは、代官志賀乾・郷方吟味役・手代・成田村肝煎・坪田村肝煎が連名で提出した「願書」に「両村へ御主法相立て候わば、役々習熟仕、諸村の手本共仕たく、一同厚く願い上げ奉り候」として前向きの意向が示されたことを評価したものであろう。

金次郎は、小田原仕法に見られたように、改革に向けた村の決意と団結を優先させた。藩領の中心という場所に重点を置くのではなく、改革に対する情熱を示した村を優先して発業させることによって、藩領への広域展開をめざした。

報徳仕法の発業を決定した相馬藩は仕法掛を任命し、「心得」を示した。その上で領内村落に仕法発業を命令した「御達書」を示した。

まず「御仕法掛心得方大略」で役人に指針を示した。これは金次郎の思惟や報徳仕法の特色を顕著に示すものであった。まず仕法の目的を「百姓安堵の地を拡充し、永久衰廃の憂いこれなき様」にすることとした。ここに「富国安民」の意志が明確に示される。彼による仕法の特色は「安民」策を推進することによって、民の富裕を実現し、結果として「富国」をもたらすことにあった。

方法論として、まず率先垂範を求めた。自己のありようを正し、実意をもって農民を指導すべきことを説いた。次に奇特人・出精人の表彰や、農民への教戒に対するあり方を示した。さらに一円融合の理の下に、上下・貧富の融合を説いた。この一円融合論こそが、藩主・藩士・領民を主体的に仕法に取り込ませる大きな要因になったと考えられる。彼らは熱に浮かされたかの如く仕法に参加した。

最後に、仕法掛に「一村の向背」「人気の進退」は一身に帰すことを説明し、仕法に向けた自覚を求めた。

相馬仕法は弘化元年に「分度」を設定したことを契機として、挙藩一致の改革に進んだ。仕法発業にあたり、開発資金たる仕法金が準備された。藩主御手元金一〇〇両、金次郎からの報徳善種金二〇〇両、池田・草野・富田ら藩士の報徳加入金五二両余、成田・坪田村の加入金三七両余が推譲された。仕法実施の中で両村から日掛縄索代銭積立四四両余も推譲され、総額四三三両余の仕法金が準備された。

こうして仕法金は藩主・藩士・農民・金次郎からの推譲によって賄われた。仕法着手以前に藩士・農民から推譲が行われるのは、報徳仕法の理解が拡大されたことの裏付けと理解すべきであろう。

弘化二年（一八四五）一二月一日、御仕法掛野坂源太夫・一條七郎右衛門、代官志賀乾、富田久助らは成田村村民を高野丹吾宅に呼び出し、仕法発業を通告した。その上、奇特人・出精人を入札させ、一二人に褒美を与えた。この間の事情を富田は金次郎宛書簡に「感涙に及び引取り申し候」と農民が示す高揚感を記した。五日には、坪田村でも同様の手順で仕法を発業した。

成田村・坪田村に対する仕法の初期の支出を見ると、仕法の方針が理解できる。まず農民の意欲向上を図るための表彰が行われ、窮民撫育・社会資本の充実が図られた。

表彰によって農民に勤労意欲を持たせ、屋根の葺き替え・修理や堤普請などによって生活基盤を保障し、極難窮民に食糧を給付することによって民心の安定を図った。

本業出精人褒美　九六両一分と銭四貫文余、鍬八八枚と鎌一七六枚
屋根替・屋根修理　二五両と銭四貫文余
極難窮民御救米　米三六俵二斗余
堤普請　九両一分余

次いで行われたのが生活改善のための無利息金貸付であった。貨幣経済の浸透による商品の流入は村落の自給自足経済を揺るがした。農民は金融資本に取り込まれ、高利の借財を背負わざるを得なくなった。そこで報徳仕法を通じて行われたのは無利息金への借り換えであった。これによって農民は高利の負担を余儀なくされていた借金地獄から救われることになった。農民への貸付は以下の如くである。

夫食米貸付　四四俵
農具代貸付　一四貫余
借財返済用貸付　七〇両と銭二〇貫余

金次郎による最初の他領仕法となった青木村仕法では、萱を苅らせ、それで屋根を葺かせ、村の外観を一変させた。相馬仕法でも似た手法が採られた。まず農民に施しをすることによって心機一転させ

た。

ここに報徳仕法の顕著な特色を見ることができる。為政者が仁政を行うことによって、民の安寧を図り、その後富国をめざした。この主張こそが、金次郎の身を大原幽学に見られた不幸に結び付けなかった要因と言えよう。

両村への仕法発業は近隣の村落に大きな影響を与えた。これらの村では自村への仕法発業を求めた積極的な動きが示された。富田はこの動向を「村内は申すに及ばず、隣村近郷までも一時に相響き、悉く相唱え、少しも早く、余村へ始り候様致したき旨申合せ候」と伝えた。

このように、成田村・坪田村の仕法発業によって、報徳仕法欣求の声は相馬藩領一帯に広がることになった。しかし金次郎は相馬領でのいたずらな仕法広域展開に反対し、二村のみに仕法発業を決めた。仕法が発業されなかった村は、二村で行われる仕法の実情を見聞するにつれ、仕法発業の声を一層高めていった。意欲が高まるまで仕法発業を待つといった手法は、金次郎特有の方法である。彼は相手が真剣になるまで容易には同意しなかった。上からの押し付け的仕法より、農民が主体的に求めた仕法に成功の可能性を見たわけである。

相馬仕法のモデルである成田村での仕法を例として、仕法発業から成就に至る経過を示してみたい。成田村の仕法は弘化二年に始まり、嘉永三年までに荒地復興・借財返済がなされ、目標は達成された。

＊一年目（弘化二年一二月〜三年九月）

収入

報徳加入米金　　五村から籾五二俵一斗五升と一両二分・銭一五貫一六四八文
日掛縄索積立代銭　　一二両一分と銭二貫二二八文（一日五文ずつ）
御手元金　　二五両
御主法米金　　米一俵、八七両一分三朱と銭四貫九三五文（金次郎からの報徳善種金と加入米金）

支出

本業出精奇特人御褒美二二人に二七両一分と銭二貫二五文（村民の入札で人選）
屋根替え・修理　　七人に七両一分二朱と銭一〇〇〇文
極難窮民御救米　　一三人に米一〇俵一斗六升
堤御普請　　九両一分と銭二八八文
無利五ヶ年賦貸付　　二人に二〇両

仕法一年目については、まず推譲（他譲）が該当仕法村のみならず周辺村落からもなされたことに注目しなければならないであろう。金次郎が常に唱えるように、各戸ごとの縄索による「自譲」こそが仕法初期の農民に自覚をもたらし、仕法への主体的参加を促すものであった。この仕法でも集めた仕法金は、まず農民の意欲向上のために使われた。

出精人奇特人表彰・屋根替え・極難窮民御救い米・無利息金貸付が村民の入札によって行われたことも、農民を主体的に仕法に取り込む手段であった。意欲ある者を表彰し、窮迫の実情に合わせて屋根の修理や食糧手当がなされた。これらのことが民心を高めたことは想像に難くない。

＊二年目（弘化三年一〇月～弘化四年九月）

収入

前年度繰越米金　米九俵八升、六七両一分一朱と銭四貫三八文

返納金　四両

日掛縄索積立代銭　一三両二分と銭二〇〇文（一日五文ずつ）

御主法御土台米金　米三一九俵二升八合五勺（米一九俵以外を売却して、金七五両）

御主法米金　米一俵、一分三朱と銭二貫七〇〇文

支出

本業出精奇特人御褒美　一六人に一五両二朱と銭九〇〇文

屋根替え・修理　六人に六両二朱と銭九五五文

極難窮民御救米　一四人に米一五俵と銭二〇〇文

荒地起返賃金　三両と銭七二文

村役人御扱被下之事　二両二朱

信切米御扱被下之事　米三俵九升六合

堤御普請　一両一分二朱と銭六〇〇文

農夫食貸付　一四人に米六俵

無利五ヶ年賦貸付　一人に一〇両

仕法二年目には早くも「分度」外米が約三二〇俵にも達し、農民の勤労意欲が向上したことを端的に示すものと言える。さらに、貸付金の返納が始まり、仕法金が順調に旋回するようになった。支出はほぼ前年を踏襲するものであるが、荒地開墾を自力で行えない者や生活困窮者に開墾奨励金が給付された。

＊三年目（弘化四年一〇月～嘉永元年九月）

仕法三年目には緊急的な窮民対策に加えて、馬屋・便所の普請、二男取り立てが行われた。桜町仕法でも人口増加策として二男の分家・小児育成料の交付が行われたが、相馬仕法でも荒地開墾に向けて農民人口の確保は喫緊の課題であった。勤労意欲に対する出精人表彰に加えて、人口定着に向けた生活改善が図られたのは当然とも言える。さらに、インフラの整備（堤・道普請）が重点的に行われた。

＊四年目（嘉永元年一〇月～嘉永二年九月）

仕法四年目に至っても、過去三年間の方針が継続された。表彰・窮民への施与が従前通り行われただけでなく、手狭を理由に新居が建てられ、相続金までもが交付されたのは、成田村仕法が緊急的仕法から生活改善的仕法に進化したことを物語る。

＊五年目（嘉永二年一〇月～嘉永三年九月）

五年目には、藩の資金三五二両余をも投入して仕法完成がめざされた。新居が建築され、馬屋や便所が改築され、農民生活の安定が図られた。

五年にわたる成田村村民の協力に対して、日掛縄索積立金の倍返しや村役人への褒賞金授与が行われた。荒地の復興がなされ、窮民は救済され、借財は無利息金によって返済され、生活基盤は確保された。

こうして成田村仕法はひとまず終結し、仕法の成果は他村の仕法に転換されていった。これこそが相馬仕法でめざされていたことである。初発地仕法の成果を漸次周辺村落へ拡大していくという金次郎の構想が現実に展開された。

「日光仕法雛形」と相馬仕法との関連を追ってみる。弘化元年、金次郎は日光御神領の目論見御用を命じられ、雛形作成に没頭することになった。相馬藩も藩士杉浦菊右衛門を手伝いに派遣し、資金をも調達して作成に協力した。相馬藩が資金調達に応じたことは草野の書簡に「先生金子御入用の由、御安き事に御座候、御印形に付十五両持遣わせ申し候、これ式に限らず、五十なり百也、御指〔ママ〕支えの節は仰せ下さるべく候」と記され、草野が、金次郎の求めに応じ一五両を貸与したことは明らかである。これも雛形完成後、相馬藩への適用を求めたからであった。

相馬藩にとっては、「日光御神領仕法雛形」は垂涎《すいぜん》の的であった。弘化三年六月二八日、遂に仕法雛形が完成し、幕府の勘定所元締渡辺棠之助に提出された。金次郎は幕府に仕法雛形を提出した旨を各地の仕法関係者に通知した。この書状は五三通にも及んだ。金次郎は普遍的仕法雛形を完成したことによって、公領・私領への報徳仕法の幅広い展開に期待をしていた。

しかし、七月には小田原藩から報徳仕法中廃を通告され、大きな挫折を迎えることになった。それでも、金次郎は幕府からの報徳仕法発業の下命に期待を寄せ、直接の上司山内総左衛門に「一日一日と御沙汰相待ち居り候」と、待命のため江戸を離れない旨を書簡で連絡した。

相馬藩では弘化二年に発業した成田村・坪田村仕法の成績に自信を深め、仕法の広域展開に期待を寄せた。成田村・坪田村に始まった相馬仕法は、金次郎死没の安政三年までに五〇ヶ村に発業した。金次郎没後も仕法は継続され、廃藩置県によって仕法が中止になる明治四年までには一三七九町歩もの荒地が開墾された。

相馬仕法の中心者であった富田高慶への信頼も日増しに高まり、池田図書の金次郎宛書簡には、仕法の実行者たる富田に対する農民の期待、未発業の村落の強い期待が記された。

一方、池田は他村への仕法拡大がなされないと、農民が意欲を失ってしまうとの懸念を示した。そこで、金次郎も大井・塚原両村の仕法発業に同意した。

弘化四年（一八四七）一月、相馬藩は池田や、野坂・一條を派遣し、小高郷代官と手代、近郷の代官と手代、御仕法金加入者の参加を得て、大井村村民に仕法発業を通告した。ここに相馬藩一致の姿勢を読みとることができる。

金次郎は、「一円融合」の理の下に、大井村村民に身分・貧富を越えた協働を求めた。この動きは烏山仕法にも顕著に見られたことであるが、相馬仕法においては、さらに進んだ展開が見られた。

相馬仕法の特色の一つは、藩主が金次郎の意向に協力し、その方針を終始変えなかったことである。

相馬充胤は、藩の「分度」を設定し、自らも倹約生活を実行し、領民に対しては仁政を行った。

充胤が金次郎の思想を理解していたことは、天保一四年に幕府に提出した「願書」によって理解される。相馬大膳亮の名で出された老中宛の「願書」には「富めるものは驕奢を省き、その財を施し、貧しきもの勤農に進ませ候仁術一時に風靡《ふうび》いたし、隣村近郷七十二ヶ村、忽ち奮起仕、金二郎手法服従のもの共、頗《すこぶ》る奇特の所行これあり」とあって、「上下一和」、「貧富一和」を説く金次郎の思想が明確に示された。金次郎は、一円の内に農民や藩士ばかりか、藩主をも見ており、この一円融合界の実現は、藩主が仁政を行うことを前提としていた。

二つは、報徳仕法の実績が相馬藩内に広く喧伝《けんでん》されていて、仕法発業以前に推譲が行われたことである。

ここで相馬仕法史を整理してみる。弘化元年、「為政鑑土台帳」が作成され、相馬藩の「分度」は六万六七七六俵に設定された。弘化二年には、成田・坪田村に発業したのに始まり、仕法はしだいに拡大を見せていった。

左表は仕法発業年・仕法成就の有無・仕法に要した期間（足かけ年数）を示したものである（金次郎存命中に開始された仕法のみ）。

	1年	2	3	4	5	6	7	8	9年以上	未成就	村数
弘化二						1			1		2
三											0
四									2		2
五			1	2				1	1		5
嘉永元年											

嘉永二			1			1					2
三			2					1	1		4
四					1		2	1		3	7
五				2		5	1		3	1	12
六					2						2
七							1			1	2
安政二			4	5		2		2	1		14
三										1	1
計	0	0	8	9	3	9	4	5	9	6	53

安政元年

右表から、仕法の成就率は八八・七％、仕法に要した平均年数は五・九年ほどであることがわかる。仕法発業時、金次郎は仕法の広域同時展開を拒んだ。力の分散を恐れたからである。また、金次郎は仕法の模範村を創出することによって、未実施村落に対して仕法の自主的展開を求めた。繰り返し示してきたように、金次郎は村落改革に向けた意欲の高まりを期待していたのである。これは小田原仕法において顕著に示された。この時、金次郎は村落内の互助が実現されている村から、仕法を始めた。この相馬仕法においても似た手法が採られた。

桜町仕法においては、荒地旧復・村柄取直・借財返済に向けた村内一致の協力関係が構築された。烏山仕法においては、荒地開発のために四民協働の開墾が行われた。そこには身分を超越した藩内融合の様を見ることができた。相馬仕法では、仕法の形態・藩民の意識がさらに高まり、村・藩を越えた協力関係が創出された。すなわち、自村・自藩の仕法の成果を他村・他領へ推譲するといった行為が示された。

自村の成果を他村に推譲する事例を見てみよう。嘉永五年（一八五二）の「御内訴調写」には、「分度」外の収納米・村役人の冥加金を立谷村へ推譲したことが記された。

このように、相馬藩では、成田村・坪田村に仕法が発業されて以来、その成果を隣村へ推譲する動きが連鎖拡大していった。他村に助力する動きも各地で見られた。各村内あるいは他村に「徳をゆき及ぼす」ということは、相馬仕法発業時に、金次郎が「南北左右へ風化の道」を推し進めると藩に示した仕法の方針でもあった。また、推譲の拡大は藩領にとどまらなかった。

相馬藩主充胤は、報徳仕法の成果に感謝し、その恩徳に報いるべきであると考え、金次郎が「日光御神領仕法」を命じられたのを機に、幕府に「日光御神領仕法」への献金を申し出た。

相馬藩は、馬喰町御貸付所から八五〇〇両を借入し、年々五〇〇両ずつ返済していた。その返済が完了するので、毎年の返済分にあたる五〇〇両を相馬仕法に対する報恩として、「日光御神領仕法」に献納するということである。

幕府は「願の通り上納仰せ付けられ候」と、相馬藩の献金を認めた。相馬藩は、金次郎の最後の仕法となる「日光御神領仕法」に五〇〇両ずつ一〇ヶ年推譲することになった。

こうして相馬仕法においては、自村・自藩の経済的改革のみを目的とせずに、仕法の成果を他村・他領に推譲していった。この推譲は金銭・米麦のみに終わらずに、労力の提供にまで及んだ。

これらは、金次郎の著作『三才報徳金毛録』中の「天命治世輪廻之図」に見られる、「仁・徳を中心として世の中が動くときは治世に至る」との認識の発展であると考えられる。金次郎は成田山参籠によって、我欲を一円の内に捨象することによって新境地を開いた。それは彼我を越えた一円世界であり、仁に基づいた一円融合界であった。

この試みは、烏山仕法で一定の成果を上げたが、完結にまでは至らなかった。相馬仕法においては、藩主・藩士・領民の理解が進み、そこに藩財政再建・村落立て直し・生活改善に向けた改革が展開され、他領にまで及ぶ成果を生んだ。ここに金次郎が唱える「一円融合」界が現前化された。

四節　日光御神領仕法と金次郎の死

金次郎は一門の総力を挙げて作成した「日光御神領仕法雛形」を弘化三年に幕府に提出した。しかし、金次郎の期待が報われるまでには、数年の時を浪費せざるを得なくなった。嘉永六年（一八五三）二月、幕府から待望の「日光御神領仕法」を命じられた。金次郎は、この命を「日光御神領仕法雛形」を実行に移す好機と捉えた。

日光御神領は冷涼な高地を抱えていた上、天明・天保の飢饉も相俟ってその大半が荒地と化していた。そこで、金次郎は田畑耕作が不可能な場合に備えて木曽檜の植林を考え、その準備に着手した。

しかし雛形作成から七年が経過し、金次郎ももはや六六歳になり、強健な身にも病魔が迫りつつあった。この後、金次郎は病に冒されながらも畢生《ひっせい》の仕法に取り組むことになった。

日光御神領とは、東照神君家康廟や三代将軍家光廟を奉安する御神領・御霊屋《み(お)たまや》領・御門跡領八九ヶ村からなる。江戸幕府の聖地であり、その荒廃は深刻な問題であった。御神領八九ヶ村は、石高二万〇九六五石余、人口二万一一八六人、戸数四一三三軒、耕地四二一六町歩（内荒地九四二町歩）であった。

まず普遍仕法として案出された「日光御神領仕法雛形」において、全体計画が示された。あまりにも長大な計画書であったために、金次郎は弘化二年に「日光御神領村々荒地起返仕法附見込之趣申上候書付」で、仕法の基本方針を示した。主な要素は五つあった。

一つ目は「分度」を過去一〇ヶ年の米永小物成を平均して設定すること。

二つ目は孝養奇特人・耕作出精人の表彰を行うこと。

三つ目は三〇年を目処《めど》とした荒地開発計画を立案すること。

四つ目は生活改善のために一〇ヶ年・七ヶ年・五ヶ年賦の無利息金貸付を行うこと。

五つ目は意欲確認・自力復興のための日掛縄索を行うことであった。

換言すれば、「分度」を設定し、余剰を荒地開墾に投資し、そこから得られる米麦で窮民を救うことがめざされた。また、出精人を表彰することによって勤労意欲を高め、日掛縄索の成果を自覚させることによって、自活に向けた意識を生じさせようとした。つまり、農民の生活改善への意欲向上を図れば、必然的に収穫高を増大させることができ、村柄や農民生活の立て直しができると考えたからである。

受命後の三月、日光奉行小出長門守から金次郎に問い合わせ状が届いた。「御神領村々荒地起返難村旧復の仕法取行方」についての問い合わせであった。つまり仕法実施の方策を尋ねられた。日光奉行の立場からすれば、名声ある金次郎とはいえ、御神領の復興の難しさを如何に克服するのかは注目に値するところであった。

これを受けて金次郎は、「高反別帳」などの諸帳簿の提出がなされれば、それに基づいて廻村を行い、難村旧復仕法の組み立てをすることができると回答した。金次郎は、ここでも「調査」→「計画」→「実行」という手順を採るが、「雛形の通り」とあるように、「日光御神領仕法雛形」を仕法の基本に置いていたことは明らかである。

廻村によって村落の実情を知ることから始めるのは報徳仕法における常套《じょうとう》手段であるが、「願い出次第」とあるように、村落が示す仕法に向けた意欲の度合いを優先させていることが理解される。

金次郎は「日光御神領仕法」について、従来の仕法にない面を認識していた。不安に感じたのは、御神領が定免《じょうめん》であったことである。不作時の荒地引き（減免）や、開墾後の鍬下期間（無税）の問題に対する確認が必要であった。

定免制の御神領では、金次郎が仕法の根幹と捉える「分度」が有効性をもたないという問題が生じた。「分度」によって余剰米を創出し、それを年々荒地開墾に投資するといった再生産の論理は封殺されたわけである。従来の仕法地では、領主に「分度」を設定させ、貢租を一定に保ち、荒地開墾による収納の増加分を農民の生活改善や借財返済、新たな荒地開発に投資できたわけである。

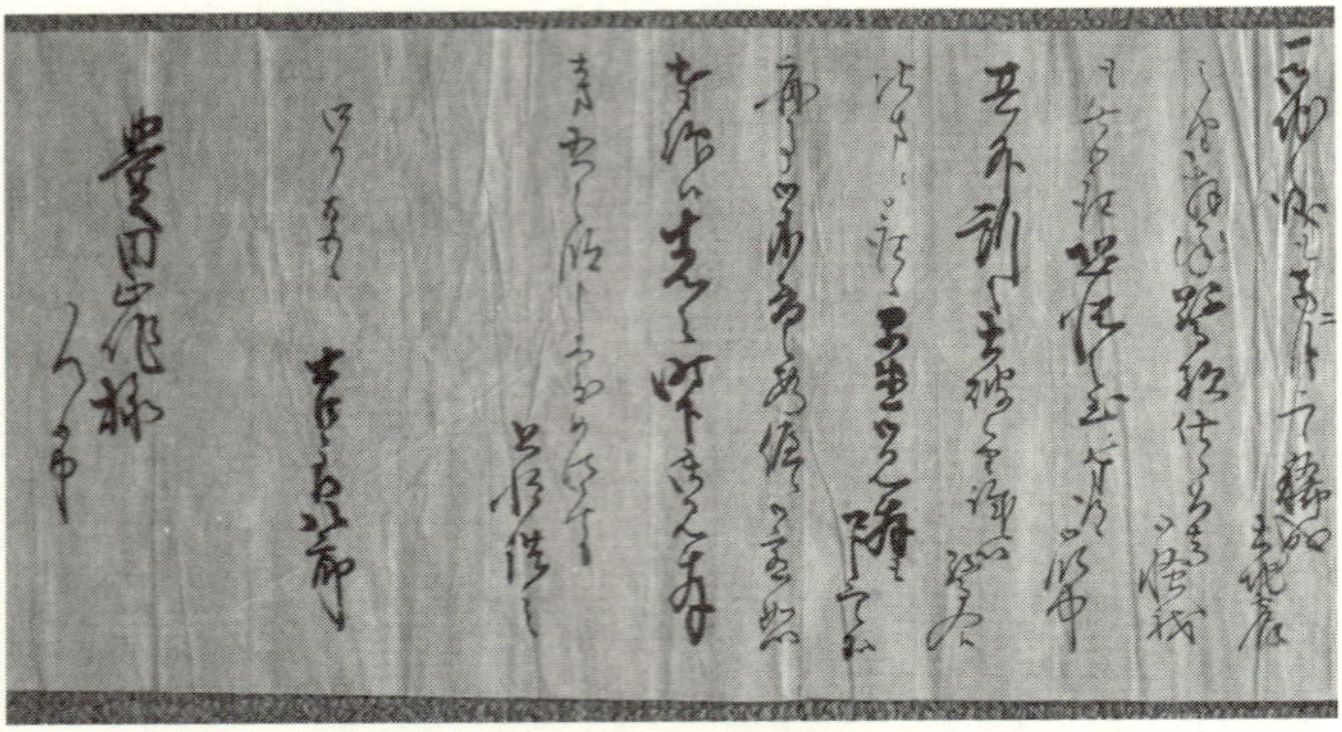

図19　吉良八郎の書簡（著者所蔵）

しかし定免制の御神領では、それが叶わず、新たな方策が求められた。その一つが従来行ってきた各地の仕法金を回収し、日光奉行貸付所に預け、その利子を仕法に投入することであった。

一方、日光への出発を目前に控えた四月一九日、金次郎は斎藤弥九郎宅で昼食をとった後、松村忠四郎宅に向かう途上、冷や汗が出て、不快感に襲われた。やむを得ず、松村宅で丸薬を服用し休息をとった。小康を得て夕方駕籠で帰宅したが、途中二度黄水を吐く有様で、帰宅後も床に臥せざるを得なくなった。翌日、医師坂本松庵の往診を受け、「甚敷御疲れこれあり」と診断され、薬を調合された。

これで、日光行きは延期されることになった。金次郎は、この間の事情を日光奉行配下富見十兵衛宛書簡に「去る十九日廻勤先より不快にて帰宅後、今にいたるも平臥治療中に罷り在り候間、全快次第参上仕、出立の儀も申し上ぐべく候」と報告した。

一方、日光奉行も、金次郎の体調に不安を感じていたようで、仕法協力者の有無と待遇について問い合わせた。これに対して金次郎は、倅弥太郎が仕法見習として三両を頂戴し、随身の吉良八郎が給金七両と二人扶持を与えられていると報告した。

このように、受命直後には子息弥太郎と門弟吉良八郎を助力者に考えていた。しかし病は予想外に長引くことになった。実弟三郎左衛門が四月二九日に栢山村から梨を持って駆けつけるなど、多くの見舞客が様々な品物（好物の氷砂糖や水飴・人参など）を携えて金次郎のもとを訪れた。中でも病状を気遣った小田原藩重役の高月六左衛門・下館藩重役の衣笠兵太夫は、滋養のためにと、鯛・しじみ・どじょうを金次郎に贈った。このためもあってか、ようやく病状も回復に向かった。

五月一四日、医師坂本松庵から全快を知らされ、金次郎は日光登山に向けた準備を始め、六月一日には江戸を出立し、野州東郷陣屋に向かった。同日は粕壁に一泊し、二日は小山に泊まり、三日に帰陣した。

身体強健の金次郎もかなり気弱になっていたようで、鈴木源内宛書簡に「気分は昔に相変らざる積りにても、追々年老の故か、身体手足は壮年の時分の如くには参りかね、それ故か不快も永引き申し候」と記した。自己の体力に自信をもっていた金次郎も、自らの老いを感じ始めていた。この頃から弥太郎や周辺の助力者に分担を委任し始めた。

六月二九日、金次郎は子息弥太郎、吉良八郎、伊東発身らを従えて日光に向かった。しかし病状は未だに安定せず、周辺の反対を押し切っての登山であった。

翌三〇日、山口村を廻村し、農民の精勤ぶりを評価し、村役人・農民一同に鎌一枚ずつを贈った。また自力開発をした助右衛門と兵吉に褒美金三両を与え、潰百姓家の相続を願い出た三次郎に家作料一〇両（五両は給付、五両は五ヶ年賦貸付）を与えた。人口増加を必須の課題と捉える金次郎にとって、相続願いを助成するのは当然のことでもあった。

本格的な廻村は七月二日から始まった。これに先立ち、三一の村落・宿に通達を出した。主な内容は、馬一頭を用意すること、宿を一軒用意し、五人分の賄いをすること（応分の費用は金次郎が支払う）、特別な馳走はしないこと、村役人一人が案内に立つことなどであった。

七月二日、東照宮に拝礼した金次郎は、子息弥太郎・吉良八郎ほか二名を連れて所野村・小百村・原宿村を巡回した。病後の金次郎にとって、この日の二〇キロにも及ぶ廻村は容易なことではなかった。しかし、この日の廻村で農民の要求を聞く一方、自己の見解を示した。まず原宿村名主藤吾が廻村の御礼として金次郎のもとを訪れた折、水源の不足を強く訴えた。金次郎は、藤吾の申し立てと自己の廻村での見聞から、御神領仕法の復興策の一つとして、用水路修築の必要性を強く認識した。また山間地にふさわしい作物を求めた。米作にこだわらず、人参栽培を所野村に見出した。

病後の金次郎にとって、二〇キロにも及ぶ山路の廻村はきついものとなった。日記に見られるように、三日の金次郎の体調は思わしくなく、「歩行覚束《おぼつか》なく」、休みながらの廻村となった。未だ病の回復が十分ではなく、山路の歩行と真夏の日照は負担であった。やむを得ず夕方まで日蔭村で休息し、小康を得た夕刻、日向村に向かい夜半に到着した。

それでも四日には、日向村から峠を越えて西川村・川治村に入った。西川村では五〇里沼跡の開発を検分した。五日には川治村を訪ね、客土の必要性を諭し、畑五畝一〇歩の土の運搬賃として一両を与えた。六日には、上滝村・下滝村・小佐越村・柄倉村・栗原村・佐下部村・高柴新田・大桑村を検分した。七日には、川室新田を検分し、大渡村で昼食中に金次郎を動転させる知らせが届いた。東郷陣屋の富田高慶が飛脚を送り、妻ふみ（金次郎の娘）の重病を知らせてきた。金次郎最愛の娘ふみは六月五日に女児を死産していたが、産後の肥立ちが悪く容態が憂慮されていた。ふみは書画をよくし、秘書的存在であっただけに金次郎の不安は募った。直ちに弥太郎を東郷陣屋に戻し、自身は町谷村で待機した。

翌八日、金次郎の体調は悪化し、廻村を見合わせていたところ、東沼村組頭安兵衛と東郷村茂左衛門が、ふみ逝去の悲報をもたらした。弥太郎からの書簡には「おふみ事養生相叶い申さず、昨七日夕七つ半頃病死、誠に以て驚き入り、一同歎息仕候」と陣屋の悲痛な叫びが記されていた。

図 20　金次郎廻村の像

しかし、金次郎は廻村中であるとして、表向きは病気と称し、外出を控えた。仕法に対する情熱と愛すべき娘の死の相克が金次郎を悩ませた。このため金次郎のもとには、苦衷を察する書簡が届けられた。斎藤庄八郎・斎藤三太夫の書簡には「東郷において御不幸、御対面も御座なく、別て御残心深察奉り候」と記された。

一方、陣屋の日記や書簡には周辺の狼狽《ろうばい》ぶりが記された。門弟は埋葬や葬儀について、金次郎に指揮を仰いだ。金次郎は火葬にするように求めたが、ふみの遺言もあって蓮城院に土葬された。遂に金次郎は葬儀に参列せず、公務を優先させた。このあたりの対応にも、日光御神領仕法に注ぐ強い思い入れを感じることができる。

金次郎は九日間廻村を休んだだけで、七月一七日には廻村を再開した。廻村の成果は早速表れ、先に訪れた小百村では荒地六畝を起返し、そばを蒔き付けたとの知らせが届いた。

また、轟《とどろく》村では七三歳の出精老人に対する手当を行った。社会的弱者に対して、金次郎は給付を原則とした。廃屋同然の居宅に住みながら、老人一人が健気にも農耕に励む姿に感動して一両を与えただけなら、どこにでもありそうな話であるが、金次郎はこれだけに満足せず、この老人のために養子を貰い受けるように手配をした。この一事をとっても、永安の安寧を求める金次郎の仕法の特色がよく表れている。

同様なことは文挟《ふばさみ》村検分の折にもあった。同村に目の見えない藤三郎一家（老父・幼児）三人が廃屋で暮らしていた。金次郎は立合いの村役人に村内互助を諭した上で、藤三郎に当座の金として一両を与えた。この他、手岡村でも極難貧者に当座凌ぎの給付金を与えた。金次郎は社会的弱者には給付をし、それ以外の者には報徳金を貸与し、自立を促した。先祖から受け継いだ家株を守り、本業に励み、そこから永続的な収入を得ることが永久の安寧につながるものと理解していた。また困窮者は村内で保護することが原則と捉えていた。

一八日の吉澤村検分の折には、村普請で用水堀を築いたことを評価して、農具代・祝儀代の名目で一〇両を給付した。自力更正を促す金次郎にとって、吉澤村の堀掘削は表彰に価する行為であった。金次郎は、日光御神領仕法の成否は用水路・排水路の修築にあると考えるようになった。

二回目の廻村は八月九日から始められた。金蔵坊下寺桜秀坊から弥太郎・吉良八郎・民次郎とともに廻村に出た。廻村時には野中包五郎が同道することもあった。

九日間にわたる廻村は鹿沼・足尾方面二七ヶ村に対して行われた。この廻村はおおむね一回目と同様であったが、金次郎は思わぬ事態に遭遇した。それは銅山の公害を目の当たりにしたことである。八月一五日の日記には新梨子村の銅山を検分した折の記録が記された。案内に立った村役人の言に基づいた記載である。「銅気にて一切作物実法り申さず」と、金次郎は銅の鉱毒被害の実態を認識することになった。同様のことは唐風呂村検分の折にも見られた。村人に銅山まで案内されて、銅山から出る鉱毒で河原の石が赤錆びている実態を目の当たりにした。この後、金次郎が公害に対してどのような取り組みをしたのかは不明である。

今回の廻村においても、日光御神領の実情把握をめざすと同時に窮民に対して給付がなされた。特に社会的弱者に対しては当面の生活扶助として一両の給付がなされた。後家となったよしには、一三歳の女子を頭に五人の子供がいた。金次郎は、よしに一両を与えたように、社会的弱者に対しては給付を原則とした。また「今日も暮しかね候よしに付」との文言に示されるように、「報徳仕法」の要諦は「民の暮らしの安寧」を図ることにあった。

以後、八月一七日まで廻村を続け、廻村した七四ヶ村の実情を把握した上で日光に帰り、一九日には廻村先の様子を日光奉行に報告した。

しかし、無理がたたったのか、九月一六日、病が再発し、医師手塚新斎が招かれた。医師は病名を特定しなかったが、症状は黄水を吐くなど六月の発病時と変わらなかった。

その後も金次郎の容体は一進一退で、手塚の往診は続いた。二一日には医師亀毛川東作が診察に当たり丸薬を置いていった。二四日夜には壬生藩の医師斎藤玄昌が診察に当たり薬を調合した。この後も斎藤玄昌は金蔵坊へ泊まり治療に当たることが再三あった。

しかし金次郎の病は好転せず、寒気の到来もあって一〇月一八日には東郷に帰陣し、病気療養に専念することになった。金次郎は自らの体調に不安を覚えたのか、一〇月二四日勘定所元締渡辺棠之助に書簡を送り、弥太郎との同居の許可を求めた。これ以後は弥太郎を中心に、吉良八郎・富田久助ら門弟の助力を得て日光御神領仕法は展開されていった。

年末に至るも病状は好転せず、斎藤玄昌の往診は続いた。弟三郎左衛門が病気見舞いに訪れたのをはじめ、多くの見舞客や仕法欣求者が金次郎のもとを訪れた。

病中の九月、日光奉行に仕法資金確保の計画を提示した。仕法の根元たる仕法金については従来の仕法でも確認したように永続的な資金運用がめざされた。この計画によると仕法資金は各地の報徳仕法金（返金分）を充てようとしたことがわかる。

小田原藩　　　三〇〇〇両（五一三〇両余の内）
小田原藩内村々　　　九九三両余

青木村　　　　　一六四九両余
谷田部茂木藩　　一〇〇〇両余
下館藩　　　　　一四三〇両余
烏山藩　　　　　一八九六両余
多田村（豆州田方郡）　一三八九両余
総計　　　　　一万一三五七両余

このほか、相馬藩からの助成金五〇〇〇両があり、桜町の領主宇津釩之助からも、領地復興に感謝して年一〇〇石が推譲されることになった。

金次郎は、この内三〇〇〇両を日光山御貸付所に預け、毎年の利子三〇〇両で仕法を継続的に行う計画を立てた（この計画は後日変更されることになる）。

日光奉行所の受取証には、三〇〇〇両を年利一割で三〇年間預かること、利子三〇〇両を毎年一二月に支払うことなどが記されていた。

こうして金次郎は毎年の仕法資金として三〇〇両を確保することができた。

同様に、資金の永久的確保は相馬藩の推譲金にも適用された。相馬充胤が仕法の成果に感謝し、毎年五〇〇両（一〇年間で五〇〇〇両）を日光御神領仕法に推譲するという「願書」を幕府に提出し、嘉永六年に幕府から公式に認められた。しかし実際の推譲は安政四年まで延引された。安政三年九月（金次郎死去の一ヶ月前）に作成された相馬藩からの推譲金の運用計画は、金次郎の資金運用法を明確に示す好例であった。

	献金	御下げ金	利子	残額
安政四年	五〇〇	二〇〇	三〇	三三〇
五年	五〇〇	二〇〇	六九両と六〇〇文	六九九両と六〇〇文
六年	五〇〇	二〇〇	一三三両と六二六文	一一一三両と五五二文
七年	五〇〇	二〇〇	一八九両と二六一文	一五七七両と一七八文
八年	五〇〇	二〇〇	二五一両と五七二文	二〇九六両と四三九文
九年	五〇〇	二〇〇	三二一両と三六一文	二六七八両と一二文
一〇年	五〇〇	二〇〇	三七五両と五二四文	三三二九両と三七三文
一一～二二年	〇	二四〇〇	四五五九両余	五四八八両と二七六文
二三年	〇	二〇〇	なし	五二八八両と二七六文

＊年号は安政三年計画によるため、実際の年号とは異なる。
＊単位の記載のない場合は両。

年間五〇〇両の推譲金（この計画では七ヶ年）の内三〇〇両を日光山御貸付所に預け、残りの二〇〇両を仕法金として利用する計画であった。八年後には献金が終了することになるが、利子分は毎年の仕法金を上回り、一五年後には五二八八両もの積み立てとなる運用案を立てた。相馬侯からの推譲金の永久活用を図ったわけである。

嘉永六年四月、仕法の分担を決めた。日光御神領は金次郎、御料所村々は二宮弥太郎と吉良八郎、私領所村々は富田久助・斎藤松蔵（いずれも相馬藩士）と久保田周介（京極飛騨守家臣）、相馬領村々は伊東発身・斎藤久米之助・荒専八（いずれも相馬藩士）、相馬領極難廃地は一條七郎右衛門・草野菅右衛門（いずれも相馬藩士）を担当者と決めた。

日光御神領仕法は、北関東一帯の諸藩に見られたような財政再建をめざしたものではなく、荒地復興・村落立て直しを目途として実施された仕法である。当然の如く弘化三年に作成された「日光御神領仕法雛形」を基本に仕法は展開された。

図 21　日光用水（二宮堀）

金次郎は、着手対象の選定基準を三点示した。

一つは借財が嵩《かさ》み、一家衰微に至った者に無利息金を貸与し、無借とすることであった。利子の返済に窮した農民を無利息金貸与によって救おうと考えたわけである。

二つには水路が変化し、所有田畑の収穫がなくなった者に対して、用悪水道橋普請・土地改良を行って収穫の確保を図ることであった。したがって農民が単独でなすことができない用排水路の整備・道橋の普請・土地改良を公費で行うべきことであると認識した。

三つには人口減少によって荒地と化した田畑の開発

を行うことであった。ここに金次郎の意思が明確に示された。すなわち、無利息金貸与・社会資本の充実をなした上で、荒地開発を実施すべきであるとした。各地の仕法にも見られたように、民生の安定を優先し、働き手となる農民の意欲向上を図り、生産手段を保障することによって、生産増大を図ったわけである。

また、荒地開発の順序については次のように記した。

一つは荒地開発は地味がよいところ・居住地の近くから先に行うべきであると考えた。

二つには田の開発を畑の開発より優先させることであった。

三つには身近な土地から開発を始めたことである。村から通いやすい土地から開発を始め、しだいに橋を架け道を築き、開発地拡大を図るべきと考えた。

四つには田畑の買い戻し・請け戻しにあたっては、土地柄や地味のよい田畑から購入すべきとした。彼は、開発に先後の基準を明らかにすることで、農民間・村落間のいさかいを避けようとした。

金次郎は、人口の減少を荒地が生じる主要な原因と捉えた。人口減少に伴って農民労働力が縮小し、田畑が荒地と化するのは一八世紀から一九世紀前半の北関東農村の一般的現象であった。人口減少は天災によってもたらされるのが過半としながらも、領主による収奪も見逃すことができないと考え、為政者に「分度」設定を要求した。しかし日光御神領は定免であったため、金次郎の方針は省力化に向かった。

荒廃地が九四二町歩にも及ぶ日光御神領の開発は、開墾しやすい土地から開発を始め、極力労働力の効率化を図るべきであると考えた。開墾地からの収穫を、節約した生活で貯え、余剰で食糧・種穀の備蓄を図り、農具を整え、田畑に肥料を施せば産米が増加し、生産意欲はますます高まるものと認識した。その結果、農民人口は増え、生産額は増大し、村柄取り直しに至るものと考えた。

嘉永六年に開発は始まった。金次郎が死没する安政三年までに投下された仕法金は一一二〇両三分余、開発田畑面積は一四六町六反三畝一四歩に及んだ。自力開発者には賃金扶持米を交付し、自力開発ができない者には人足雇い賃として扶持米を与えた。

開発年	仕法金	開発田畑面積
嘉永六年	一五四両一分余	二一町七反九畝
安政元年	四七〇両二分余	六〇町三反三畝八歩
安政二年	三一七両一分余	四一町二反五畝一二歩
安政三年	一七八両三分余	二三町二反五畝二四歩

開発は金次郎没後も継続され、慶応四年までには四三八町五反五畝余が開発された。田畑の開発のためには、用水路の整備・悪水堀の掘削・道橋整備等は必須の課題であった。

嘉永六年には七ヶ村にこの工事が展開され、用悪水路掘削二九四二間・堀の浚渫《しゅんせつ》八〇〇間が行われた。このように金次郎は荒地開発に際して、社会基盤の整備を優先させた。

農民の勤労意欲を高めるために、ここでも出精人の表彰が行われた。

金次郎は、荒地開発をなすのは農民であり、農民の意欲を高めることが先決と認識した。いずれの仕法でも廻村に基づき表彰を行っており、表彰の理由も多岐にわたっている。農業出精に見られる取穀増加・開墾地拡大だけではなく、人口増加や、親孝行・村内互助・老人慰撫・廉直などと、道徳的分野にも広がっていた。

荒地開発は日光御神領仕法の中心であるが、借財返済のために無利息金の貸与も行われた。嘉永六年から、一ヶ年・三ヶ年・五ヶ年・七ヶ年賦の無利息金が貸与された。かなり広範に貸付が行われ、嘉永六年には八二人（六三両余）、安政元年には三六一人（一四四両）、同二年には七二九人（二二六両）、同三年には三九一人（三二四両）に貸与された。金次郎による仕法は資金の循環性をもっており、貸付→返済→冥加金納入が繰り返されることによって、借財返済に苦しむ農民は順次救われることになった。

借財を抱える農民は、毎年利息金の返還に追われていた。それを無利息の報徳金に借り換えさせることによって、農民を借金地獄から救おうとした。

具体的な例を示せば、百両の負債（利子一割五分）を抱えていた農民は、年に少なくとも一五両を返済しなければならない。一五両以下の返済ならば、当然借財は毎年膨らむことになる。仮に借財返済能力を二〇両として、借財返済の推移を見ると通常の借財の場合は次のようになる。

一年目	返済額二〇両	利子分一五両	借財残額九五両
二年目	二〇両	一四両一分	八九両一分
三年目	二〇両	一三両一分余	八二両二分余
四年目	二〇両	一二両二分余	七五両余
五年目	二〇両	一一両一分余	六六両一分余

六年目　　二〇両　　一〇両余　　五六両余

これに対して、報徳金を五ヶ年賦で百両借用した場合の返済は次のようになる。

一年目	返済額二〇両	利子分〇両	借財残額八〇両
二年目	二〇両	〇両	六〇両
三年目	二〇両	〇両	四〇両
四年目	二〇両	〇両	二〇両
五年目	二〇両	〇両	〇両
六年目	二〇両	二〇両（冥加金）	

借財返済に関して、報徳金に借り換えることが如何に有効であったのかが右の二つの資料に示される。通常の借財の返済と報徳金の返済を比べた場合、六年目までに完済できる報徳金に対して、通常の借財ではまだ半分以上の借財が未返済ということになる。

このように、多額の借財に苦しむ農民・武士を窮境から救済したことに加えて、さらに重要なことは農民・武士を「報徳仕法」の主体者に導いたことである。

つまり金次郎は貸与した報徳金の利息を求めたのではなく、冥加金の納入を求めた。従来の利息は高利貸を富ませるだけのものであった。これに対して、冥加金は無利息の報徳金貸与につながり、農民・武士をして多額の借財に苦しむ民を救済する主体者に意識変革させるものとなった。これが各地の「報徳仕法」参加者を飛躍的に増大させた要因であった。

さらに懸案の荒地開発は、起返賃を一坪あたり一六文を支払って行われた。安政二年には領内の農民の外に破畑人足が雇われた。一〇月一二日には相馬藩領から冥加人一五人が派遣された。ここにも報徳仕法の広がりを見ることができる。相馬藩は自領の荒地復興に感謝して、人足を日光御神領仕法に派遣したわけである。

日光御神領仕法の特色の一つに檜の植林が広範囲に行われたことが挙げられる。金次郎は山間僻地に至るまで田畑を開墾し、増産することを考えていたわけではなく、「田畑山林一円に起返り」の文言に見られるように、無理のない適地適作をめざしていた。

また、極めて長期的視野に立っていたことが理解できる。五〇年、一〇〇年後であっても今回植え付けた檜を伐り採ったときは、元金を返却するだけではなく、成木に至った恩徳に感謝して冥加金を納入すべきであることを諭している。その上、伐り採った跡地には再び苗木を植え付けるように指示している。

嘉永六年には信州野熊山の檜の種二升七合が野州河内郡・芳賀郡を中心に試験的に植え付けられた。翌嘉永七年（安政元年）四月には檜の苗二万〇六〇〇本を二一両余で江戸千駄ヶ谷の植木屋傳八から購入している。

この頃金次郎は病床にあって、弥太郎名宛の領収書が書かれている。安政二年（一八五五）三月には檜の種二升がさらに植え付けられた。同年一二月には檜の苗木が都賀郡板橋村の太左衛門の畑に年貢を免除して移植された。しかし安政三年の記録には、植林が順調に進まず、今市・板橋の両宿へ移植した。

金次郎存命中、植林事業は大きな伸展は見られなかった。金次郎没後の安政五年、弥太郎によって木曽檜の植林が行われた。和泉村（四反六畝に六〇〇本）、吉澤村（三反八畝に五〇〇本）、土澤村（三反八畝に五一〇本）など二〇ヶ村の八町一反九畝に一万一六〇〇本の檜が植林された。

嘉永七年に至るも、金次郎の病は好転せず、弥太郎が中心となり、仕法は継続された。この年は烏山藩・下館藩・小田原藩からの仕法金返却をめぐる問題が難事であった。交渉には吉良八郎・伊東発身・富田久助等があたった。日光御神領仕法に向けた返金が進む一方、違約もあって、烏山藩との交渉は難航した。

三月一八日、金次郎は小康を得て早朝から夕方まで桜町を駕籠《かご》で廻村した。病状を心配して弥太郎・志賀五太夫・久保田周助が付き添った。三月二三日・二九日・六月二八日にも駕籠で桜町を廻村した。この数回にわたる廻村中、娘ふみの菩提寺である蓮城院に再三参詣した。葬儀に参列できなかった金次郎には複雑な思いがあった。

七月二五日、往診に訪れた斎藤玄昌に、門弟が金次郎の病状を尋ねた。斎藤の見立ては「脈打絶え候儀もこれなく、この分にては御故障なき儀と存じ候」と心配はないとのことであった。この斎藤の見立てに門弟は一安心した。

しかし、一〇月一三日には再三吐き気を催し、壬生《みぶ》の斎藤玄昌に往診依頼の急使を送った。翌日も吐き気は止まず、真岡の道川友春にも往診を依頼した。

その後、病状は一進一退であったが、一〇月末にはいくらか安定し、蓮城院に参詣したり、桜町を廻村したり、たまった書類に目を通した。結局、この年金次郎は大半病床にあって日光御神領に入ることはなかった。仕法は御普請役格見習となった弥太郎が中心となって実施された。

安政二年に入っても金次郎の病状は快癒には至らず、斎藤玄昌による治療は継続された。金次郎は四月二五日に一家を挙げて今市役所に引き移った。その後も病状は好転せず、五月四日には、斎藤玄昌に往診を依頼し、日光の医師手塚新斎も診察に当たった。

五月、金次郎のもとに山内総左衛門から蝦夷地開墾依頼の打診があった。金次郎もしくは門弟による仕法を懇願されたが、日光御神領仕法に格別の思い入れがあった上、病床の身には、遠隔地である蝦夷地開墾仕法は不可能と考え、箱舘並蝦夷地開墾の要請を断った。

五月一七日所野村の名主が金次郎のもとを訪れ、所野村の地所は「極薄地諸作実法りかね候場所計りにて」開墾が難しいと伝えた。これに対して、金次郎が示した見解は「丹誠を尽し、肥灰を持運び、作付候」えば、「祖先より伝来の家株むなしく捨て置き候」ことはないと強調した。

この見解は、金次郎の「人道」論と「孝」の認識を端的に示すものである。

天道は田畑に作物を生じさせるが、人道が田畑を放置すれば天道は田畑を荒野と化す。そこで人道において田畑の耕作を怠らず、肥灰を与え、水を与える努力を継続すれば、天道は田畑に実りを生じさせる。このように天道と人道の役割を認識したのが金次郎の「人道」論の特色であった。

一方、金次郎は、家株の存続は祖先の恩徳に感謝する一つの表現と捉えた。彼の持論でもある農本主義の立場からも、富の源泉である田畑の維持は必須の課題であった。

金次郎の名声は各地に伝播《でんぱ》されていった。五月には、駿州庵原《いはら》郡江尻代官佐野鬼外右衛門が金次郎に面会を求めて来訪した。病臥中を理由に断ったが、それでは随身の者に面会したいとの申し入れがなされ、やむなく富田久助が金次郎に代わって仕法の概略を説明した。佐野は「青木村準縄帳」に深く感動した様子であった旨が日記に記された。

その後も病状は一進一退であった。斎藤玄昌の往診を受け、投薬され、時として一時的な回復をし、廻村に赴くこともあった。七月二四日には伊東発身が付き添って千本木村堀筋を駕籠で巡視した。

さて、日光御神領仕法では、一村式仕法として轟《とどろく》村と千本木村の仕法が知られる。この仕法において模範となっただけに、その展開は注目されるものがある。この両村の一村式仕法のうち、轟村仕法について検証する。

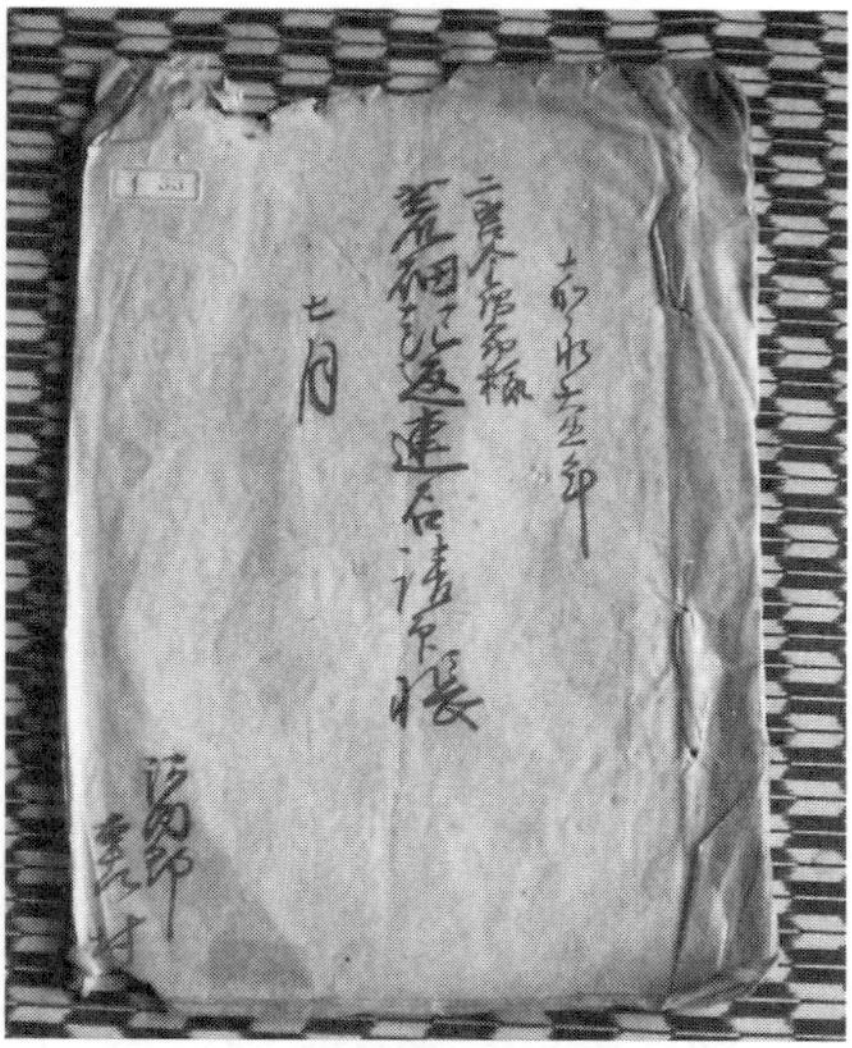
図22　轟村仕法書類（狐塚ヤイ氏所蔵）

轟村は下野国河内郡にあって、戸数二五戸（外に潰れ戸数二五戸）、反別四六町八反余（荒地二二町余）であった。戸数・反別共に盛時の半分に落ち込んでいた。

轟村仕法は安政二年八月に金次郎・弥太郎宛に提出された「願書」に始まった。この書には仕法発業を求めた轟村の意思が示される一方、金次郎の仕法方針が村民にかなり浸透していたと思われる表現が見られる。すなわち、轟村が提出した「願書」には、金次郎の意思である自力開発を村民が理解し、かつ実行していた様子を看取することができる。

金次郎は、荒村は荒村の力で、荒地は荒地の力で起返すことを力説した。轟村の開発は村民の一致した決意と永続的な努力によってこそ可能であると考えた。これを轟村村民が理解していたということである。

金次郎は仕法発業にあたり、村民が自力で開発した場合には一反歩に付、賃金扶持米として五貫文を与えた。この方針に村民は奮い立ち、自力開発が急速に進んだ。これを示すのが轟村から提出された「受書」である。村民は、仕法の方針を理解し、かつその成果に驚き、永久に仕法を守り伝えることを表明した。一〇月七日、轟村村民一七人は新たに開墾した土地から収穫したそばを一人二升ずつ初穂として金次郎に届けた。

用水堀の修築・川底浚いには、村民の外に多くの破畑人足が雇われた。また、相馬藩からは大槻小輔・半杭又左衛門に率いられた冥加人足一五人が手伝い普請に参加した。この一五人は仕法を発業した坪田村・成田村・赤城村・大曲村・大井村・塚原村の人足であった。この手伝い普請は一一月二〇日の降雪によって工事が中止されるまで続いた。

こうして安政二年に一五七四間もの用水路が修築・浚渫《しゅんせつ》された。この用水路工事には二つの目的があった。一つは排水であり、湿田の乾田化が図られた。二つには、畑地に水を引き、水田化がめざされた。

わずか二五戸の村でも出精奇特人の入札と表彰が行われた。村の経済的自立と村内互助をめざしていたことから「かねがね農業出精仕、心掛け宜敷く、往々暮方取直し、村内手本にも相成り候善人」を選任し、表彰を行った。票数の約半分を獲得した一番札の吉左衛門には、褒美金一両二分、新鍬一枚、新鎌二枚が授与され、さらに無利五ヶ年賦の一〇両が相続手段金として貸し付けられた。その他四番札までの者九名が表彰された。

出精奇特人に対する表彰は内面の意欲向上がめざされたが、生活改善に対する現実的認識を高めるために屋根替えの入札表彰も行われた。

極難貧窮者に対しては手当金（一人あたり一分～二分二朱）が支給された。農民の礼状には「極難に付荒地起返仕候得共農具これなく、よって農具並びに夫食手当と為し書面の通り下し置かれ、重々有難き仕合わせに存じ奉り候」と記されていた。

この礼状に示されたように、日々の暮らしに窮する極難農民は、開墾手段たる農具さえ持たなかった。金次郎は、夫食米はもちろん、鎌・鍬をはじめとする農具まで手当てし、灰小屋も新築・修繕し、屋根替えも行った。衣食住を保障し、生活基盤を整えることから仕法は始められた。

安政二年の報徳金貸付は、轟村と、個人表彰者に対して三〇両二朱が貸与された。まず轟村に八両が貸与されたときの証文には、村民一致の用水路造築を評価し夫食米代金を与えた旨が記された。金次郎が求めていたことは村民一致の決心であり、村内互助であった。当然、村の姿勢を評価するとともに、

図23　金次郎愛用の食膳（日光市 如来寺所蔵）

生活に窮する農民が示した用水路築造など村のための労働は評価に価するものであった。

次に個人に貸与された報徳金の借用証文には清左衛門の例が記された。清左衛門の畑が荒れ果て、草木の根が生い茂って開墾に手間代が掛かったので、その代金を拝借したいとの訴えであった。自力開発ができない場合は補助するのが、金次郎の方針であったので、この願いは承認された。

こうして轟村の初年度仕法は、荒地開発・出精奇特人表彰・報徳金貸付と幅広く展開された。

一方、日光役所では種々の動きがあった。一二月六日には烏山藩から御恩報金として七五両が納金され、一二月八日に相馬藩から仕法の成果に感謝して米二〇〇俵が推譲された。

安政二年大晦日の日記には「予が足を開け、予が手を開け、予が書簡を見よ、予が日記を見よ、戦々競々深淵に臨むが如く、薄氷をふむが如し」と記された。この日記に記された文言が『論語』からの引用であることは明らかであるが、金次郎が何を意図したのかは類推するほかはない。書簡や日記には、これを説明したものがないからである。壮健であった金次郎にとって、二年半にも及ぶ闘病生活は想像すらできなかったと思える。身体の自由にならない己にいらだたしさを覚える一方、弥太郎や門弟を後継者として育成する必要性を痛感し、金次郎亡き後の指針として「日記」・「書簡」を位置付けたかったと解するのが至当であろう。

仕法二年目にあたる安政三年の轟村仕法の展開を検証してみる。

この年は千本木村にも仕法が発業された。農民から出された書類の宛名も金次郎・弥太郎連名が大半であり、実質的には弥太郎が仕法を取り仕切っていたことが理解される。金次郎名で出される書簡もほとんど皆無に近くなり、仕法の引き継ぎが重要な課題となった。

年頭、三郎左衛門が見舞いに来訪し、一週間ほど滞在した。この年の賀状はすべて弥太郎名で出された。

三月四日、金次郎は御普請役に昇進し、弥太郎も見習を命じられた。

四月に轟村では用水堀普請が六日間行われた。村人足延べ五〇人（一日に付、米一升を給付）、破畑人足延べ三三人（一日に付、銭二〇〇文と米一升二合五勺を給付）を動員して、三二八間の普請が行われた。一二月にも同様の普請が行われ、一六八間の用水路が修築された。荒地開発は、自力開発分・他力開発分合わせて一町三反五畝二六歩であった。

この年は戸数が二軒増加して、二七戸になった。出精奇特人入札が行われ、七人が選出された。褒美として、一番札の者に金一両・鍬一枚・鎌二枚が与えられ、相続手段金として報徳金一〇両が無利五ヶ年賦で貸与された。二番札から五番札の者にまで表彰が行われた。

極難困窮人に対して御手当金二分が給付された。交付理由には「前々より、病身にて、長病罷り在り候ところ、養生相叶わず死去仕、子供三人、何れも幼少にて」とか、「病気罷り成り、重々の不仕合せ」などがあった。特に、幼少の子供を抱える病身の者に御手当金を支給した。

いずれの仕法の場合でも貸付が原則であり、給付は社会的弱者など、特別の事情を有する者に限られていた。金次郎の思いは、農民の自活力を高め、村内互助によって村落の経済的自立を図ることにあった。このため、施与ではなく貸付が原則でなければならなかった。

同様に、極難窮民に対しては入札の上、御救い米を与えた。その支給理由には「老て妻なく、あるいは老て子なく、あるいは幼少にして父母なく、便り《〔ママ〕》なき」者、あるいは「天災、水火病難に遭い候」者、あるいは「地借、店借」の者とあった。日々の生活に追われ、田畑が荒れ果て、村中が困窮に陥りかねない。そこでお救い米を給付するということであった。

つまり、金次郎は村内互助をめざしていたので、村内で生活困窮者が生じる事態は改善されなければならなかった。そこで生活弱者に御救い米を給付し、村柄旧復を図った。金次郎は村落の立て直しは荒地復興を第一と考えており、そのためにも勤労人口の確保は必須条件であった。

安政三年（一八五六）に入って、日記には金次郎の病状に関する記述がなくなっていたが、九月一七日の日記に「一昨夕方より少々不塩梅」と記され、斎藤玄昌の往診が頻繁となった。

十月に入ると病状は深刻化し、各地に飛脚が送られた。弥太郎から三郎左衛門に宛てた書簡には、「去月中旬頃より少々御不出来の気味心配仕候得共、御食事等別に御替り成さられず、専ら御服薬等手当仕居り候ところ、二三日前より又々御不出来にて、御食事も御減じ、その上御息切れ等これあり、御長病御疲れも御座候ところへ、右の御容体に付、一同甚だ心配仕候」と、金次郎の病状悪化を急飛脚で知らせた。直後から親族、門弟、仕法関係者が続々病床に集まった。一五日の日記には「今朝方よりは食事等至て細く、甚だ心配」と記された。

一九日弟三郎左衛門が見舞いに訪れた。これに安心したのか、遂に翌一〇月二〇日、金次郎は六九年の生涯を終えた。当日の陣屋日記には「先生長々御病気のところ、近頃一段と御不出来、今朝に至り極御大病相成り、終に薬養相叶わず巳中刻逝去致され候」と、臨終の様子が記された。

葬儀の準備がなされる一方、金次郎生涯の記録を残す作業に入った。岡田良一郎は、金次郎の肖像画の作成を日光の絵師、利右衛門に依頼し、伊東発身は如来寺に赴き、法名を依頼した。法名は「誠明院功誉報徳中正居士」であった。葬儀は一〇月二三日如来寺・宝蔵寺・東迎寺・浄泉寺・宝林院・寿仙院・地蔵院・聖衆院・回向庵の僧侶の読経で行われ、翌日如来寺に埋葬された。

弥太郎は二宮家の菩提寺である栢山村善栄寺に書簡を送り、金次郎逝去を知らせるとともに、歯牙・遺髪の埋葬と回向を依頼した。

こうして金次郎の遺骨（遺髪・歯）は、三郎左衛門と本家相続人増五郎によって、郷里の栢山村善栄寺にある二宮本家墓所に葬られた。金次郎は両親の墓の横に眠ることになった。

二宮金次郎略年譜

（金次郎自身の文献・近世の史料の基づいたもの）

天明七年（一七八七）七月二三日　相模国足柄上郡栢山村に生まれる（父利右衛門・母よし）。

寛政二年（一七九〇）八月二八日　弟友吉生まれる。

三年（一七九一）八月　六日　酒匂川堤防決壊し、父利右衛門の田畑荒れ地となる。

一一年（一七九九）一二月　晦日　弟富次郎生まれる。

一二年（一八〇〇）九月二六日　父利右衛門死亡する。

享和二年（一八〇二）四月　四日　母よし死亡する。

六月　晦日　酒匂川堤防決壊し、田畑流失する。親族会議の結果、金次郎は万兵衛家、友吉と富次郎は川久保家に預けられる。

年末　仙了川堤に菜種を植える。

三年（一八〇三）　菜種を売却して、手習い書を購入する。

用水堀の空き地に捨て苗を植えて秋には米一俵余を収穫する。

文化二年（一八〇五）　本家再興を志し、本家の跡地の藪に垣根を結ぶ。

廃屋を興して一人住まいをする。

「日記万覚帳」の記載が始まる。

三年（一八〇六）三月　五日　亡父の質入れ地九畝一〇歩（下々田）を三両一分で買い戻す。所有田畑の一部を小作に出し、一三俵の小作米を受領する。

四年（一八〇七）一一月二五日　『実語教』を九〇文で購入する。

五年（一八〇八）　友吉に薪山（曽我山）の伐採権買い取りを指示する。

六年（一八〇九）　八月二六日　二宮総本家跡地の竹木を売り払い、代金二朱と銭五七二文に自己資金三分余を加え一両として、本家再興資金とする。

七年（一八一〇）　六月二八日　富士山に登る。七月二日帰宅。

一〇月　七日　伊勢参宮に出立。一一月二四日帰宅。

年末　自宅を普請し、一家再興をする。所有田畑一町四反五畝二〇歩。

八年（一八一一）　小田原に居を移し、川嶋伊兵衛家の中間となる。

『古文孝経』「経典余師」「用文章」と本箱を購入する。

「御水帳伊右衛門分田畑書抜帳」に『古文孝経』を引用する。

風祭村に山代（薪伐採の権利）を支払い、城下に薪を販売する。

所有の農地を小作に出し、小作米三三俵三斗を受領する。

九年（一八一二）　服部家の中間となる。

金次郎の呼びかけに応じた二宮一族が本家再興のために米を推譲する。

「経典余師」を購入する。

一〇年（一八一三）　『大学』『唐詩選』を購入する。

武松屋との米の売買が盛んとなる。

一一年（一八一四）　『白川記』を購入する。

一二年（一八一五）　二月　「服部家御家政御取直趣法帳」「五常講真木手段金帳」を起草。

弟友吉、二宮三郎左衛門家の養子となる。

一四年（一八一七）　二月二八日　中島弥野衛門の娘きの（一九歳）と結婚する。

文政元年（一八一八）　一〇月一四日　金次郎、二宮一族の子弟五人を出精人として表彰する。
三月一五日　服部家の趣法を引きうけ、「御賄方趣法割合帖」を作る。
八月　二日　小田原藩主大久保忠真が老中に就任する。
一一月一五日　忠真、金次郎を奇特者として表彰する。
『孝経』二冊を購入する。

二年（一八一九）　三月二八日　実家に戻ったきのに五両を贈り、傷心を慰めるが、遂に離婚に至る。

「四書」を購入する。

正月一八日　長男徳太郎出生、二月二日死亡。


三年（一八二〇）　四月　二日　飯泉村岡田峯右衛門の娘なみ（満一五歳）と再婚する。

八月一八日　『大和俗訓』三冊・『書経』を購入する。

九月一六日　『かなめ草』・「七書」を購入する。

金次郎、「八朱金貸し下げ」「升改正」策を建議し、採用される。

金次郎は米相場に失敗し、約一〇〇両の差損が生じる。

一二月　晦日　「八朱金」四五九両三分をもって服部家の当面の借財を皆済する。

四年（一八二一）　八月　一日　宇津釩之助領桜町領の調査を翌年にかけて八回実施する。
九月一五日　弥太郎誕生する。
一〇月一八日　「四書」二組を購入する。
一二月二八日　「四書」一組を購入する。

五年（一八二二）　忠真、藩校（集成館）を創立する。
一月二八日　『女大学』を購入する。

三月　一〇年間の桜町領の租税を一〇〇五俵余、金一二七両余にて委任される。金次郎の待遇は名主役格、高五石二人扶持、小田原引払料として米五〇俵、毎年の仕法米二〇〇俵と仕法金五〇両。

六年（一八二三）九月　六日　桜町に着き、翌日から廻村・表彰を行い、仕法に着手する。

七年（一八二四）三月一二日　家財道具を六両一分にて売却し、翌日、栢山村を去る。

二月　小児養育米を一一人に一俵ずつ給付する。

七月　七日　長女ふみ誕生する。

八年（一八二五）二月　移住奨励策として、移住者寸平に五両を給付する。

三月　宇津氏、直書で仕法を賞し、米一〇〇俵を下賜する。

九年（一八二六）一二月　不二孝の講話を聞く。

三月一五日　金次郎、組頭格・桜町主席となる。

一〇年（一八二七）五月　一日　豊田正作赴任し、トラブルが発生する。

一二月一一日　金次郎は勤番辞職願いを江戸屋敷に提出するが、認められず。

一一年（一八二八）五月一六日　金次郎、「ひきこみ候」として役所に出勤せず。

一二年（一八二九）一月一六日　金次郎、桜町を出発した後、行方不明となる（成田山参籠）。

正月　桜町領村民一四人が領主に金次郎復権を嘆願する。宇津・大久保氏は協議の結果、豊田正作を召還する。

三月一八日　金次郎、桜町に帰陣する。以後、仕法は順調に進む。

四月　八日　金次郎は桜町仕法の延長を求める。

天保二年（一八三一）正月二四日　大久保忠真、日光参詣の時、「以徳報徳」と金次郎の功労を賞す。

一一月　晦日　旗本川副勝三郎の用人並木柳助と名主館野勘右衛門、村民を率いて来訪し、仕法発業を懇願する。

三年（一八三二）七月　青木村の桜川堰を仮普請をする。

一一月　三日　金次郎は桜町村民の仕法への協力を評価し、当年分の年貢の免除を伝え、同時に稗の蒔き付けを指示する。

四年（一八三三）二月　金次郎は、青木村仕法を公式に開始する。

三月　七日　青木村桜川堰の修理に成功する。

九月　一日　飢饉の第一波が襲来し、知行所役人総出で雑穀の貯置数を確認する。

九月一五日　穀留を指示する。

この年も貢納米・畑物成金を免除する。

弟に六〇両二分を貸与し、一町四反九畝の田畑を購入させる。

五年（一八三四）二月一九日　金次郎、徒士格となる。

忠真、老中の首座となる。

秋に主著『三才報徳金毛録』を著す。他の著作もこの頃著す。

六年（一八三五）　谷田部茂木仕法に着手する。

年末　金次郎は、『大和俗訓』を参考に、「地震・暖気・日照」の観察から翌夏の冷害を警告し、稗の蒔き付けを指示する。

七年（一八三六）三月　小田原藩勘定奉行鵜澤作右衛門、上書で報徳仕法の導入を献言。

六月一八日　萩・野菊の早期開花に冷害を確信し、各地に急飛脚で飢饉対策を指示する。

九月　二日　烏山天性寺住職円応来訪し、烏山領救済を依頼する。

一一月　家老菅谷八郎右衛門に二〇〇両を与える。烏山救援に着手する。
一二月　一日　円応は天性寺に御救い小屋一一棟（一二棟説も）を建て窮民に一日米二合を給付する。

八年（一八三七）　正月　江戸の家老早川茂右衛門宅で小田原領救済策を協議する。
二月　七日　大久保忠真、御手許金一〇〇〇両を下賜し、報徳金貸付を許可。
三月　三日　箱根山中・御厨地方の視察に出発。緊急仕法を開始する。
三月　九日　大久保忠真逝去。孫の忠愨が相続する。
四月二四日　金次郎、小田原の救急仕法を終え桜町に帰陣する。
九月二三日　大久保忠愨が、金次郎に小田原仕法着手を命じる。
一二月一三日　復興に成功した桜町三村を領主宇津氏に引き渡す。

九年（一八三八）　一月　小田原藩は、松下良左衛門を仕法の中心とし、鵜澤作右衛門・川添勘助・二宮金次郎を取扱、豊田正作を書役に任命する。
二五日　金次郎、登り筋一〇ヶ村から復興仕法（報徳金貸付）に取りかかる。
二月　小田原領足柄下郡鴨宮の三新田に仕法発業。
「暮方取直日掛縄索手段帳」を示し、自力更正を促す。
一二月一七日　小田原藩は郡奉行の配下に報徳方を設置する。
同日　小田原領一円仕法取扱を命ぜられる。
一二月　下館仕法を発業。

一〇年（一八三九）　正月　五日　鵜澤作右衛門・入江万五郎・山崎金五右衛門が桜町に来る。
三月　九日　鵜澤ら三人は、生涯報徳勤めの決心書を金次郎に差し出す。

九月　富田久助の入門を認める。

一一年（一八四〇）
一二月　七日　烏山仕法中止を巡る争論が起こり、一五日中止となる。
正月一四日　駿河国藤曲村の仕法を始める。
曽比村・竹松村仕法に着手する。
一一月　御殿場村の仕法を始める。
二三日　相馬藩家老草野正辰が仕法発業を書簡で要請する。

一二年（一八四一）
六月　一日　西大井村為八郎が仕法発業を要請する。
七月　『江戸繁盛記』の著者寺門静軒が桜町に来る。後年、仕法書の序文を書く。
一一月二九日　相馬藩の一條七郎右衛門が面会を求めるが拒否する。

一三年（一八四二）
三月一四日　竃村小林平兵衛が仕法発業を嘆願する。
七月　九日　小田原藩園城寺貫次郎より「水野越前守御達」の書面届く。
一〇月　二日　水野越前守より御普請役格に召し出される。御切米二〇俵二人扶持。
二〇日　利根川分水路見分目論見御用命じられる。翌日から巡視。
一一月　二日　「利根川分水路堀割御普請見込之趣申上候書付」を御勘定所に提出する。
一二月二〇日　大生郷村検分を命じられる。
一二月二五日　烏山藩は菅谷八郎右衛門の復職を認め、仕法を再開する。
下館信友講成立（下館では藩士四七人、江戸藩邸は一八人）。

一四年（一八四三）
二月　二日　「大生郷村手余荒地起返村柄取直見込之趣申上候書付」を提出。
四月　小島忠次郎、竹本幸右衛門、百足屋孫七等ら小田原仕法組合を創立する。後の小田原報徳社。

七月一三日　勘定所附御料所陣屋附手付を命じられる。

一二月一〇日　真岡代官に「勤方住居奉窺候書付」を提出する。

一二月　相馬藩の「為政鑑土台帳」を作成し、家老池田図書に渡す。

弘化元年（一八四四）　四月　五日　日光御神領目論見御用を命じられる。

一二月　小田原藩東筋三三ヶ村仕法発業する。

二年（一八四五）　正月二二日　海津傳兵衛から借用した雛形編纂の拠点が類焼し宇津邸に移る。

一二月　一日　相馬藩の成田村に仕法を発業する（五日坪田村も発業）。

三年（一八四六）　二月　下館藩の灰塚、下岡崎、蕨村で仕法を行う。

六月二八日　「日光御神領仕法雛形」を六四巻に簡略化して提出する。

七月一六日　小田原藩、報徳仕法を廃止し、領民の金次郎との接触を禁止する。

四年（一八四七）　五月一一日　真岡支配代官山内総左衛門の手付を命じられる。

嘉永元年（一八四八）　三月一九日　東郷管内桑野川村の新田開拓を行う。

七月　掉ヶ嶋村仕法始まる。

二年（一八四九）　五月　掉ヶ嶋村への手伝い普請始まる。他村への推譲。

九月二六日　父母祖先の菩提を弔うため五〇両を善栄寺に納める。

三年（一八五〇）　四月　二日　山内代官より二宮弥太郎、吉良八郎を東郷手代として召し抱えたき旨の沙汰がある。

四年（一八五一）　正月一〇日　日光山内御貸付所に三〇〇〇両を預け利子三〇〇両を受け取る契約をする。

六月　三日　二宮弥太郎御用向見習仰付らる。

七月二四日　山内代官へ富田久助著の『報徳論』を差し出す。

五年（一八五二）　七月　金次郎は、桑野川・花田村・板橋見取新田への仕法発業を幕府に要請する。
正月　九日　善栄寺への墓参を許可される。翌月善栄寺に墓参する。
四月二九日　弥太郎、高島藩用人三宅頼母の長女鉸子（一七才）と結婚する。
八月二八日　長女ふみ、富田高慶に嫁ぐ。
一二月二四日　宇津釩之助、永代知行として一〇〇石を贈る。
相馬藩、日光御神領仕法に年五〇〇両一〇ヶ年献金を申し出る。
この年下館領内の分度を確立し、仕法を行う。

六年（一八五三）　二月一三日　幕府から「日光御神領興復」の命を受ける。
二六日　日光奉行所手付への転任を命ぜられる。
四月一八日　金次郎、病に罹る。翌日坂本松庵の治療を受ける。
六月　三日　東郷に帰陣する。
二九日　弥太郎・吉良八郎・伊東発身らと日光山に上る。
七月　二日　弥太郎・吉良八郎等と神領内廻村を始める。
七日　長女ふみ死亡。物井村蓮城院に葬る。
八月　九日　二回目の廻村（鹿沼・足尾方面二七ヶ村）。
九月　資金の確保計画を日光奉行に提示する。

安政元年（一八五四）　二月一三日　嫡子弥太郎、御普請役見習命じられる。
四月　植木屋伝八から檜の苗二万〇六〇〇本を二一両で買う。

二年（一八五五）　四月二五日　今市役所に移転する。
五月一一日　蝦夷地実地検分と開拓仕法見込の提出を要請されるが、固辞。

三年（一八五六）

一二月　末日　日記に「余が書簡を見よ」「余が日記を見よ」と記し、後継者の教材として書簡・日記を位置づける。

二月　御普請役となり、三〇俵三人扶持を賜る。

九月一五日　病状悪化し、斎藤玄昌診断する。

一〇月一九日　弟三郎左衛門見舞いに来る。

二〇日　金次郎六九歳で死去する。

二三日　今市星顚山如来寺（浄土宗）境内に葬る。法号は「誠明院功誉報徳中正居士」。

二六日　三郎左衛門と増五郎は遺髪・歯牙を栢山善栄寺に葬る。

二宮　康裕　(にのみや　やすひろ)
昭和22年（1947)、神奈川県小田原市栢山、二宮総本家に長男として生まれる。東北大学大学院博士課程前期（日本思想史）修了、同後期中退。神奈川県公立中学校教員を務める。日本思想史学会会員。著書に『日記・書簡・仕法書・著作から見た二宮金次郎の人生と思想』(麗澤大学出版会)、著述に「二宮尊徳の哲学とその形成過程」(『モラロジー研究』51号）がある。

二宮金次郎正伝

平成22年 9 月1日　初版発行

著 者　二宮康裕
発 行　公益財団法人 モラロジー研究所
〒277-8654 千葉県柏市光ヶ丘2-1-1
TEL. 04-7173-3155（出版部）
http://www.moralogy.jp/
発 売　学校法人 廣池学園事業部
〒277-8686 千葉県柏市光ヶ丘2-1-1
TEL. 04-7173-3158
印 刷　横山印刷株式会社

ISBN 978-4-89639-189-3